Friedrich Wilhelm Weiskern

Topographie von Niederösterreich in welcher alle Städte, Märkte, Dörfer, Klöster, Schlösser, Herrschaften, Landgüter, Edelsitze, Freihöfe, namenhafte Örter u.d.g. angezeigt werden, welche in diesem Erzherzogtum wirklich angetroffen werden

Friedrich Wilhelm Weiskern

Topographie von Niederösterreich in welcher alle Städte, Märkte, Dörfer, Klöster, Schlösser, Herrschaften, Landgüter, Edelsitze, Freihöfe, namenhafte Örter u.d.g. angezeigt werden, welche in diesem Erzherzogtum wirklich angetroffen werden

ISBN/EAN: 9783744635974

Hergestellt in Europa, USA, Kanada, Australien, Japan

Cover: Foto ©Andreas Hilbeck / pixelio.de

Weitere Bücher finden Sie auf **www.hansebooks.com**

Topographie von Niederösterreich

in welcher
alle Städte, Märkte, Dörfer, Klöster, Schlößer, Herrschaften, Landgüter, Edelsitze, Freyhöfe, namhafte Oerter u. d. g.
angezeiget werden,

welche in diesem
Erzherzogthume
wirklich angetroffen werden, oder sich ehemals darinnen befunden haben;

von weyland
Friedrich Wilhelm Weiskern
Anno 1768.

N——Z

Mit beyder Kaiserl. und Kön. Ap. Maj allergn. Freyheit

WIEN,
gedruckt bey Joseph Kurzböcken, N. Oe. Landschafts=und Universitätsbuchdruckern 1770.

Topographie von Niederösterreich.

Zweyter Theil.

N.

Nadelbach. O. W. W. ein Dorf der Herrschaft Friedau, über der Trasen, unweit St. Pölten.

Nadelburg. U. W. W. ein ganz neu angelegter, wohlgebauter Ort, unter den k. k. Commerzienrath gehörig, eine kleine Meile ostwärts von Neustadt, nächst unterhalb Lichtenwerd, am Zusammenflüße der Leitha, und kleinen Fischa gelegen. Der Namen kömmt von der Nähnadelfabrik, die man allhier in der ehemaligen

ligen Winkelmühle errichtet hat. Der Anfang dazu
ward bereits unter Kaiser Karln VI. gemacht, hatte aber geringen Fortgang: doch bey seiner großen
Nachfolgerinn, gerieth das Werk, unter der Obsicht
des Grafen von Königseck-Erps, zu einer bewun-
dernswürdigen Vollkommenheit. Man legte die
künstlichsten Wasserwerker an, und scheute keine Kosten, geschickte Meister aus der Fremde hieher zu
ziehen, um die Landeskinder zu unterrichten. Zu
dem Dratzuge und dem Nadelwerke, ward A. 1756.
eine andre Fabrik gefüget, um das rohe Kupfer,
welches die k. k. Erblande im Ueberflusse hervorbrin-
gen, in Meßing zu verwandeln, und alle Gattungen
von Waaren dieses Metalls zu erzeugen; deren auch
nebst allen Arten von Mähnadeln in bester Qualität
eine solche Menge verfertiget wird, daß nicht nur
die k. k. Provinzen, sondern auch auswärtige Länder damit hinlänglich versehen werden können. Kurz,
aus einer einzigen Mühle erwuchs in wenig Jahren
ein wohlbewohnter Ort, welcher jetzt dem ansehnlichsten Markte den Vorzug streitig machen kann. Er
bestehet aus 56. steinernen Wohnhäusern für die
Fabrikanten, Beamten und Magazine; und pranget
mit einer schönen, der heiligen Theresia gewidmeten
Kirche, die ein Filial von Lichtenwerd ist, und von
einem eigenen Beneficiaten versehen wird. Bey gedachten Wohnungen befindet sich die Nadelfabrik, wobey allein 221. Personen arbeiten, und wozu eine
große Schurr- und Poliermühle mit 13. Bänken,
nebst einem Dratzuge von 10. Gängen, zum Kupfer,
Meßing und Eisendrat gehören. Das Meßingwerk
aber bestehet aus einem großen Schmelzhause, einem Galmeybrennofen, dergleichen Mühle, und Grät-
stampfe, vier Gießhäusern, einem besondern Eisenhammer sammt Glühofen, und Baitzkessel, einer

Laim-

Lattnstampfe, zwoen Nägelschmieden, einem großen Hammerwerke zum Meßingschlagen, einer Meßingdrechslerey mit 10. Werkstädten, und einem Druckerhause zum Rauschgolde. Hierzu ist A. 1764. eine große Fingerhutmaschine, mit den nöthigen Wohnungen gekommen. Alles wird durch das Wasser getrieben, und ist so kunstreich eingerichtet, daß jeder Arbeiter augenblicklich durch einen bloßen Fußtritt innhalten, und seine Arbeit einspannen kann, ohne das Wasserrad zu stellen, oder einen andern zu hintern.

Nagelhof. O. M. B. ein herrschaftlicher Mayerhof und Edelsitz, eine Stunde von Ottenschlag, zu dieser Herrschaft gehörig; über der großen Krems, bey Dietmanns.

Nagellz. O. M. B. ein Dorf hinter Weitra, dieser Herrschaft unterthänig, gegen die böhmische Gränze, bey Aichberg.

Naglern. U. M. B. ein Dorf der Herrschaften Asperu, Ernstbrunn und Niederleiß, nordwärts hinter Kornneuburg, bey Karnabrunn. Etwas ist dem deutschen Orden zuständig.

Nälb. U. M. B. Nälli, Obernälb, ein großes Kirchdorf über der Bulka, nordwärts von Schratenthal, gegen Röz, theils dem hiesigen Gotteshause, zur Probstey Unternälb, theils der Herrschaft Röz unterworfen. Die Herrschaften Hardeck und Braunsdorf, das Schottenkloster zu Wien, und die Pfarre Egenburg haben hier auch Unterthanen. Der freye Burgstallerhof allhier, mit dem Mohrenhofe vereinigt, macht ein besonderes Gut aus, das dem Stifte Altenburg eigen war, aber A. 1767. feil geboten worden ist.

Nälb. U. M. B. Unternälb, eine Probstey und Herrschaft des Stifts Göttweih, mit der Herrschaft Stein

(O. M. B.) vereinigt, über der Bulka, ostwärts von Schratenthal, hinter Zellerndorf. Es gehören 16. Dorfschaften hieher. Von der Probsten hangen die Pfarren: Michelbach, Rappersdorf und Pfaffendorf ab.

Nälb. U. M. B. Unternälb, ein der vorbenannten Herrschaft, imgleichen der Herrschaft Rötz untertäniges Pfarrdorf.

*) **Nandersdorf.** U. M. B. A. 1284. Nendeinsdorf, vor Zeiten nächst Rabendorf, unterhalb Krems bey der Donau gelegen, ein Dorf, welches durch öftere Ergiessung des Donaustrohms zu Grunde gegangen ist. (Hueber)

Nappersdorf. U. M. B. ein Pfarrdorf ostnordwärts von Oberholabrunn, hinter dem langen Thale, bey Haslach, dem Stifte Göttweih, zur Probsten Unternälb gehörig.

Nappersdorf. O. W. W. ein bey Melk gelegener Ort.

*) **Die Nasen.** O. W. W. ein hohes, meistens mit Schnee bedecktes Gebirge, hinter dem Schlosse Hohenberg, gegen die steurische Gränze.

Nassenschletz U. M. B. Schletz, ein Dorf nächst Aspern an der Zaya, dieser Herrschaft unterthänig.

Nasting. O. M. B. ein Dorf der Herrschaft Mollenburg.

Nathsbach. U. W. W. Nätschbach, Nadelsbach, ein Dorf und Amt der Herrschaft Steyersberg, an der Schwarza bey Neunkirchen; imgleichen ein Amt der Herrschaft Feistritz.

*) **Nattersbach.** O. W. W. ein Thal mit zerstreuten Einwohnern, und einem Bache gleiches Namens, an der obern Bielach, bey dem Markte Frankenfels.

Negers. D. M. B. Negras, ein Dorf des Stifts Zwettel, hinter diesem Kloster, bey Großglobnitz.

Negersdorf. D. M. B. hinter Egendorf, bey Stockern.

Neidenburg. D. W. W. nächst dem Markte Kemmelbach, bey der Jps, an der Melker Poststraße nach Amstädten, ein Schloß und Gut des Grafen von Auersberg, zu Altschloß Burgstall.

Neidenstein. D. W. W. ein gräflich Breunerisches Schloß und Gut, bey Untergrafendorf, an der Bärschling, hinter Murstädten, zwischen Rassing, und Böhelmkirchen.

Neidling. D. W. W. ein Dorf über der Trasen, bey dem Schlosse Hoheneck.

Neixendorf. D. M. B. Gneixendorf, ein Dorf, Edelsitz und Gut des bayrischen Klosters Altersbach, welches allhier die Dorfobrigkeit hat.

Die Grundherrlichkeit besitzet theils die Herrschaft Grafeneck, und theils der freye Trauringer, und Wasserhof allhier, welcher letztere ein besonderes Gut ist, und dem Grafen von Locatelli gehört.

*) Nelling. D. W. W. s. Nöchling.

*) Nembling. D. M. B. s. Pömbling.

Nenndorf. D. W. W. über der Bielach, hinter Saulau, bey Haindorf.

Nesselstauden. D. W. W. ein Dorf über der Trasen, hinter Herzogburg, bey Langeck.

Nestach. U. W. W. Nestau, auch Nöstra, ein Dorf, Amt und Gut der Stiftsherrschaft von Kleinmariazell, südwärts von Heiligenkreutz, hinter Alach, bey St. Pancraß.

* Alber der Nestacher, und Christian Nezbacher, kommen A. 1320. und 1321. in Schriften vor. (Hueber) In dieser Gegend ist Schwarzenburg gestanden, welcher Ort den Stiftern des Klosters Kleinmariazell gehört hat.

Netring. U. W. W. ein Dorf der Herrschaft Emmerberg, westwärts von Neustadt, im Gebirge, bey Dachenstein.

Neubach. O. W. W. an der Bielach, nächst Albrechtsberg, ein dieser Herrschaft untergebenes Dorf.

*) Neubau. U. W. W. in den wienerischen Linien, ein volkreicher Theil von dem Oberngute St. Ulrich, dem Schottenkloster dienstbar: (s. St. Ulrich) Es ist hier eine der ansehnlichsten Seidenfabriken, durch einen bürgerlichen Zeugmacher angelegt.

Neubau. U. M. B. ein fürstlich Khevenhüllerisches Dorf und Gut westwärts der Poststraße hinter Gaunersdorf, bey Hebersbrunn.

Peter von Neubauen, nebst seinen Söhnen Andre, und Heinrich, lebte A. 1384. (Hueber)

Neubau. O. M. B. ein Dorf des Stifts Altenburg, woran auch die Herrschaft St. Bernhard Theil hat, über der Kamp, zwischen St. Bernhard und Wildberg.

Neubau. O. M. B. bey der Kamp, gegen Krumau, ein Dorf der Herrschaft Rastbach.

*) Neubergerhof. U. W. W. zu Wien am grünen Anger, ein Freyhof des Abts zu Kloster Neuberg in Steuermark.

*) Neuburg. U. W. W. s. Klosterneuburg.

*) Neuburg. U. M. B. s. Korneuburg.

Neudeck. †. U. M. B. Schloß, Dorf und Gut des Grafen von Herberstein, mit der Herrschaft Brunn

(O.

(O. M. B.) vereinigt; nordwärts von Städtelvorf, hinter Winkelberg; war das Stammhaus des alten österreichischen Geschlechts gleiches Namens, aus welchem Heinrich von Niekke schon 1171. in einer Urkunde des Stifts Admont, als Zeyge vorkommt. (Bern. Pez) Hanns von Neudeck zu Rana, war A. 1440. Kaiser Friedrichs IV. Pfleger zu Steuer. (Hobeneck) Leopold kömmt A. 1499. Hans A. 1523. Ulrich A. 1563. Ehrenreich zu Wildeck A. 1591. und Wilhelm, Druchseß von Neudeck A. 1598. in Schriften vor. (Hueber)

Neudeckerhof. U. W. W. im Deich, von erstbesagtem adelichen Geschlechte genannt, in den wienerischen Linien, vor dem Burgthore zwischen dem untern, und obern Gute St. Ulrichs gelegen; ein Schloß und Gut, nebst dem Dorfe St. Ulrich, dem Prälaten zum Schotten gehörig, der es von dem Hochstifte Passau zur Lehn trägt. (Fuhrmann)

Neudeckhof. † U. W. W. ein Edelsitz bey Stüchsenstein, welchen A. 1580. des Ritters Ulrichs von Neudeck Erben besessen haben. (Raubach)

*) Neudeckergild. U. W. W. s. Schwarzau.

Neudorf. U. W. W. A. 1120. Mühdorf (Hueber) Schloß, Bräuhaus und Landgut des wienerischen Erzbisthums, südwärts von Wien, an der Neustädter Straße, auf halbem Wege zwischen Wien und Draßkirchen; hat eine k. k. Landmaut. Es war A. 1177. unter den Gütern begriffen, welche Herzog Heinrichen von Medling zur Appanage zugetheilet wurden.

Neudorf. U. W. W. ein zu dieser Herrschaft gehöriges Kirchdorf, welches ein Filial von Medling ist. Etwas besitzt der deutsche Orden. Albero von Nivendorf A. 1224. in einer Urkunde des St. Leopoldiſtifts von Herzog Heinrichen zu Medling (Bern. Pez.)

Neudorf. U. M. B. ein Markt des Herrn von Guttnern, von dem Schloſſe Prerau, zu dem es gehörig iſt, insgemein Prerau genannt, hinter Staats, bey der mähriſchen Gränze. Die Herrſchaften Kirchſtätten, und Hagendorf haben auch Theil daran. Es iſt hier eine k. k. Filialgränzmaut.

Neudorf. O. M. B. ein Dorf über der böhmiſchen Theya, hinter Droſendorf, gegen Weikardſchlag.

Neueigen. †. U. M. B. auch Neueichen, ein Schloß und Landgut der Gräfinn von Regas, gebohrner Gräfinn von Rottal, mit Königsbrunn und Stahrenwerd verknüpft, oberhalb Stockerau, bey der Donau, unweit Triebenſee.

Der Graf von Zobor welcher vor einigen Jahren die Jagdbarkeit allhier beſtanden, hat einen Theil des Schloſſes vortrefflich ausgezieret, die Ausſicht durch den in Alleen ausgehauenen Wald verſchönert, und das Donauufer vor denen ſonſt ſehr gewöhnlichen Ueberſchwemmungen, durch Canäle und Beſchläge geſichert. Das Rothwildprät hat man gewöhnt in der Hauptallee ſeinen Fraß zu finden, und es iſt ſehr luſtig anzuſehen, wenn zur geſetzten Stunde, auf das Zeichen des Hüfthorns, die Hirſche mit ihren Schaaren aus dem Walde hervorbrechen, und der geſtreuten Atz zueilen.

Neueigen. U. M. B. ein Pfarrdorf, welches der erſtwähnten Herrſchaft unterthänig iſt.

*) Neuern. U. M. B. ein altes, längſt zerſtöhrtes Raubſchloß, ward A. 1446. durch einen berüchtigten ungariſchen Räuber, Pankratz von Skalitz genannt, wieder hergeſtellet; welcher von hier aus, im Marchfelde entſetzliche Verwüſtungen anſtellte. Die

öſter-

österreichische Ritterschaft zwang ihn zwar zur Flucht, und zerbrach die Veste Neuern: doch Pankrazens Bruder zwang A. 1448. das Landvolk, das Schloß stärker als vorher zu bauen; worauf er größere Grausamkeiten, als sein Bruder verübte: bis der Graf von Cillen, ein ansehnliches Kriegsvolk wider die Raubnester zusammen brachte. Wilhelm Ebser zog vor Neuern, welches durch Sturm erobert, und hernach der Erde gleich gemacht wurde. Die Räuber, welche nicht durchs Schwert gefallen, knüpfte man an den nächsten Bäumen auf; 69. der Vornehmsten aber, meistens Adeliche, wurden nach Wien geführet, und am Vorabende St. Johannis, an lauter neue Galgen aufgehenket. Nur war der Verlust des tapferen Ebsers zu bedauern, welcher im Sturme, durch einen Pfeilschuß das Leben verlohren hatte. (Haselbach)

Neugebäu. U. W. W. ein ehemaliges kaiserliches Lusthaus, jetzt ein großes Pulvermazin, mit einem weitläuftigen Garten, wo man sonst allerhand fremde Thiere aufbewahrte, der aber nun mit einer schönen Fasanerie versehen ist, südostwärts von Wien, bey der preßburger Straße, zwischen Simoning und Schwächat. Es stehet auf eben dem Platze, wo Sultan Solymann A. 1529. bey der ersten Türkenbelagerung sein Hauptquartier gehabt; begreift auch eben den Raum, den des Sultans Zelt damals eingenommen. Kaiser Rudolph II. ließ es nach dem Muster dieses Gezelts aufführen; daher es bey der letzten Belagerung A. 1683. von den Türken unversehrt geblieben, und zu einem Magazin gebraucht worden ist. (Fuhrmann)

Neuhaus. †. U. W. W. wo sich die k. k. Spiegelfabrik befindet, eine alte Bergveste, südwestwärts von Baaden, hinter Fahrafeld, mitten im Gebirge gelegen; vor Zeiten das Stammhaus eines alten edlen Geschlechts, welches noch im 16. Jahrhunderte geblühet hat; jetzt ein k. k. Kammergut, welches mit der Herrschaft Fahrafeld, und den Aemtern Arnstein und Weissenbach vereiniget ist. Das Bergschloß dienet zur Wohnung der Fabrikanten und ihrer Familien, deren Zahl sich über hundert beläuft. Die dabey befindliche Kirche ist ein Filial von Pottenstein. Im neuen Schlosse, am Fuße der alten Veste, ist die Wohnung des k. k. Verwalters, und das Magazin, wo die rohen Tafeln hingebracht, nicht wie zu Fahrafeld auf der Maschine, sondern mit der Hand geschliffen, poliert, mit der Folge belegt, und als Spiegel aufbewahret werden. Diese hat die Einsicht und der Fleiß des alten Verwalters, Herrn Klausners, eines gebohrnen Oesterreichers, zu solcher Vollkommenheit gebracht, daß sie an Weisse und Feinigkeit, weder den Venetianischen, noch Englischen etwas nachgeben. Die größten Spiegel die man hier verfertigen kann, haben 120. Zoll in der Höhe, und 60. in der Breite. Ein Spiegel von 103. Zoll in der Höhe und 54. in der Breite, kostet 2216. Kaisergulden. Das Schmelzhaus im Thale, ist eine große hölzerne Hütte mit 2. ungeheuern Schmelzöfen, und dreymal so viel Kühlöfen. Hier wird die ins feinste Mehl verwandelte Kiesmasse durch das heftigste Feuer zum Fluß gezwungen. Die großen Tafeln werden alle vier Tage gegossen, und die mittlern und kleinern aber alle fünf Tage geblasen. Dabey befinden sich, nebst einem Wirthshause, noch ein paar andere Gebäude, in deren einem die Folge geschlagen, und Glas geschnitten, im andern aber der Kies gebrannt, und das zum Schmelzen nöthige feuerbeständige Geschirr verfertiget wird.

Neuhäusler. O. W. W. ein kleiner Ort, nächst dem Schlosse Litschau, zu dieser Herrschaft gehörig.

*) Neu

) Neuhof. U. W. W. ein adelicher Freyhof zu Lachsenburg, weiland dem Feldmarschalle Grafen Leopold von Daun, jetzt aber der k. k. Herrschaft zuständig.

Neuhof. U. M. B. eine herrschaftliche Mayerey im Marchfelde, hinter Sichdichfür, zur Herrschaft Loibersdorf am Rußbache gehörig.

Neuhof. O. M. B. ein Dorf der Herrschaft Ottenschlag, und Rapotenstein.

Neuhofen. O. W. W. A. 1113. Niuwenhofen, A. 1315. Ainhoven, zwischen Osterburg und Schönbühel, ein Dorf des Stifts Melk, welches demselben von dem heiligen Leopold geschenket worden. (Hueber)

Neuhofen. O. W. W. vor Zeiten Niuvanhofa, ein Markt der fürstlich freysingischen Herrschaft Ulmerfeld, westwärts hinter Steinenkirchen, an der Ips, bey Haagberg; ward A. 996. von Kaiser Otten III. Bischof Gottschalken von Freysingen, nebst 30. königlichen Huben gegeben. (Meichelbeck) Die hiesige Pfarre hat ihre eigene Unterthanen, die aber unter der Vogtey der Herrschaft stehen.

*) Neukirchen. U. W. W. s. Hochneukirchen.

Neukirchen. O. M. B. bey Böckstall, ein Kirchdorf, und Filial von Münchenreut, unter dem Vogtgerichte der Herrschaft Loiben. Mit dem Gotteshause U. L. Fr. das von vielen Wallfahrten besucht wird, ist das Beneficium St. Georgens am Osteraint. (Osram) vereinigt.

Neukirchen. O. M. B. ein Pfarrdorf der Herrschaft St. Bernhard, hinter Horn, an der Wild.

Neumarkt. †. O. W. W. ein Starhenbergischer Markt, beym westlichen Ufer der Ips, Kemmelbach gegen über, an der Poststraße nach Amstädten. Die Pfarre ist ein Vicariat von der Stadtpfarre zu Ips.

Neumühlen. O. W. W. ein Dorf, welches theils zur Pfarrkirche der Stadt Ips dienstbar ist.

Neumühlen. U. M. B. ein Dorf an der Schmida, zwischen Neueigen, und Städteldorf.

Neumühlen. O. M. B. ein Dorf der fürstlich Khevenhüllerischen Herrschaft Frohnsburg.

Neunkirchen. U. W. W. am Steinfelde, zwey Meilen südwärts hinter Neustadt, an der Schwarza, auf der Straße nach Steuermark, ein wohlgebauter Markt, gehöret nebst dem freyen Vogtenhofe, und der Zwickelmühle, dem Erzbischoffe zu Wien; doch haben die Herrschaften Sebenstein, Stüchsenstein und die hiesige Pfarre auch Theil daran. Diese Pfarre. liegt in der salzburgischen Diöces, und stehet unter dem Erzpriester zu Weizberg in Steuermark. Sie ist dem hiesigen Minoritenkloster einverleibt, welches von einem Grafen von Hoyos A. 1631. gestiftet, und ehemals eine Residenz der Tempelherren gewesen ist.

Kaiser Konrad II. machte Neunkirchen ums Jahr 1036. Graf Eckberten dem ältern von Neuburg und Pitten zu gefallen, zum Markte, und ertheilte demselben zugleich das Münzregal. Graf Eckberts Sohn auch Eckbert genannt, schenkte mit Bewilligung seiner Vettern Ulrichs und Herrmanns, A. 1094. den Markt nebst der Pfarre, dem Zehent, und der Münzgerechtigkeit, dem bayrischen Kloster Wormbach. (Hund Metrop. it. Lit. P. Alexanders III. v. A. 1179. beym Bern. Pez) Abt Ortulph III. zu Wormbach aber vertauschte Neunkirchen, gegen den Markt Herzogburg, an Herzog Leopolden IV. von Oesterreich (Rümpler Hist. Formbac. beym Bern. Pez.) Als Herzog Leopold III. von Oesterreich, nach Rudolphs IV. Tode, auf eine Theilung der Länder drang, ward

ihm

ihm unter andern auch Neunkirchen von seinem Bruder Albert III. A. 1370. abgetreten. (Haselbach) Im Jahre 1485. eroberte der ungarische K. Mathias Corvin diesen Ort. (Chron. Salisb. beym Hier. Pez.) Es ist hier eine k. k. Landmaut; imgleichen der Postwechsel zwischen Neustadt und Schottwien.

P. Liesganig S. J. hat vor einigen Jahren von Neustadt hieher einen Meridian zu messen angefangen, der mit 2. steinernen Denkmälern bemerket ist; wovon sich eins zu Neustadt vor dem Neunkirchnerthore, das andere aber unweit von hier, auf dem Steinfelde gegen Neustadt befindet.

Neunzehn. O. M. B. Schloß, Dorf und Gut, drey Stunden von Zwettel, ehemals diesem Stifte gehörig, ward A. 1530. an Herrn Siegmund Leiser, und A. 1658. an den Grafen von Windhaag verkauft, welcher das Schloß fast vom Grunde aus neu erbauet, und mit seiner Stiftsherrschaft Großpopen vereiniget hat.

Neunzehn. O. M. B. Bösenneunzehn, ein Dorf der Stiftsherrschaft Zwettel.

Neupölla. O. M. B. ein Markt des Freyherren von Megler, zur Herrschaft Krumau unterthänig, mit einer landesfürstlichen Pfarre, hinter dem Gefällerwalde, über der Kamp, bey Altpölla.

*) Neuschönborn. U. M. B. s. Schönborn.

Neusiedel. U. W. W. Rothneusiedel, Schloß, Dorf, und Gut des Starhenbergischen Hauses, unter dem Wienerberge, zwischen Inzersdorf, und Oberlaa.

Neusiedel. U. W. W. Erametneusiedel, Dorf und Gut des wienerischen Domkapitels, an der Fischa, zwischen Ebergaßing und Moosbrunn.

Neusiedel. U. W. W. Kleinneusiedel, ein Dorf der der Herrschaft Schwandorf, südostwärts von Wien, hinter Rauchenwart.

Neusiedel. †. U. W. W. Stüchsneusiedel, zur Herrschaft Trautmannsdorf gehörig, hinter Gallbrunn, an der Straße nach Bruck an der Leitha.

Neusiedel. U. W. W. am Steinfelde, vor Zeiten Hadein Newsiedel, brandenburgisch Lehn, Dorf und Gut des Grafen von Schönborn, der Veste Rothengrub vereinbart, bey St. Aegidi.

Neusiedel. U. W. W. an der Piesting, A. 1120. Geben Nuisidelen (Hueber) ein Dorf der Herrschaften Piesting, Emmerberg und Gutenstein, bey Pernitz, am Schneeberge.

Neusiedel. O. W. W. am Tullnerfelde, ein Dorf der Herrschaft Holenburg, bey Büschelsdorf.

*) Neusiedel. U. M. B. A. 1292. Abtsneusiedel, vor Zeiten ein Kloster melkerisches Dorf im Marchfelde, das jetzt verödet ist. (Hueber)

Neusiedel. U. M. B. Bogneusiedel, ein Dorf des Stifts zu Klosterneuburg, nordwärts hinter Woltersdorf, bey Heiligenberg.

Neusiedel. U. M. B. Markgrafenneusiedel, ein Dorf im Marchfelde ostwärts hinter Süssenbrunn, theils den untern Jesuiten, und theils den Dominikanern dienstbar.

Neusiedel. †. U. M. B. hinter Zistersdorf, ein Dorf der Herrschaft Rabensburg.

Neusiedel. †. U. M. B. ein Dorf bey Staats, dieser Herrschaft unterthänig.

Neusiedel † U. M. B. unterhalb der Stadt Laa, zwischen Fallbach und der Theya.

Neu

Neusiedel. O. M. B. hinter dem Jauerling, bey Zeising, ein Dorf des Stifts Imbach. Die göttweihischen Unterthanen sind A. 1765. feil geboten worden.

Neusiedel. O. M. B. an der Lainsitz, bey Kirchberg am Walde, gehöret theils zur Herrschaft Himberg.

Neustadt. U. W. W. Neostadium, s. Neapolis Austriæ, vor Zeiten nova Civitas genannt, eine landsfürstliche wohlgebaute Stadt und Burg, 6. Meilen südwärts von Wien, in der weiten Ebene, das Steinfeld genannt, bey dem Zusammenflusse der kleinen Fischa und des Kehrbachs, an der Straße nach Steuermark. Die Geburt Kaiser Maximilians I. und Erzherzog Leopold Wilhelms A. 1459. und 1614. und die Vermählung des glorreichen Stammvaters unsers höchsten Kaiserhauses, Herzog Karls V. von Lothringen, mit Kaiser Leopolds Schwester, der Königinn Eleonora, den 6. Febr. 1678. haben dieselbe vorzüglich geadelt. Sie ist im Viereck angeleget, hat vier Thore, nach den Hauptgegenden des Himmels gerichtet, ist mit Gräben, doppelten Zwingermauern und Thürmen umgeben, und galt ehemals für einen wohlbevestigten Ort. Man rechnet sie nicht zu den sogenannten mitleidenden Städten, sondern betrachtet sie als ein besonderes k. k. Kammergut. Sie begreift einen bischöflichen Sitz, eine Prälatur, eine Rittercommende, 6. Klöster, 14. Kirchen und Kapellen mit der Burg, und 436. Häuser; und zählte A. 1763. in ihren Ringmauern 4099. in der Burg aber 394. Personen, zusammen 4493. Seelen. Sie ist also nach Wien, unter allen übrigen niederösterreichischen Städten die größte. Herzog Leopold VII. der Glorwürdige, hat ihr ums Jahr 1198. die erste Handveste ertheilet; daher derselbe insgemein für ihren Erbauer angegeben wird. Doch hier-

hieraus müßte folgen, daß auch Wien unter diesem Herrn den Ursprung genommen, weil es von eben demselben die erste Handveste erhalten hat. Wir wissen aber, daß Wien schon geraume Zeit vorher eine Stadt gewesen ist. Gleiche Beschaffenheit hat es mit nova Civitas, oder der Newenstadt. Als Herzog Leopold VII. ihre bürgerlichen Gesetze ausfertigte, war sie schon vorhanden. Sundheim und Hagen melden, daß Neustadt von dem Lösegelde des engländischen K. Richards erneuert und bevestiget worden sey. (Tab. El. Neob. und Chron. Austr.) Abt Martin zum Schotten sagt: daß Herzog Leopold die Neustadt als einen offenen Ort mit Mauern umgeben habe: (im Senatorio) und diese Nachrichten kommen der Wahrheit am nächsten: denn Neustadt war schon unter Markgraf Leopold dem Heiligen bekannt. Das beweiset der Stiftsbrief des Klosters Kleinmariazell, welcher den 2. Febr. A. 1136. in nova Civitate gestellet ist: (Calles) und diese angehende Stadt muß schon damals ziemlich beträchtlich gewesen seyn, weil sich nebst Markgraf Leopolden, seiner Gemahlinn und drey Prinzen, auch Erzbischof Konrad von Salzburg, dessen Weihbischof Roman, Bischof Regimar von Passau, samt ihren Gefolgen, nebst einer Menge adelicher Personen zugleich daselbst aufhalten können. P. Calles glaubt zwar (Annal. Austr. P. I. p. 476.) daß hier durch nova Civitas die neue Stadt Klosterneuburg gemeinet sey: und P. Hanthaler (Fast. Campil. Elog. VI. §. 3.) steht in den Gedanken, daß dieser Name auf Wien gezogen werden müsse. Allein Wien hieß damals Fabiana; und Klosterneuburg hat in allen alten Urkunden jener Zeiten keinen andern Namen, als Niwenburg getragen: da hingegen unter nova Civitas beständig die Neustadt verstanden wird.

wird. Die Gegenwart Erzbischof Konrads dienet dabey zum überzeugenden Beweise. Denn wäre die mariazeller Stiftung in Wien oder Neuburg vollzogen worden; so ist nicht abzusehen, was der Fürst von Salzburg dabey zu schaffen gehabt. Zu Neustadt aber war seine Anwesenheit erforderlich, weil dieselbe in seine Diöces gehörte, so wie die neue Stiftung in dem passauischen Kirchensprengel gelegen war.

Vermuthlich hat der Ort bald nach dem Jahre 1021. den Anfang genommen, da Markgraf Adalbert, und sein Sohn Leopold der tapfere Krieger die Ungarn über die Leitha vertrieben hatten. Denn daß die neue, auf einige Meilen weit und breit sich erstreckende Eroberung ohne Bedeckung gelassen worden seyn solle, ist gar nicht glaublich. Ein Thurm, oder vier Mauern mit einem Deiche oder Wassergraben umfangen, schafften damals hinlängliche Sicherheit: und wahrscheinlicher Weise ist von einem solchen vesten Hause am Zusammenflusse zweyer Wässer, die hiesige Burg entstanden, die nach und nach den Anbau der Stadt veranlasset hat.

Diese Burg lieget an der südöstlichen Spitze der Stadt, und ist ein ansehnliches, nach alter Art bevestigtes, ziemlich großes Gebäude. Herzog Leopold III. welchem sein Bruder Albert III. nebst Steuermark und Pitten auch die Neustadt abtrat, soll dieselbe nach dem Jahre 1370. fast vom Grunde aus neu aufgeführet haben. Sie ist nach der Hand durch K. Ferdinanden I. von dem das Zeughaus allhier A. 1524. herrühret, ums Jahr 1530. und von Kaiser Ferdinanden II. A. 1613. erneuert und verbessert worden. Herzog Albert V. und K. Ladislaus, wurden in ihrer Jugend meistens hier erzogen; die österreichischen Regenten von der steurischen Linie wähl-

wählten diese Burg öfters zu ihrem Sitze; und vornehmlich fand Kaiser Friedrich IV. allhier seinen liebsten Aufenthalt. Es befinden sich zwo Kapellen in derselben, deren eine der Himmelsköniginn, und die andere dem heiligen George gewidmet ist. Kaiser Friedrich IV. stiftete bey der ersten den 5. April. A. 1444. einen halben Dom, d. i. einen Probst, Dechant, und 11. weltliche Chorherren; (Bern. Pez) doch diese Stiftung hatte nicht lange bestand. Die St. Georgenkirche auf dem Burgthore, ward von eben diesem Kaiser A. 1457. erbauet. Er ordnete A. 1460. ein Convent von regulirten Chorherren des heiligen Augustinus, unter einem Probste und Dechant dazu; und vereinigte hernach A. 1478. dieses Stift mit der ehemaligen Pfarrkirche St. Ulrichs in der Vorstadt vor dem Neunkirchnerthore; wo es aber nach wenig Jahren zu Grunde gieng.

Das Bisthum brachte mehr erwähnter Kaiser Friedrich IV. mit Beystimmung P. Pauli II. A. 1470. zu stande; nachdem dessen Errichtung schon bey seiner römischen Krönung A. 1452. mit P. Nikolao V. beschlossen worden war. Zum ersten Bischoffe wurde Peter Engelbrecht ernennet, und ihm die Kirche unsrer Frau im Freythofe (S Mariæ in Cameterio) zum bischöflichen Sitze angewiesen; welche zugleich dem in eben diesem Jahre 1470. gestifteten Ritterorden St. Georgens gewidmet ward. Der Ursprung dieser dem Erzstifte Salzburg ehedem unterworfenen Pfarrkirche ist unbekannt. Der A. 1288. verstorbene Primator derselben M. Herrmann Guglacher wird insgemein für ihren ersten Kirchenmeister gehalten. Der Kaiser erhob sie A. 1459. zu einer Collegiatkirche, wozu Pabst Pii II. Legat, der Cardinal Johannes den 13. Juny desselben Jahres,

res, in Wien die nöthige Vollmacht ertheilte. Vermuthlich ist damals das obenerwähnte Stift bey der Frauenkapelle in der Burg hieher übertragen worden. Weil vorgedachte Pfarrkirche St. Ulrichs nebst dem Convente, vor dem Neunkirchnerthore, in den Kriegen mit dem ungarischen K. Mathias bis auf den Grund zerstöhret worden war: so übersetzte der Kaiser A. 1493. den Probst, Dechant und das Kapitel zur hiesigen Domkirche, und verordnete: daß die Chorherren nach der Regel des heiligen Augustinus, wie die bey St. Dorothea in Wien leben, sonst aber in der Kirche Chorkappen mit Feh tragen sollten. (Bern. Pez) Dies geschah unter dem zweyten Bischoffe Augustin Giebinger, welcher bis auf heutigen Tag 21. Nachfolger gehabt hat. Der jetzige hochwürdigste Bischof, Ferdinand Graf von Hallweil hat den bischöflichen Stuhl A. 1741. bestiegen. Das Domkapitel bestehet dermalen aus einem Official und sechs Kapitularen. Das Bisthum, dem die landsfürstliche Pfarre Raps einverleibet ist, war bey der Stiftung exempt, ward aber A. 1723. dem neuen Erzbisthume zu Wien untergeordnet. Der Kirchensprengel desselben erstreckt sich blos über die Stadt, und das neue Pfarrdorf Theresenfeld; doch hat der Bischof in den salzburgischen Pfarren: Zillingdorf, Eggendorf, Weikersdorf, St. Aegidi, Piesting, Lanzenkirchen und Lichtenwerd das Jus præsentandi.

Neben dem Dom stehet die alte Begräbnißkirche St. Michael mit ihren A. 1763. erneuerten Grüften. An der auswendigen Mauer derselben, in einem Winkel gegen Nordost, ist das Grabmal der Grafen Peter Serini, und Christoph Frangipani zu sehen, deren Hochverrath wider Kaiser Leopolden, den

30.

30. April 1661. das Schwert belohnet hat. Ein anderes Merkmal bestrafter Empörung befindet sich auf dem Pflaster des Marktes, wo die Häupter der rebellischen Wiener, welche die von Kaiser Maximilian I. über Oesterreich verordneten Regenten verjaget hatten, den 19. Aug. 1522. hingerichtet wurden. Dieser Platz ist groß, und ansehnlich, und würde wenig seines gleichen haben, wenn ihn die Kramläden des sogenannten Krätzels nicht einschränkten. Die Kapelle des heiligen Nikolai in diesem Krätzel, soll, nach der gemeinen Sage, älter als die Stadt, und die erste Pfarrkirche allhier gewesen seyn. Eine andere alte Kapelle Allerheiligen, war vor Zeiten eine Synagoge der Juden, die hier eine ganze Gasse eingenommen, und dergestalt um sich gegriffen hatten, daß schon Herzog Friedrich II. A. 1239. genöthiget war, ein Gesetz zu ertheilen, welches die Judenschaft von allen öffentlichen Aemtern ausschließet. Nach der Hand sind sie völlig ausgetrieben worden; und kraft einer Verordnung der Kaiserinn Eleonora, Regentinn von Oesterreich nach Kaiser Josephs Tode, wird kein Jude über Nacht allhier gedultet, an Sonn und Markttägen aber ihnen nicht einmal der Eintritt in die Stadt erlaubt.

Im Frauenviertel nächst dem Wienerthore ist die Peterskirche, mit den Ueberbleibseln eines alten Nonnenklosters des heiligen Dominikus, dessen Besitzerinnen A. 1443. in andern Klöstern versorget wurden, um den Dominikanern Platz zu machen, welche man aus ihrem vormaligen Kloster, zur allerheiligsten Dreyfaltigkeit, hieher versetzte. Doch unter dem zwölften Bischof Melchior Clesel, nachmaligen Bischof zu Wien und Cardinal, ist dieses Kloster gar aufgehoben worden, und die Güter desselben Zillingdorf

dorf und Eggendorf hat man dem Bisthume zugeeignet.

Nur erwähntes Kloster der allerheiligsten Dreyfaltigkeit bey dem Ungarthore, von dem der südöstliche Theil der Stadt, das Trinitatisviertel genannt wird, erhob Kaiser Friedrich IV. den 5. April 1444. zu einer infulirten Abtey des Cisterzienserordens; und der Synodus zu Basel ertheilte in eben demselben Jahre auch dem Prior, bey Abwesenheit des Abtes, den Gebrauch des Krumstabes (Bern. Pez) Neben dieser Prälatur gegen die Burg, besitzet der Orden St. Pauli des ersten Einsiedlers ein Kloster, welches gleichfalls Kaiser Friedrich IV. A. 1480. für 12. Priester gestiftet hat. (Bern. Pez)

Das Kloster der barfüßigen Carmeliter der heiligen Theresia, an der nordöstlichen Spitze der Stadt von der Baronesse von Lebel A 1667. gegründet, hat eine schöne Kirche, die A. 1717. vollendet worden. Dieser Theil wird das deutsche Herrenviertel genannt, von der Commende dieses Ritterordens, welche mit dem deutschen Hause zu Wien verbunden ist.

Das Jakoberviertel im südwestlichen Theile, hat, den Namen von dem Kloster der Minoriten, oder mindern Brüder, welches Kaiser Ferdinand II. A. 1623. den Capuzinern einräumte. In eben diesem Viertel nächst dem Fleischhackerthore haben die Carmeliternonnen der heiligen Theresia ein Kloster, das die Gräfinn von Zaradeck gebohrne Freyinn Lebel A. 1665. gestiftet, Kaiser Leopold aber A. 1680. mit einer schönen Kirche gezieret, und der Vermählung Mariä gewidmet hat.

Das Collegium der Gesellschaft Jesu nächst dem Meunkirchnerthore nahm A. 1662. den Anfang, und verehret Erzherzog Leopold Wilhelmen Kaiser Ferdinands III. Bruder als seinen Stifter. Eben dieser Orden besitzet in der Vorstadt vor dem Wienerthore eine Residenz, welche von dem Freyherrn Franz von Junkenberg herrühret, der solche nach dem letzten Willen seines Vaters gestiftet hat. Dieser war ein Mahometaner, und einer von den türkischen Kriegsobersten zu Ofen, als dieser Ort A. 1686. an die Christen übergieng. Man brachte ihn als einen Kriegsgefangenen nach Neustadt; ehe er aber hier anlangte, fiel er auf die Gedanken ein Christ zu werden. Nachdem er nun durch die Väter des Jesuiterordens seiner Irrthümer überwiesen, und zur heiligen Taufe befördert worden war, faßte er den Entschluß, an dem Orte, wo er den ersten Trieb zum Christenthume empfunden hatte, ein Kloster zu bauen. Er ward aber durch den Tod hieran verhindert, und überließ die Ausführung seinem Sohne. Doch weil die Stiftung zu weit von der Stadt entfernet, und in einer Einöde ohne Nutzen gewesen wäre: ward ihm von Kaiser Karln VI. der Platz in der neustädter Vorstadt angewiesen. Die schöne Kirche ist dem heiligen Leopold gewidmet, und nebst dem ansehnlichen Gebäude, in welchem 4. Geistliche S. J. wohnen, A. 1747. zu Stande gekommen. (Granelli Germ. Austr.)

Wir wenden uns nun in die Burg zurück, welche seit A. 1752. der innern Einrichtung nach, eine völlig veränderte Gestalt bekommen, indem die huldreiche Theresia dieselbe zum Aufenthalte von 200. Cadetten bestimmet, und denenselben zu Liebe, unter der Aufsicht des Feldmarschalls, Grafen Leopolds

von

von Daun, im gedachten Jahre eine Kriegsakademie allhier errichtet hat. Gedachte Jünglinge sind theils von edler Geburt, theils k. k. Officierskinder. Sie stehen unter den Befehlen eines Generalmajors, welchem 28. Staabs- und Oberofficiere, nebst 15. Unterofficieren von bewährter Tapferkeit und untadelhaftem Wandel zugeordnet sind. Diese führen wechselweise die Aufsicht bey den Uebungen der Cadetten, welche 2. Compagnien ausmachen, und im Kriegsdienste sowohl zu Fuß als zu Pferde angeführet werden. Beyde Compagnien sind blau montirt. Sie verrichten alle Dienste eines gemeinen Mannes, versehen ihre Wachen, und haben Gefreyte und Corporale aus ihrem Mittel. Sie lernen nebst den gewöhnlichen Kriegsübungen mit dem Gewehr, Fechten, Tanzen, Voltigiren, Fahnenschwingen, Reiten, Zeichnen, Sprachen, die Kriegsbaukunst, und andere zur Kriegskunst nöthige Wissenschaften. Den Unterricht nebst der Verpflegung haben sie völlig umsonst. Jährlich werden einige unter die Regimenter vertheilet, die Abgängigen aber sogleich aus der Kriegspflanzschule zu Wien wieder ersetzet, so, daß die 2. Cadettencompagnien allhier immer vollzählig bleiben. Im südlichen Flügel der Burg ist ein geraumer Saal, in welchem die Cadetten zur Winterszeit, und bey nassem Wetter exerciren. Ueber diesem sind die Hörsäle, Fecht- und Tanzböden, Zeichenzimmer, und andere zu den nöthigen Uebungen bestimmte Gemächer. An der Nordseite des Schlosses über dem Wassergraben, ist eine schöne Reitschule, nebst dem dazu bestimmten Marstalle, zum Gebrauche der Cadetten angeleget. An der Ostseite aber, gleichfalls ausserhalb des Grabens, ist der sehr weitläuftige Thiergarten, der ehemals mit vielen Dam- und andern Hirschen, auch einer schönen Fa-

fanerie versehen war, nun aber zum Nutzen des Marstalles gewidmet ist. Von der ganzen ehemaligen Einrichtung der Burg hat man nichts übrig gelassen, als die Einsiedlerey Kaiser Maximilians I. neben der alten Frauenkapelle, um die kriegerische Jugend durch das Beyspiel eines der tapfersten Prinzen täglich zu überzeugen, daß Gottesfurcht und Heldenmuth sehr wohl sich mit einander vereinigen. Die Einsiedlerey bestehet aus einer kleinen Küche und 2. Cabinetten, die von Gips auf Grottenart aufgeputzet sind. Der seltsame Armsessel, dessen sich der Kaiser bey seinen geistlichen Uebungen bedienet, ist noch vorhanden, und aus 3. besonders großen Geweihen von Damhirschen zusammengesetzt. Dieser Monarch, welcher, wenn es die Staatsgeschäffte erlaubt, seine angenehmsten Stunden hier zugebracht hat, ist in der hiesigen Burgkapelle St. Georgens, unter den Stuffen des Hochaltars begraben.

Bey dem Erdbeben, welches Oesterreich am 27. Febr. 1768. früh 48. Min. auf 3. Uhr eine halbe Minute lang erschreckte, und dessen aufwallende Erschütterung zu Neustadt heftiger als anderwärts gespühret worden, so, daß fast kein Haus allhier unbeschädigt geblieben, hat besonders die hiesige Burg viel gelitten; indem alle Gewölber Risse, und die stärksten Mauern, von unten bis oben hinaus, Spaltungen bekommen haben. Doch ist dabey, welches zu bewundern, keinem Menschen einiges Leid wiederfahren. Die Cadetten hat man unterdessen in der Reitschule einquartiert, bis die Herstellung des Schadens geschehen, welche der Hof sogleich veranstalten ließ.

Neustadt hat an allen Schicksalen Oesterreichs jederzeit einen beträchtlichen Antheil genommen. Als

Her-

Zweyter Theil.

Herzog Friedrich II. der Streitbare, A. 1236. aus Wien verjagt, von Kaiser Fridrichen II. in die Acht erklärt, und von ganz Oesterreich und Steuer verlassen war, hielt Neustadt allein standhaft bey ihm aus. Die kaiserlichen Landesverweser, Bischof Rüdiger von Passau, Bischof Konrad von Freysing, und Burggraf Konrad von Nürnberg rückten daher A. 1237. von Wien aus mit einem zahlreichen Heere gegen Neustadt an, und wollten im Steinfelde die Völker aus Steuer, unter dem Patriarchen von Aquileja an sich ziehen. Doch die Neustädter thaten unter Herzog Friedrichs, und Graf Alberts von Bogen Anführung, einen unvermutheten tapfern Ausfall, schlugen Burggraf Konraden mit den Wienern in die Flucht, nahmen die zwey Bischöffe gefangen, zerstreuten die Steurer, und brachten ein solches Schrecken unter die Feinde, daß niemand mehr dem Herzoge die Spitze zu bieten sich getrauete, und dieser nach und nach wieder zu seinen verlohrnen Ländern gelangte. Im Jahre 1242. ward Neustadt von einem unzählbaren Heere mongallischer Tattarn und Cumaner eingeschlossen, da nur 50. Kriegsleute und 20. Bogenschützen sich in der Burg befanden. Doch liessen die Neustädter den Muth nicht sinken; sondern vertheidigten sich so lange, bis Herzog Friedrich II. mit seinen Bundsgenossen anrückte, die Stadt entsetzte, und die Tattarn in die Flucht schlug. Damals befand sich eine neue Art von Religiosen, Beguinen genannt, zu Neustadt, welche nachmals auf dem Concilio zu Vienne A. 1311. vom P. Clemens V. als Ketzer verdammet wurden. So lange das Schloß Schwarzenbach in ungarischen Händen war, hatte Neustadt beständige Verdrüßlichkeiten mit den Ungarn, weil diese die Burghut, oder die Unterhaltung des Castellans und der Besatzung des Schlosses von Neustadt verlangten, diese aber solche beständig verweigerte. Diese Händel währten so lange, bis K. Ludwig von Ungarn Schwarzenbach an Herzog Rudolphen IV. den 10. März 1362. wieder abtrat, und den Neustädtern alle Anforderungen freywillig erließ. (Steyrer) Im Jahre 1452. ward Kaiser Friedrich IV. von den Neustädtern, wider Graf Ulrichen von Cilley, und Ulrichen von Eizing unterstützet, welche mit 16000. Mann anrückten, um die Auslieferung des jungen K. Ladislaus zu erzwingen. Ihr Anzug geschah so unvermuthet und schnell, daß es ihnen bey nahe geglücket hätte, mit dem ersten Anfalle in die Stadt zu dringen. Doch ein steurischer Ritter, Ulrich Braunkircher stellte sich allein unter die Pforte, und vertheidigte dieselbe so lange, bis die Neustädter sich ermanneten, und die Feinde zurück schlugen. Die Belagerer würden auch mit Macht schwerlich zu ihrem Zwecke gelanget seyn, wenn nicht das gütige Gemüth des Kaisers den Unterhandlungen nachgegeben, und den jungen König der Vormundschaft freywillig entlassen hätte. Im Jahre 1477. ward Neustadt von dem ungarischen K. Mathias Corvin vergebens belagert. (Chron. Mellic.) Ein gleiches geschah A. 1486. da nach einer langen Belagerung 70. Neustädter Bürger einen unvermutheten Ausfall wagten, in das königliche Hauptquartier drangen, und eine solche Unordnung unter den Ungarn verursachten, daß Mathias selbst verwundet, und zum Abzuge genöthiget wurde. Er kam aber A. 1487. mit einem stärkern Heere wieder, griff die Stadt weit heftiger an, und zwang sie endlich durch Hunger, und nachdem sie keinen Entsatz vom Kaiser zu hoffen hatte, daß sie sich am Tage Laurentii ergab. Doch kaum war Mathias A. 1490. erblichen, so jagten die Neustädter die ungarische

garische Besatzung aus, und öffneten K. Maximillianen I. die Thore. (Chron. Mellic.) Die letzte Belagerung hielt Neustadt A. 1529. aus, da Sultan Solymann mit seinem Heere davor rückte, und in einem Tage 7. heftige Stürme wagte, aber mit aller Gewalt nichts ausrichtete, als daß er mit Schimpf und Schaden abziehen mußte.

Die Religionsspaltungen, welche im 16. Jahrhunderte Oesterreich zerrütteten, haben hier niemals Eingang gefunden; indem die Wachsamkeit der Obern allen Neuerungen in der Lehre bey Zeiten vorgebauet.

Der größte Ruhm, den sich die Neustadt erworben, bestehet in der unwandelbaren Treue und Ergebenheit gegen ihre Landesfürsten; weswegen sie auch allen andern Städten zum Muster vorgestellet zu werden verdienet. Es haben daher die österreichischen Regenten dieselbe jederzeit eines besondern Augenmerkes gewürdiget, und ihr vor andern, verschiedene Befreyungen und Vorzüge ertheilet. König Ottokar bestättigte A. 1253. den 1. May nicht nur die Freyheiten der Stadt; sondern vermehrte sie auch damit, daß die Stadtthore beständig in der Gewalt der Bürger bleiben sollten. Dieses bekräftigte K. Rudolph I. von Habsburg den 1. Dec. 1277. und fügte das Recht hinzu, daß die Neustädter Bürger adeliche Lehngüter besitzen können. Erzherzog Rudolph IV. gab der Neustadt den vorzüglichen Titel: einer edlen und getreuen Stadt. Kaiser Friedrich IV. ertheilte ihr die Stappelgerechtigkeit auf alle aus Wälschland kommende Waren; schenkte ihr zum Wapen einen doppelten schwarzen aufwachsenden Adler, mit einer silbernen geschlossenen Kaiserkrone

krone am Halſe, im goldenen Felde; beſtättigte alle von Alters hergebrachte Rechte, Freyheiten und Würden, und vermehrte dieſelben A. 1452. in Rom mit zwoen goldenen Bullen: welche Privilegien von allen ſeinen durchleuchtigſten Nachfolgern, bis auf die jetzigen Zeiten bekräftiget worden ſind. (Archiv. civit.)

Wir müſſen zum Schluſſe einer edlen und großmüthigen That erwähnen, welche den Bürgern zu Neuſtadt zum immerwährenden Lobe gereichet. Biſchof Heinrich von Lavant, Herzog Alberts II. Kanzler, ward A. 1338 auf der Reiſe nach ſeinem Bisthume, von einer Krankheit überfallen, und gieng zu Meunkirchen mit Tode ab. Kaum war er erblichen, ſo verlieſſen ihn ſeine Freunde und Bediente, nahmen alle Baarſchaft, Kleinodien, Pferde und Geräthſchaften mit ſich fort, und hinterlieſſen nicht das mindeſte, wofür der Biſchof hätte begraben werden können. Sobald ſolches zu Neuſtadt kund wurde, ſchoſſen der Rath und die Bürger die nöthigen Unkoſten zuſammen, hohlten den Körper mit einer anſehnlichen Proceſſion von Neunkirchen nach Neuſtadt ab, und beſtättigten ihn allhier mit groſſem Gepränge in der Pfarrkirche zur Erde. (Anon. Leob. beym Hier. Petz.)

Neuſtadt hat eine k. k. Salzverſilberung, eine Filialmaut, und eine handgräfliche Obercollection. Es iſt hier der Poſtwechſel zwiſchen Draßkirchen und Meunkirchen. Das k. k. Forſtmeiſteramt mit 10. Forſtdienſten ſtehet unter dem k. k. oberſten Hof-und Landjägermeiſteramte zu Wien; das neuſtädter Forſt oder Waldamt aber, unter dem Waldforſter zu Lanzenkirchen, hanget von dem k. k. Waldamte zu Burkersdorf ab.

Neustädtel. O. M. B. Markt, Pfarre und Amt der freyherrlichen Riesenfelsischen Herrschaft Säuseneck, über der Ips, nordwärts der Poststraße nach Amstädten, zwischen Hainstädten und Freyenstein.

*) Neustädter Heide. U. W. W. die unfruchtbare Ebene zwischen Salenau und Neustadt, welche den nordlichen Theil des sogenannten Steinfeldes ausmachet. Um zu versuchen, ob sich der Boden nicht befruchten lasse, haben Ihre K. K. Maj. die apostolische Monarchinn mitten auf dieser Heide, an der Poststraße, seit 1763. ein neues Pfarrdorf anlegen lassen. (s. Theresienfeld)

*) Neustift. U. W. W. in den wienerischen Linien, vor dem Burgthore, wird in das obere- und untere Neustift getheilet, und ist dem sogenannten Oberngute St. Ulrich, dem Schottenkloster gehörig, einverleibt.

Neustift. U. W. W. ein Dorf des Stifts St. Dorothe, nordwestwärts von Wien, zwischen Pözelsdorf und Salmannsdorf am Gebirge.

Neustift. O. W. W. ein Dorf am Tullnerbache hinter Heiligkreuz, bey Altenlengbach.

Neustift. O. W. W. ein Dorf unter dem Landgerichte, und der Dorfobrigkeit der Herrschaft Friedau.

Neustift. U. M. B. ein Dorf der Herrschaft Winkelberg, 3. Stunden oberhalb Stockerau, bey dem Dorfe Winkel.

Neustift. O. M. B. Schönberger Neustift nächst der Gränze von U. M. B. bey Zöbing, theils zur Herrschaft Grafeneck, und theils nach Horn gehörig.

Neustift. O. M. B. an der großen Kamp, hinter Trauenstein, ein Dorf der Herrschaft Rapotenstein.

Neustift. O. M. B. Ober- und Niederneustift, oder Kleinhäusler, zur Herrschaft Rosenau dienstbar.

*) Neu-

*) Neutzen. O. M. B. s. Neunzehn.
*) Neuwald. O. W. W. ein Gebirge und Forst, so sich von St. Gilgen hinter Hohenberg, bey der steyrischen Gränze, zwischen dem Schneeberge und Sömmering, bis gegen Feistritz U. W. W. hinziehet.

Neuwaldeck. U. W. W. Neuwalding, ein kleines aber nach neuer Art schön gebautes Bergschloß und Gut des k. k. Feldmarschalls, Grafen von Lascy, nächst Oberdornbach, welches dazu gehört, westwärts von Wien im Gebirge, zwischen welchem sich eine treffliche Aussicht gegen Wien eröffnet.

Nexendorf. U. M. B. Nexenhof, A. 1115. Nessingdorf, A. 1257. Naschendorf, ein herrschaftlicher Mayerhof, Dorf und Gut des Freyherrn von Hatzenberg, nordwärts hinter Oberholabrunn, zwischen Schöngrabern und Steinabrunn, hat A. 1386. den Praunsdorfern gehört. (Hueber)

Nexing. U. M. B. ein Dorf der Herrschaft Ernstbrunn.

*) St. Nikola. U. M. B. ein Nonnenkloster Clariserordens zu Wien in der Singerstraße. (s. Nonnenklöster)

St. Nikola. O. M. B. ein Kirchdorf zwischen Walkenstein, und Kloster Berneck.

*) St. Nickolaihof. O. W. W. zu Mautern, ein Freyhof und Gut des Klosters St. Nikola bey Passau, mit dem Thurmhofe zu Horn verbunden.

Nickolsdorf. U. W. W. in den wienerischen Linien, bey Mätzleinsdorf, ein Dorf des Magistrats zu Wien, dem Schlosse Margarethen an der Wien unterworfen. Der Freythof nebst der Kirche und Einsiedlerey vor dem Mätzleinsdorfer Linienthore, gehöret hieher. Der Ort ward A. 1683. den 13. July von den Türken in Brand gestecket.

Nie-

Niederdorf. O. W. W. hinter Melk, an der Erlauf, nächst Wocking.

Niederleiß. U. M. B. vom Leiffenberge so genannt, Schloß und Herrschaft des Stifts Heiligkreutz, hinter Ernstbrunn, im Thale nächst Oberleiß. Ist passauisch Lehn.

Niederleiß. U. M. B. ein dieser Herrschaft unterworfenes Pfarrdorf, woran die hiesige Pfarre, die Herrschaften Ernstbrunn und Niederkreutzenstädten, imgleichen die Pfarren Oberleiß und Asparn an der Zaya Theil haben.

Niedersulz. U. M. B. s. Sulz.

Niederthal. O. M. B. ein Dorf, welches der Stadt Waidhofen an der Theya zur Vorstadt dienet, und der dasigen Herrschaft dienstbar ist.

Möchling. O. W. W. Mölling, ein Dorf unterhalb Melk, bey Schönbühel.

Möchling. O. M. B. Möhling, ein Pfarrdorf, Amt und Gut der Herrschaft Rohreck, im Ispertthale, nächst dem Markte Ispern.

Möderndorf. U. U. B. s. Rothendorf.

Möderndorf. O. M. B. bey Kloster Berneck, zur Herrschaft dieses Stifts gehörig.

Möbagen. O. M. B. Neubagen, ein Dorf der Herrschaften Härtenstein und Hohenstein, hinter Dürrenstein, bey der Krems.

*) Nomare. O. W. W. ein alter römischer Ort, der nach der theodosischen Charte des Hrn. v. Scheib, zwischen Trigisamo und Arlape gelegen, und von jenem 16000. von diesem aber 7000. Schritte entfernet war. Die Lage desselben kömmt also mit Melk überein.

Nonndorf. †. U. M. B. Großnonndorf, ein Pfarrdorf der Herrschaften Guntersdorf, und Enzersdorf

im

im langen Thale, westwärts von Oberhelabrunn, hinter Mittergraben. Hieß A. 1108. und 1110. Niwendorf, und bestimmte die Gränzen der Pfarren Ravelsbach, und Wullersdorf.

Nonndorf, O. M. B. Großnonndorf, hinter Markt Els, über der großen Krems, der Herrschaft Rapotenstein gehörig.

Nonndorf. †. O. M. B. Kleinnonndorf, zwischen der großen Kamp und Zwettel, ehemals nach Ottenschlag, jetzt nach Rapotenstein dienstbar.

Nonndorf. †. O. M. B. Rothingnonndorf, zwischen der kleinen und großen Kamp, der Herrschaft Rapotenstein eigen.

Nonndorf. O. M. B. bey der kleinen Kamp, unterhalb Trauenstein, der Herrschaft Grafenschlag unterworfen.

Nonndorf. †. O. M. B. Niedernonndorf, Pfarrdorf, Amt und Gut des Herrn von Thomasis, woran die Herrschaften Zwettel und Rastenberg Theil haben, bey dem Kampflusse, diesseits Kloster Zwettel.

Nonndorf. †. O. M. B. Obernonndorf, ein Edelsitz und Dorf, der Herrschaft Rastenberg, bey der Kamp, theils mit Niedernonndorf verbunden.

Nonndorf. O. M. B. über der deutschen Theya, bey Markt Fides der Herrschaft Kirchberg am Walde unterthänig.

Nonndorf. O. M. B. über der deutschen Theya, bey Waidhofen, der Herrschaft Mayers einverleibt.

Nonndorf. O. M. B. gegen die mährische Gränze, zwischen der großen und böhmischen Theya, zur Herrschaft Drosendorf gehörig.

Nonndorf. O. M. B. hinter der Saß, gegen Raps, ein Kirchdorf und Filial von Blumau, theils der

Herr-

Zweyter Theil.

Herrschaft Dobra, theils der Pfarre Altpölla unterworfen.

Nonndorf. D. M. B. Nonnersdorf über der Buska, bey Goggitsch, unter dem Gebiete der Herrschaft Prunnersdorf.

Nonndorf. D. M. B. Nonnersdorf bey Kloster Berneck, der Herrschaft dieses Stifts, theils nach Horn und Breiteneich dienstbar.

Nonndorf. D. M. B. bey Raan und Komecken, ein Dorf, wo die Herrschaften Gars und Buchberg, der Markt Gars, und die Pfarre Egenburg Unterthanen haben.

Nonnenklöster in Niederösterreich.

a) St. Augustini Canonissinnen, haben 4. Klöster.

1) Wien bey St. Jakob hat ums Jahr 1190. von drey adelichen Witwen, aus den Häusern Kulm, Rappach und Paar den Ursprung genommen. Diese kamen aus Kärnten nacher Wien, in der Absicht ein Kloster zu bauen. Herzog Leopold VI. wieß ihnen einen Platz auf der sogenannten Hülben (damals ausserhalb der Stadt gelegen, an, und räumte ihnen die daselbst befindliche Kirche ein, welche seines Vaters Bruder Leopold V. A. 1131. aufgeführet, und dem heiligen Jakob, bey Gelegenheit einer im Wienflusse gefundenen Statue dieses Apostels gewidmet hatte. Das Kloster kam durch Unterstützung Herzog Leopolds VI. und vornehmlich durch den Beytrag der Herren von Careith bald zu Stande, und ward von sogenannten eingesperrten Frauen, Dominabus reclusis bewohnt, welche nachmals den Orden des heiligen Augustinus angenommen haben. (Fischer)

2) Wien

2) Wien bey St. Agnes, zur Himmelpforte, ward A. 1267. von M. Gerhard, Pfarrer bey St. Stephan, der heiligen Katharina zu Ehren erbauet, und den eingesperrten Frauen, Dominabus reclusis, eingeräumt. Agnes, Kaiser Alberts I. Tochter, Wittwe des ungarischen K. Andreas III. bauete A. 1331. die Kirche der heiligen Agnes, erweiterte das Kloster, und besetzte solches mit Nonnen des Prämonstratenserordens, welche aus Ungarn angelanget waren. Als diese von der Pest hingeraft worden, führte man A. 1586. eine Colonie von Canonissinnen des heiligen Augustinus, aus dem Jakoberkloster allhier ein. (Fischer)

3) Wien bey St. Lorenz hat Herzog Otten, Alberts II. Bruder zum Stifter, und war vor dem Jahre 1327. durch Nonnen Dominikanerordens bewohnt. Dieses beweiset das Testament Kaiser Friedrichs III. des Schönen, welcher den Nonnen bey St. Lorenz A. 1327. 100. Pfund vermachet; imgleichen der letzte Willen seiner Gemahlinn Elisabeth, welche den Predigerinnen bey St. Lorenz zwey Pfund bestimmet. (Bern. Pez) Im Jahre 1445. haben die Canonissinnen des heiligen Augustinus dieses Kloster eingenommen, welche vorher ein Kloster im Prater gehabt haben sollen. Diesen wurden A. 1533. die Nonnen des Magdalenenklosters vor dem Schottenkloster zugesellet, deren bisheriger Aufenthalt, bey der ersten Türkenbelagerung in die Asche geleget worden war. (Insprugger. Fischer)

4) Kirchberg am Wechsel, bey St. Jakob, gegen die steurische Gränze, in der salzburger Diöces, war A. 1108. ein Nonnenkloster Benedictinerordens, welches nach der Hand eingegangen ist. Gertrud und Mechtild, Schwestern von Kranichberg erneuerten dieses Kloster, wählten die Regel des heiligen

gen Augustinus, nahmen selbst den Schleyer, und widmeten die Pfarre St. Jakobs im Markte Kirchberg zu ihrer Stiftung, welche Bischof Bernhard von Seckau, auf Erzbischof Friedrichs von Salzburg Verordnung, A. 1271. in eine Klosterkirche verwandelte. Herzog Albert I. von Oesterreich, nachmaliger Kaiser nahm A. 1286. dieses Kloster wider Hermannen von Kranichberg in Schutz, der sich demselben mit Gewalt zum Schirmvogte aufdringen wollte, und eignete die Vogtey des Klosters sich selbst zu; welchem Schirmbrief sein Sohn, Herzog Rudolph II. A. 1302. bestätigte. (Bern. Petz)

Das Nonnenkloster des heiligen Augustinus zu Klosterneuburg in der Obernstadt, welches Agnes, des heiligen Leopolds Gemahlinn gestiftet hatte, ist vorlängst eingegangen.

Das Kloster St. Magdalena vor dem Schottenthore, ward A. 1529. zerstört, und die Nönnen, welche nach St. Nikola in der Singerstraße geflüchtet waren, vereinigten sich A. 1533. mit den Klosterfrauen bey St. Lorenz. (Fischer)

b) **Carmeliternonnen der heiligen Theresia, haben 3. Klöster.**

1) Wien bey St. Joseph, insgemein zum sieben Büchern genannt, hat die Kaiserinn Eleonora, Ferdinands II. zweyte Gemahlinn zur Stifterinn, welche auch hier ihre Grabstätte erwählet hat. Es ward A. 1633. den 22. Octob. angefangen, und 1642. vollendet, wie die Inschrift über der Kirchenthüre zeiget. (Fischer) Der Beyname zum sieben Büchern kömmt von dem Schilde eines der Häuser, welche zu Erbauung des Klosters erkauft worden.

2) Neustadt, gestiftet A. 1665. von Maria Euphrosina, Gemahlinn des K. Feldmarschalls, Grafen

von Zarabeck, gebohrner Freyinn von Lebel, ist A. 1680. von Kaiser Leopolden mit einer schönen Kirche gezieret, und der Vermählung Mariä geweihet worden.

3) St. Pölten, ward A. 1708. von der Fürstinn Antonia Josepha von Montecuculi, gebohrner Gräfinn von Colloredo gestiftet. (Insprugger)

c) Clarisserinnen des heiligen Franciskus, besitzen 2. Klöster.

1) Wien, bey Maria Königinn der Engel, insgemein das königliche Kloster genannt, ist A. 1582. von der Königinn Elisabeth, K. Karls IX. in Frankreich Witwe, Kaiser Maximilians II. Tochter erbauet, die in dem ehemaligen gräflich Kuenischen Garten aufgeführte Kirche A. 1583. am Tage Portiuncula, von dem wienerischen Bischof Johann Caspar Neubeck geweihet, und in derselben die Stifterinn, nach ihrem den 22. Jan. 1592. erfolgtem Ableben, vor dem Hochaltar begraben worden. Die Nonnen hat man aus dem Kloster am Anger zu München A. 1580. hieher berufen. (Fuhrmann) Einen Theil des Klosters machet der ehemalige Hof der jüngern Prinzen Maximilians II. aus, welchen die Königinn bis an ihren Tod bewohnet hat.

2) Wien bey St. Nickola in der Singerstraße, ward A. 1275. vom Abte Heinrich zu Heiligenkreuz, und dem Bürgermeister Paltram für Cisterciensernonnen gestiftet; A. 1385. aber von Herzog Alberten III. den Cisterciensermönchen zu einer öffentlichen Schule eingeräumet, um in derselben über die heilige Schrift zu lesen. Die Nonnen versetzte man ins Kloster St. Nickola vor dem Stubenthore. Im Jahre 1481. erhielt Kaiser Friedrich IV. dieses Kloster, und widmete

mete es zur Residenz des Großmeisters vom St. Georgenorden. Von A. 1529. bis 1533. hielten sich die Nonnen St. Magdalena hier auf, deren Kloster vor dem Schottenthore von den Türken zerstöhret worden war. Hierauf machte Bischof Johann Faber ein Collegium für arme Studenten daraus, und versahe dasselbe A. 1540. mit einem ansehnlichen Bücherschatze. Von A. 1545. bis 1589. bewohnten es die Franciscaner, die von St. Ruprecht hieher zogen. Sodann bestimmte es der wienerische Magistrat zu einem Waisenhause für arme Mägdlein. Endlich wurden von Kaiser Ferdinanden II. auf Ansuchen seiner Gemahlinn Eleonora von Mantua A. 1624. die Clarisserinnen hier eingesetzet, welche sich wegen der ungarischen Kriegshändel von Preßburg nach Wien in Sicherheit begeben hatten. (Fischer)

Das jetzige Bürgerspital zu Wien war vor Zeiten gleichfalls ein Nonnenkloster Clarisserordens, welches A. 1303. von Erzherzog Radolphen III. Könige in Böhmen und seiner Gemahlinn Blanca angefangen, von ihm aber A. 1305. wirklich gestiftet worden ist. Die Kirche der heiligen Clara ist den 26. Oct. 1347. geweihet worden. Es haben 3. Prinzessinnen von Oesterreich allhier den Schleyer angenommen, nämlich Anna, Kaiser Friedrichs III. Catharina, Herzog Alberts II. und Catharina, Herzog Leopolds III. Tochter, worunter die erstere von A. 1341. bis 1343. allhier Aebtissinn gewesen. Nachdem die Nonnen A. 1529. aus Furcht vor den Türken, nach Villach in Kärnten entwichen, ward das Kloster von K. Ferdinanden I. der Stadt zum Spitale für die Bürger übergeben, und die Klosterkirche zu dessen Pfarrkirche gemacht. (Fischer)

d) Den Nonnen vom Orden des heiligen Dominikus gehören 2. Klöster:

1) Imbach, vor Zeiten Minnebach, hat Albert von Veltsperg, Druchseß von Oesterreich, mit Genehmhaltung seiner Gemahlinn Gisela, und aller seiner Söhne und Erben den 1. May 1269. zu Ehren Jesu Christi, und seiner glorreichen Mutter gestiftet, und solches auf dem Grunde erbauet, den er von Heinrich Konrad Zweymann an der Krems gekaufet hatte. Unter andern Gütern ward das Schloß Minnbach zum Klostergebäude und die Pfarrkirche zu Minnbach mit ihren Einkünften gewidmet. Diese Pfarre war ehemals ein Filial von Krems; Tuta von Jebingen aber erhob solches mit Bewilligung Bischof Peters zu Passau, zur Pfarre, und hielt die Pfarrkirche zu Krems schadlos; worüber Jrnfried Dechant und Pfarrer zu Krems, Canonicus zu Passau A. 1277. ein Bekentniß ausstellte, und die Kirche zu Imbach frey sprach (Bern. Pez)

2) Tuln zum heiligen Kreuz, ist als ein Gelübd von K. Rudolphen I. von Habsburg entstanden. Der Stiftungsbrief, welcher sich beym Czerwenka p. 87. befindet, ward zu Wien den 31. Aug. 1280. ausgefertiget. Der Kaiser erkläret darinnen, daß diese Stiftung blos in Ansehung des von Gott verliehenen Sieges über seinen öffentlichen Reichsfeind Ottokar geschehen sey; und daß er das Kloster zu Ehren der göttlichen Barmherzigkeit, für Nonnen vom Orden der Prediger, nach den Regeln des heiligen Augustinus gestiftet habe. Die Abtey zum Schotten trat dem Kaiser die ihr gehörige Kirche des heiligen Kreuzes in Tulln zu dieser Stiftung ab, und erhielt dagegen das Kirchenlehn der Pfarre zu Gausnersdorf den 6. Juny 1280. (Bern. Pez) Die
ersten

erſten Kloſterſchweſtern ſollen von Nürnberg hieher berufen, und ihnen des Kaiſers Prinzeſſinn Euphemia zur Priorinn vorgeſetzet worden ſeyn; welches letztere aber P. Hanthaler in Zweifel ziehet. (Faſt. Campiſ. T. I. p. 1107.)

Daß das Lorenzerkloſter in Wien Anfangs von Dominikanern bewohnt geweſen, haben wir oben ſchon gemeldet. Das Nonnenkloſter dieſes Ordens bey St. peter zu Neuſtadt ward A. 1443. den Dominikanern daſelbſt eingeräumt.

e) Engliſche Fräulein St. Mariä.

Welche mit Bewilligung Kaiſer Joſephs I. von München nach Oeſterreich gekommen, haben 2. Ordenshäuſer, nämlich zu St. pölten und zu Krems. Beyde hat die erſte Oberinn in dieſem Lande, Marianna Freyinn von Kriechbaum, und zwar das erſte A. 1706. das zu Krems aber A. 1723. erbauet. Die Ordensſchweſtern dieſer Stiftung, welche die Erziehung adelicher Töchter zur Abſicht hat, ſind nicht, wie andere Nonnen, Zeitlebens an die Regel gebunden, ſondern können heurathen. Sie werden darum die Engliſchen genannt, weil die Stifterinn, Maria von Wart aus England entſproſſen geweſen. Sie ward A. 1585. zu York von katholiſchen Aeltern, aus uraltem Adel gebohren; und ſtarb nach vielen erlittenen aber glücklich beſiegten Hinterniſſen und Drangſalen, den 30. Jan. 1645. zu Hevart, unweit ihrer Vaterſtadt, wohin ſie im 60. Jahre ihres Alters zurückgekehret war. Sie ſtiftete in Geſellſchaft einiger Damen, welche England, wie ſie der Religion halber verlaſſen hatten, dieſen Orden zu St. Omer in den Niederlanden, legte die Regeln des heiligen Ignatius Lojola mit einiger Veränderung zum Grunde, und erhielt die Beſtätigung von P. Paulo

Paulo V. Ohngeachtet P. Gregorius XV. diese Regeln gleichfalls gut hieß; mußte doch der neue Orden, so wie die Stifterinn selbst, unter P. Urban VIII. ein sehr widriges Schicksal erfahren: bis endlich P. Clemens XI. A. 1703. die Regel nebst dem Institut aufs neue bekräftiget hat. (Graneilli Topograph. Austr. Edit. 1759.)

f) **Elisabethinerinnen** oder **Krankenwärterinnen vom dritten Orden des heil. Franciskus**

besitzen 1. Kloster zu

Wien bey St. Elisabeth auf der Landstraße, welches die erste Oberinn allhier, Maria Josepha Rupe von Cöln, die man mit 5. Ordensschwestern von Grätz nach Wien berufen, A. 1709. gestiftet hat. Es erlitt A. 1743. durch Ergiessung des Wienflusses, vielen Schaden; ist aber durch milden Beytrag freygebiger Herzen bald wieder hergestellet, und erweitert worden.

g) Salesianerinnen, oder Nonnen des heiligen Franciskus von Sales, Bischofs zu Genf,

besitzen gleichfalls nur 1. Kloster zu

Wien, bey Mariä Heimsuchung auf dem Rennwege, welches die Kaiserinn Amalia Wilhelmina, Kaiser Josephs I. hinterlassene Witwe prächtig erbauet hat. Sie legte den 13. May 1717. den ersten Grundstein dazu; und da das Kloster in 2. Jahren zur Bewohnung fertig geworden, führte man die Nonnen, die aus den kaiserlichen Niederlanden angelanget, und bisher im gräflich Paarischen Hause am Rennwege einquartiret waren, A. 1719. in öffentlicher Procession allhier ein. Die nicht große, aber

herr-

herrliche Kirche, ist nebst dem übrigen Gebäude, A. 1730. zur Vollkommenheit gelanget; und der Flügel an der linken Seite der Kirche, welchen höchstgedachte Kaiserinn selbst bewohnte, nach ihrem Tode dem Kloster gleichfalls einverleibt worden. (Fuhrmann. Granelli.)

h) Ursulinerinnen des heiligen Augustinus, haben auch ein einziges Kloster zu

Wien, bey St. Ursula, in der Johannisgasse in der Stadt. Die Kaiserinn Maria Eleonora von Mantua, Kaiser Ferdinands III. Witwe, ist desselben Stifterinn. Sie berief A. 1660. die ersten Nonnen von Lüttich, aus den Niederlanden, erkaufte 5. Bürgerhäuser zu Erbauung des Klosters, Schulhauses und der Kirche, welche den 3. Sept. 1675. geweihet wurde: worauf die Nonnen die sich bisher in einem Hause in der Dorothägasse aufgehalten, allhier Besitz nahmen. (Fuhrmann)

*) Die Benedictinernonnen besassen ehemals 3. Klöster in Niederösterreich, nämlich 1) Erlakloster, 2) zu Göttweih, und 3) zu Kirchberg am Wechsel, die aber nach und nach abgekommen sind.

Den Cisterzienfernonnen gehörten 4. Klöster, 1) St. Bernhard, welches A. 1269. bey Altmalen gestiftet, A. 1277. nacher Krueg übersetzet, und bey den Religionsneuerungen verlassen ward. 2) Zum heiligen Geist bey Jps, das gleichfalls bey den Glaubensspaltungen eingegangen ist. 3) bey St. Nikola zu Wien in der Singerstraße, davon wir oben geredet haben. 4) Bey St. Nickola zu Wien auf der Landstraße, wo jetzt der Freythof befindlich,

lich, das bey der erſten Türkenbelagerung A. 1529. zerſtöhret worden iſt.

Die prämonſtratenſernonnen hatten 2. Klöſter im Beſitze 1) Geräß, von wannen ſie ums Jahr 1177. nach Berneck überſetzet wurden; das ſie aber nach der Hand den Chorherren dieſes Ordens einräumen müſſen. 2) zur Himmelporte in Wien wo ſie A. 1331. einzogen, aber in der Peſt ausſtarben.

Nóſtra. U. W. W. ſ. Neſtach.

Nothen, Großnothen,) zwey Dörfer der Stiftsherr-
Kleinnothen, O. M. B.) ſchaft Zwettel.

Nöthing. O. M. B. Veſten Nöthing, ein altes Schloß und Gut des Grafen von Auersberg, zu Niedereberhard, über der deutſchen Theya, bey Waidhofen.

Nothendorf. U. M. B. auch Nöderndorf, beym Leiſſenberge, zwiſchen Niederleiß und Eckersdorf, den Herrſchaften Ernſtbrunn, Clement, Niederkreutzenſtädten, und Niederleiß gehörig.

Nueſch, Obernueſch,) zwey Dörfer der gräflich Sin-
Unternueſch. U. M. B.) zendorfiſchen Herrſchaft Stetnabrunn, nordwärts hinter Großmugel, bey Maißberbaum.

Nunnhof. O. W. W. zu Haſendorf, ein Freyhof des Stifts Aggsbach.

Nußdorf. U. W. W. an der Donau, oberhalb Döbling, ein großes, mit vielen ſchönen Häuſern prangendes Dorf, in der Pfarre Heiligenſtadt. Die Bergherrlichkeit hat das Stift zu Kloſterneuburg, die Dorfobrigkeit das wieneriſche Burgerſpital, die Grundherrlichkeit, der Herr von Stettnern. Die Stifter Altenburg, St. Anna, St. Dorothea, Gaming, zur Himmelporten und Paſſau, imgleichen die Dominikaner, kamer, u. a. sind hier begütert, und haben freye Berg- und andere Höfe. Es ist hier eine k. k. Land-maut.

Nußdorf. O. W. W. ob der Trasen, ein gräflich Dietrichsteinisches Schloß und Gut, oberhalb Rittersfelden, Traßmauer gegen über; war sonst mit Relchersdorf und Franzhausen verbunden, ist aber 1763. feil geboten worden.

Nußdorf. O. W. W. der erstbesagten Herrschaft dienstbar. Etwas gehört dem Kloster Herzogburg. Es hat vor Zeiten ein adeliches Geschlecht gegeben, welches von diesem Orte den Namen geführet.

Nussendorf. O. M. B. oberhalb der Wachau, hinter Altpechlarn, im Gebirge, ein Dorf der Herrschaft Leiben.

Nützing. O. W. W. Netzing, ein Dorf am Tulnerfelde, zwischen Tulbing und Langenleber, der passauischen Herrschaft Königstädten, und theils dem Nonnenkloster zu Tuln unterworfen.

Nützling. O. W. W. ein Dorf südwärts hinter Reinpoldenbach, und Kasten, bey Tarafeld.

O.

Oberamt. O. W. W. ein Amt von zerstreuten Unterthanen, der Starhenbergischen Herrschaft Freydeck eigen.

Obereberhards. O. M. B. s. Eberhards.

Obergrabern. U. M. B. ein Dorf der Herrschaft Mittergrabern.

Oberhausen. U. M. B. ein Dorf bey Schönau, ostwärts hinter Großenzersdorf.

Oberhof. O. M. B. ein Dorf des Klosters Zwettel.

Oberholz. U. M. B. ein Dorf und ehemaliger Edelsitz, der Herrschaft Grafeneck einverleibt.

Hans Oberholzer, war A. 1474. Hauptmann zu Melk. (Hueber)

Oberkirchen. O. M. B. ein Pfarrdorf und Amt der Herrschaft Weitra, über der Zwettel, hinter Germes.

Oberleiß. U. M. B. Schloß, Pfarrdorf und Landgut des Stifts Heiligkreuz am Leissenberge, nordwärts hinter Ernstbrunn, zwischen Clement und Niederleiß. Die Pfarrherrschaft ist ein besonderes Gut.

Unweit von hier, auf einem Berge, ist eine berühmte Kirchfahrt, die unter die ältesten in Oesterreich gezählet wird.

Obermühle. U. M. B. zu Dobermannsdorf, ein vormals vicedomisches, hernach ständisches Gut.

*) **Oberndlb.** U. M. B. s. Nälb.

Oberndorf. O. W. W. Markt, Pfarre, Amt und Gut des Stifts Gaming zur Herrschaft Scheibs gehörig, unterhalb St. Görgen, nächst Blankenstein, an der Melk. Etwas gehört dem Bürgerspitale zu Unterherzogburg.

Oberndorf. †. O. M. B. ein Pfarrdorf der Herrschaft Alentsteig, zwischen der Kamp und deutschen Theya, bey Töllersheim.

Oberndorf. O. M. B. den Herrschaften Raps und Weikardschlag, imgleichen nach Gilgenberg dienstbar, oberhalb dem Zusammenflusse der böhmischen und deutschen Theya, bey Weikardschlag.

Otto von Oberndorf lebte A. 1315. (Hueber)

Obernschlag. O. M. B. ein Dorf der Pfarrherrschaft Egenburg.

Obers-

Obersdorf. U. M. B. vor Zeiten Albersdorf, am Rußbache, zwischen Eibesbrunn, und Großenzersdorf; theils dem Stifte zu Klosterneuburg, theils den Pfarren Ollersbach, und Wollersdorf unterworfen.

Obersalz. U. M. B. s. Sulz.

Oberwerd. U. W. W. in den wienerischen Linien, zwischen dem Thury und der Roßau, ein Dorf des wienerischen Stadtmagistrats, wird aber insgemein mit zur Roßau gerechnet.

Obritz. U. M. B. Obrechts, ein Kirchdorf und Filial von Haugsdorf, der Herrschaft Kadolz zuständig, ostwärts der Jetzelsdorfer Poststraße, bey Seefeld. Die Pfarre Haugsdorf, und das Kloster Imbach sind hier begütert.

Obritzberg. O. W. W. ein Pfarrdorf und Gut, der hiesigen Pfarrherrschaft und Dechantey eigen, über der Trasen, hinter Herzogburg, bey Absdorf.

Obritzendorf. O. W. W. ein Dorf unweit vorigem, bey Karlstädten.

Ochsenbach. O. W. W. ein Dorf über der kleinen Erlauf, zwischen Wolfpassing und Freydeck.

Ochsenbach. O. M. B. s. Exenbach.

Ochsenburg. O. W. W. Schloß, Dorf und Gut des Stifts St. Pölten, südwärts von Bärschling, an der Trasen. Den Streit Hadmars von Wesen, mit dem Kloster Lilienfeld, wegen eines Waldes allhier, entschied Herzog Albert I. A. 1287. zum Vortheil des Klosters. Chunrad von Altenburg, zu Ochsenburg, schenkte A. 1292. ein Lehn zu Oberndorf, dem Siechenhause zu Lilienfeld. Gisela von Ochsenburg stiftete A. 1307. ihr Begräbniß, und einen Jahrtag in gedachtem Kloster. (Hanthaler)

Oed.

Oed. O. W. W. Markt und Pfarre, der gräflich Daunischen Herrschaft Niederwallsee, über der Ips an der Poststraße nach Strengberg, hinter Amstädten.

Oed. O. W. W. ein Dorf bey der Mänk, hinter Kilb, bey Kührenberg.

Oed. O. W. W. auf der Oed, in der Pfarre Grösten, vor Zeiten ein landesfürstliches Lehngut Ottens von Sinzendorf, welches Herzog Albert II. A. 1341. erkaufte, und zu seiner Carthaus nach Gaming stiftete. (Steyrer)

Oed. O. M. B. ein Dorf der Herrschaft Wildberg, hinter Horn, zwischen der Wild und der Saß.

Oedenberberg. O. M. B. ein Dorf zwischen der deutschen Theya, und Launitz, gegen Schrems.

Oedenhof. O. W. W. oder der Hof an der Oeden zur Ehresfeldischen Herrschaft Haagberg gehörig.

Oedenthal. †. O. W. W. Oedigenthal, ein Schloß und Gut der verwitweten Herzoginn von Savoyen, mit der Herrschaft Judenau vereint, eine Meile von Hasendorf.

Oedenthal. U. M. B. s. Ebenthal.

Oedenwendling. U. M. B. s. Wendling.

Oederding. O. W. W. ein Dorf und Gut des Stifts zu Dürrenstein, mit den Aemtern Dürrenhaag und Kilb verbunden, über der Trasen, hinter Herzogburg.

Oedsdorf. O. W. W. über der Trasen, südwärts der Poststraße, hinter St. Pölten.

Oedsdorf. U. M. B. s. Etzdorf.

Oedsdorf. O. M. B. s. Ebelsdorf.

Oehling. O. W. W. s. Olling.

Oetscherberg. O. W. W. insgemein Hötschaberg, vor Zeiten Ozam, und Oetscham, ein hohes Gebirge,

Zweyter Theil.   47

ge, westwärts der Mariazellerstraße über der großen Erlauf, zwischen dem Lunzersee, an der steurischen Gränze. Man hält es für das höchste in Niederösterreich. Es wird in den großen und kleinen Oetscher getheilet, und gehöret den Stiftern Gaming und Lilienfeld. Die Waldungen desselben sind ungemein beträchtlich, und die lilienfeldischen bloß gegen die Trasen gelegenen, machen allein über 120000. Joch aus.

Wichard von Rammenstein erregte einen Streit wider das Kloster Lilienfeld wegen der Gränzen vom Oetscham bis zum Chôgilperch; der aber im Namen K. Ottokars von Graf Heinrichen zu Hardeck, und Albern von Veltsperg, A. 1266. zum Vortheile des Klosters entschieden ward. (Hanthaler) Einen andern Gränzstreit wegen des kleinen Oetscha, mit dem Stifte Lilienfeld, verglich Alheid von Reinsperg A. 1296. (idem)

Offenbach. U. W. W. ein Kirchdorf, Amt und Gut der Herrschaft Froschdorf, über der Leitha, hinter Aichbühel. Der Vogelhof allhier war ehemals vicedomisch.

Heinrich von Ovenbach kömmt A. 1292. und Ruger von Ofenbach A. 1318. in Schriften vor. (Hueber)

Offeneck. U. W. W. ein Ort hinter Hochneukirchen, zwischen Kirchschlagel und Grametschlag, unweit dem sogenannten Marchfelber, welcher der Gränzpunkt ist, wo die drey Länder Oesterreich, Steyermark und Ungarn zusammenstoßen.

Ohngeschmeiß. O. M. B. ein Dorf hinter Böckstall, gegen Martinsberg.

Olberndorf. U. M. B. Unterolberndorf, am Kreitbache, ein Pfarrdorf der passauischen Herrschaft Kö-
nig-

nigstädten, links der Poststraße hinter Stockerau, bey Gürndorf. Etwas gehört nach Städtelborf.

Olberndorf. U. M. B. Oberolberndorf, nordwärts hinter Wolkersdorf und Ulrichskirchen, bey Heillgenberg.

Olbersdorf. U. M. B. A. 1115. Adalwardesdorf, dem Kloster Melk, zum ravelsbacher Gebiete gehörig. (Hueber)

Olfersdorf. U. M. B. Ollersdorf, auch Olgersdorf, westwärts von Aspern, bey Naßenschleß, den Herrschaften Niederleiß und Asparn an der Zaya unterworfen.

Ollern. O. W. W. ein Kirchdorf der Herrschaft Holenburg, hinter Mauerbach, gegen Freyndorf, vor Zeiten Alarum, und Alarn genannt, ein Hof und eigenes Gut. Kaiser Konrad II. schenkte den Hof Alarum. A. 1033. Bischof Egilberten von Freysing, für die Erziehung des kaiserlichen Prinzen Heinrichs. (Meichelbeck) Chaloch von Alarn, kömmt A. 1318. in Schriften vor. (Hueber)

Ollersbach. U. M. B. auch Ollersdorf, ein Pfarrdorf am Ende des Marchfeldes, zwischen Angern, und Ebenthal.

Ollersdorf. O. W. W. Ullersdorf, Markt, Pfarre, und Verwalteramt des Stifts Melk, hinter Neulengbach, bey Reinpoldenbach.

Olling. O. W. W. Oehling, ein Kirchdorf und Amt der Herrschaft Niederwallsee, über der Ips, südwärts der Poststraße nach Strengberg, hinter Markt Oed.

Oelsbach. O. W. W. Elsbach, auch Ollersbach, ein Pfarrdorf der Herrschaft Rapoldenkirchen, hinter Ried, links der Poststraße nach Sieghardskirchen.

Zweyter Theil. 49

Oppelsdorf. D. M. B. über der Kamp, hinter Greulenstein, bey Feinfeld.

Oppenitz. D. W. W. ein Pfarrdorf der Herrschaft Gleiß, südwärts hinter bayrisch Waidhofen. Die Pfarre ist mit St. Georgen im Reut verbunden.

Vom Oratorio, Priester des heiligen Philippi Nerii besitzen zu

Wien ein geistliches Beneficiatenhaus nebst der Kirche der heiligen Dreyfaltigkeit im Doct. Latzenhofe. Diese Kirche hat von einem reichen Bürger, Namens Zinckh A. 1326. den Ursprung genommen, und ist A. 1701. von Kaiser Leopolden dem ersten Probste des Ordens P. Johann Georg Seidenbusch übergeben worden. (Fischer. Fuhrmann) Die Congregation bestehet aus 8. oder 9. Priestern.

Ordensganz. D. M. B. ein Dorf der Herrschaft Mayers.

Ornding. D. W. W. ein Dorf an der melker Poststraße nach Kemmelbach, hinter Matzelsdorf.

Ort. †. U. M. B. Schloß und Herrschaft des Grafen Gonvalionieri, unterhalb Sachsengang und Schönau, nächst Untermannsdorf.

Ort. †. U. M. B. Markt und Pfarre, der jetzt genannten Herrschaft einverleibt. Die Jagdbarkeiten allhier sind landesfürstlich, und stehen unter dem Forstmeister zu Wolkersdorf.

Es hat vor Zeiten ein altes edles Geschlecht den Namen von diesem Schlosse geführt. Hartneid von Orte kommt schon A. 1141. in einer Urkunde des bayrischen Klosters Reichersberg als Zeuge vor. (Hoheneck) Ein anderer Hartneid von Orte verkaufte A. 1219. das Gut Eschenau Herzog Leopolden VII. (Hanthaler)

D   *) Ort

Ort ist ein regensburgisches Lehn, welches der Erzherzog von Oesterreich, als Oberst-Erbmarschall des Bisthums, von diesem Hochstifte empfängt, und seinen Vasallen wieder verleihet. Ihre apostolische Majestät, die Kaiserinn Königinn, haben daher dem alten Herkommen gemäß, den 10. April 1767. durch 2. Regierungsräthe, und den Lehnssekretär, als Dero Commissarien, von dem regensburgischen Capitularen, Freyherrn von Bodmann, als Bevollmächtigtem des Hochstifts zu Wien, das Lehn der obersten Erbmarschallswürde, und der Herrschaft Ort gleichfalls empfangen lassen.

Unter Friedrichs IV. Regierung hat das Schloß Ort allerhand widrige Schicksale erfahren. Dieser Kaiser hielt dasselbe, als Vormund des jungen K. Ladislaus besetzt; doch A. 1452. rückten die österreichischen Stände davor, und nahmen es nach einer 10. tägigen Belagerung ein. Nach Ladislai Tode, A. 1457. maßte sich der von Frohnau des Schlosses eigenthümlich an, weil es der Kaiser ehemals seinem Bruder anvertraut gehabt. Er that von hier aus mit Räubereyen vielen Schaden; deswegen ließ der Kaiser dasselbe mitten im Winter bombardiren, und zur Uebergabe zwingen, nachdem sich Frohnauer mit der Flucht gerettet hatte. Er brauchte hierzu die ungarischen Brüder, die aber selbst Räuber waren, und es nicht besser als Frohnauer machten. Der böhmische Prinz Victorin nahm es A. 1462. weg, zog hierauf nach Wien, den in der Burg belagerten Kaiser zu entsetzen, und ließ Ort in den Händen des Psenko von Teyritz: doch dieser hausete fast ärger als seine Vorgänger. Dieses Unwesen dauerte bis A. 1463. nach dem Tode Herzog Alberts VI. da das Land mit Mühe und Noth von den Räubern gesäusäubert wurde. (Haselbach) Im Jahre 1645. haben die Schweden, unter dem General Wittenberg, das Schloß Ort eingenommen und geplündert, aber sogleich wieder verlassen. (Fuhrmann).

Orteneck. O. M. B. ein Dorf, oberhalb Ottenstein.

Ossing. O. W. W. Ossarn, ein Dorf bey der Trasen, zwischen Wasserburg und St. Andrä; ist A. 1454. vom Kloster Zwettel an das Stift Lilienfeld verkauft worden. (Hanthaler).

Ostram. O. M. B. insgemein Osteramt, vor Alters Osbram, ein Kirchort und Beneficiat, mit Neukirchen bey Bockstall vereinigt, und von der Pfarre Münchenreut abhangend, zwischen dem Rannabach und dem Kremsflusse; gehörte ums Jahr 1090. zu dem Heurathsgute, welches Markgraf Leopolds des Schönen Tochter Elisabeth, ihrem Gemahle Markgraf Otackern von Steuer zubrachte. (Enenkels Fürstenbuch)

Osterburg. O. W. W. Bergschloß und Herrschaft des Grafen Montecuculi, mit Hobeneck vereinigt, anderthalb Meile von Melk, an der Bielach, unterhalb Mitterau; hat lange Zeit den edlen Geyern gehört. Kaiser Maximilian I. verlieh es A. 1514. Herrn Hans Geyer, der es von den Grafen zu Hardeck erkauft hatte. (Hoheneck)

Osterfink. U. W. W. ein Dorf und Hammerwerk, unweit Neunkirchen, der Pfarre Brückleins zum Theil unterworfen.

Osterhoferhof. O. M. B. zu Krems, ein Freyhof des Stifts Osterhofen.

St. Oswald. U. W. W. ein Kirchdorf hinter Markt Neunkirchen, gegen Steuersberg.

St. Oswald. O. M. B. ein Pfarrdorf und Amt des Gutes Isperthal, unter die Herrschaft Rohreck gehörig.

Ottakring. U. W. W. ein Pfarrdorf und Gut des Stifts zu Klosterneuburg, westwärts von Wien, hinter dem Neuenlerchenfelde.

Der freye Kellhof allhier ist ein besonderes Gut, und gehört dem Collegio Theresiano.

Ottendorf. U. M. B. nach Großmugel dienstbar, nordwärts von Stockerau, bey Roseldorf.

Ottenschlag. †. O. M. B. Schloß, Mayerey und Herrschaft des Grafen von Herberstein, zu Dobersberg, Brunn und Lichtenau, mit Grafenschlag und Nagelhof vereinigt, westwärts von Kloster Ranna, hinter dem Ursprunge der kleinen Krems.

Ottenschlag. O. M. B. Bauermarkt und Pfarre zur jetzt genannten Herrschaft gehörig.

Im Jahre 1597. ward Schloß und Markt Ottenschlag von 5000. rebellischen Bauern belagert, und mit Feuer fast gänzlich verwüstet, von Anna von Polheim aber, Andreas Wolf Polheims zu Parz Gemahlinn, welche die Belagerung standhaft ausgehalten, nachmals wieder erbauet. (Hoheneck)

Ottenschlag. O. M. B. ein Dorf der Herrschaft Kirchberg am Wald, hinter Zwettel, an der deutschen Theya, bey Limbach.

Ottenstein. O. M. B. Schloß und Herrschaft des gräflich Lamberg-Sprinzensteinischen Hauses, mit dem Titel einer Baronie, am nordlichen Ufer des Kampflusses, unterhalb Zwettel, zwischen Lichtenfels und Waldreichs.

Ottenstein. O. M. B. ein dazu gehöriges Kirchdorf, welches ein Filial von Töllersheim ist.

Hugo

Zweyter Theil.

Hugo von Ottenstein, lebte A. 1178. Otto von Ottenstein ein Dienstmann Herzog Friedrichs II. hatte dem Kloster Melk vielen Schaden zugefüget; er gab also dem Herzoge sein Lehn bey dem Schlosse Schala zurück, welches dieser dem Stifte zueignete. (Hueber) Alber der Ottenstainer war Herzog Rudolphs IV. Kuchenmeister A. 1360. (Steyrer) Ein andrer Alber von Ottenstein war A. 1402. einer von den Geraunmeistern, welche die Räuber in Oesterreich vertilgten. Er vermittelte A. 1406. nebst dem Probste Anton von St. Stephan, den Frieden mit K. Siegmunden in Ungarn, als dieser in Oesterreich einbrechen wollte; und ward A. 1411. dem jungen Herzog Albert V. von den Ständen als geheimer Rath zugegeben. Ums Jahr 1446. gehörte Ottenstein dem Ritter Tobias von Ror, welcher mit dem von Veitau zu Grueb verbunden, das Land beraubte; aber A. 1448. von den Ständen belagert, und zur Ruhe gezwungen ward. (Haselbach)

Ottenthal. U. M. B. ein Dorf der Herrschaft Grafeneck, woran das Stift Geräß, und das Schloß Neudeck auch Theil haben, nordwärts hinter Städteldorf bey Winkelberg.

Ottenthal. U. M. B. ein Pfarrdorf der Herrschaften Falkenstein und Ponsbrunn, bey Stützenhofen, an der mährischen Gränze. Etwas gehört nach Staats imgleichen zur Fünfkirchischen Herrschaft Steinabrunn. Es ist hier eine k. k. Filialgränzmaut.

Otterthal. U. W. W. ein Amt der Herrschaft Kranichberg, westwärts hinter Kirchberg am Wechsel, am Fuße des Gebirges der Otter genannt.

St. Ottilia. O. W. W. am Kalmünzberg, eine Filialpfarre von Ardacker, und berühmte Kirchfahrt, über der Ips, nordwärts von Amstädten gegen die Donau.

P.

Paadorf. O. W. W. s. Bahndorf.

Paadorf. U. M. B. s. Bayerdorf.

Pächlerwald. O. W. W. bey St. Georgen im Reut, ein Forst der Herrschaft Gleiß, im Bergamte Reut gelegen. Die vielen Kohlhütten in demselben gehören der Eisengewerkschaft zu Ipsitz und Weyer.

Palmannsbergerhof. O. W. W. bey Burgstall, ein landsfürstliches Lehn, und ehemaliges vicedomisches Gut; hat jetzt einen bürgerlichen Besitzer.

Palterndorf. U. M. B. ein Pfarrdorf der Herrschaft Rabensburg, vor Zeiten ein Edelsitz und eigenes Gut an der Zaya, hinter Zistersdorf; die Herrschaft Poysbrunn, das Kloster zu Mistelbach, und die Pfarren Hauskirchen und Prinzendorf haben Theil daran.

Georg Palterndorfer zu Immendorf und Matthäus kommen A. 1400. 1432. und 1514. in Schriften vor. (Hueber)

St. Pankratz. U. W. W. zu Wien, vor Zeiten eine Kapelle am Hof auf der Stelle der jetzigen Nuntiatur; war unter der Regierung Herzog Heinrichs Jasomirgott vorhanden, und hat einem Beneficiatstifte den Namen gegeben, welches jetzt dem k. k. Seminario zu Wien einverleibet ist.

St. Pancratz. U. W. W. ein Kirchort und Filial von Kleinmariazell, südwärts von Heiligkreuz, hinter Alach, bey Nestach; ist ein Ueberbleibsel der alten Stadt Schwarzburg, welche A. 1136. vorhanden war, und den Stiftern des Klosters Kleinmariazell gehörte. (Bern. Pez)

St. Pantaleon. † O. W. W. ein Schloß, Pfarrdorf und Gut des Grafen von Auersberg zu Enseck, mit dem Amte Wolfsbach verbunden, am Ausflusse der Eela in die Donau, oberhalb Erlakloster.

Die besondern Lehnstücke des Freyherrn Otto Leo von Hohneck, dem sonst das Gut zuständig war, sind A. 1764. feil geboten worden.

Parasdorf. U. M. B. Perasdorf, auch Parersdorf, zwischen Meissau, und Unterdürrenbach, gehört theils der Kirche zu Limberg.

Parau. U. M. B. Babrau, ein Dorf der Herrschaft Schönborn, vor Zeiten ein eigenes Gut, nordwärts von Stockerau, hinter Großmugel, bey Füllersdorf.

Wolfker von Parawe, wird A. 1242. als Zeuge angeführt. (Hueber)

Parcis. U. W. W. ein Dorf an der Triesting, hinter Kleinmariazell, bey Altenmarkt.

Parmersdorf. U. M. B. Parbasdorf, der Herrschaft Woltersdorf unterworfen am Marchfelde, beym Rußbache, nächst Glinzendorf.

Paschenbrunn. U. M. B. Oberpaschenbrunn, Schloß, Dorf und Gut der Herrschaft Schönborn, vor Alters Porsenprunne, hinter Stockerau, westwärts der Poststraße bey Göllersdorf.

Friedrich von Porsenprunne wird in einer Schenkung der Königinn Margaretha A. 1266. angeführt; (Hanthaler) ein anderer Friedrich lebte A. 1322. (Hueber)

Paschenbrunn. U. M. B. Unterpaschenbrunn, ein Dorf der Herrschaft Südtelsdorf unterhalb dem vorigen, zwischen Ebenberg und Stranzendorf.

Passauerhof. U. W. W. der große und kleine, zwey Freyhöfe dieses Hochstifts zu Wien, nächst der Pfarrkirche Mariastiegen, wo der passauische Official seinen Sitz hat.

Passauerhof. D. W. W. zu Tulln, der Bischofhof genannt, wo der Vicarius dieses Bisthums residirt.

Passauerhof. O. M. B. oder Chorhof zu Stein.

Paſſauerhof. D. M. B. zu Krems, ebenfalls Frey⸗
hofe des bemeldten Stifts.

Pasdorf. U. M. B. påsdorf, Schloß und Landgut,
mit der Herrlichkeit im Markte Gaunersdorf, dem
Grafen von Villana Perlas gehörig, bey der Zaya,
zwiſchen Ladendorf und Miſtelbach.

Paßdorf. U. M. B. påsdorf, ein Pfarrdorf, theils
dem vorgemeldten Gute, theils den Herrſchaften Aſ⸗
parn, Ladendorf, Ernſtbrunn, Niederkreuzenſtädten,
den Pfarren Miſtelbach und Ladendorf, und dem
Stifte zu Kloſterneuburg unterworfen.

Paſſendorf. D. M. B. der Grafſchaft Hardeck, und
theils der Pfarre zu Rötz dienſtbar, hinter Bulkau,
bey Teräß.

Patendorf. D. W. W. ſ. Babendorf.

Påtzenthal. U. M. B. ein Dorf der Herrſchaft Aſparn
an der Zaya, hinter Weikersdorf, bey Rabelbrunn.
Die Herrſchaften Ebersdorf im langen Thal, Kadolz,
Loßdorf, die Pfarre Stransdorf, und das Schotten⸗
kloſter, ſind hier auch begütert.

Patzmannsdorf. †. U. M. B. ein Pfarrdorf der Herr⸗
ſchaft Aſparn an der Zaya, woran die Herrſchaften
Enzersdorf im langen Thal, Stransdorf, Staats,
Kadolz, Herrmannsdorf, das Schottenkloſter, und
die Pfarre Stransdorf gleichfalls Theil haben, nord⸗
wärts vom langen Thale, bey Röhrabrunn. Das
alte adeliche Geſchlecht der Patzmannsdorfer iſt vor
200. Jahren ſchon ausgeſtorben geweſen. (Laz)

Pauliner, oder Eremiten St. Pauli des erſten
Einſiedlers, haben 3. Klöſter, zu

1) Neuſtadt, hat Kaiſer Friedrichen IV. A. 1480.
zum Stifter.

2) Ran⸗

2) **Ranna,** ward von dem Freyherrn Johann von Neubeck, mit Einräumung der hiesigen Pfarre A. 1452.
gegründet, (Bern. Pez) (s. Ranna)

3) **Hernals bey Wien,** wird nur eine Residenz genannt,
die mit Anfange dieses Jahrhunderts den Ursprung
genommen hat, A. 1747. aber neu erbauet worden
ist, und zur Kirche im hiesigen Calvariberge gehört.
(Fuhrmann)

Pauschberg. O. W. W. ein ehemaliges Dorf, hinter dem Wienerwalde, an der Thinming, ist nach
A. 1412. völlig zu Grunde gegangen. (Hueber)

Piesching. U. W. W. an der Piesting, westwärts von
Neustadt, im Gebirge hinter Stahrenberg, ein Pfarrdorf der Herrschaft Stahrenberg-Piesting.

Piesching. U. W. W. an der Schwarza, ein Dorf
der Herrschaft Schwarzau ostwärts von Neunkirchen,
bey Loibersdorf.

Pechlarn. O. W. W. Großpechlarn, Schloß und Herrschaft des Bisthums Regensburg, an der großen Erlauf, oberhalb Melk; begreift dasjenige Gebiet, welches König Ludwig der Deutsche A. 831. Bischof
Baturichen von Regensburg geschenket hat und damals das Harlangeveld genannt ward. (Bern. Pez)

Pechlarn. O. W. W. Großpechlarn, ein altes Städtlein, mit einer Pfarre, zur vorbenannten Herrschaft
gehörig, ist den 24. Mart. 1766. gänzlich abgebrannt. Es befindet sich ein k. k. Filialwasser-
mautamt allhier.

Pechlarn. O. M. B. Altpechlarn, auch Kleinpech-
larn, Markt, Pfarre und Gut, der Herrschaft Großpechlarn einverleibt, an der Donau, oberhalb Marbach, der Stadt Pechlarn gegen über: soll das Stammhaus

haus eines uralten edlen Geschlechts gewesen seyn, aus welchem der von den alten deutschen Dichtern so gepriesene Graf Rüdiger von Pechlern entsprossen, wie auch Bischof Pilgrin von Passau, letzter Erzbischof zu Lorch abgestammet seyn soll, welcher unter den drey Ottonen von A. 970. bis 991. regieret hat.

Pellendorf. U. W. W. Schloß und Dorf mit der gräflich Gatterburgischen Herrschaft Zwölfaxing verbunden, südostwärts von Wien, am Kaltengange, zwischen Schwechat und Himberg; ward den 12. July 1683. von den Türken als sie auf Wien anzogen, abgebrannt.

Pellendorf. U. M. B. Schloß und Gut des Fürsten von Khevenhüller Metsch, westwärts von Gaunersdorf, am Weidenbache.

Pellendorf. U. M. B. ein dieser Herrschaft unterworfenes Pfarrdorf.

Das Geschlecht der alten Herren von Pellendorf, ist noch im 15. Jahrhunderte bestanden. Johann von Pellendorf unterzeichnete A. 1405. nebst andern österreichischen Ständen das Schreiben, welches an Pabst Paulum II. wegen der Heiligsprechung Markgraf Leopolds erlassen ward. Ein anderer Johann von Pellendorf lebte A. 1465. und war der 28. Prälat zu St. Andrä. Er suchte A. 1460. den berüchtigten Frohnauer mit Kaiser Friedrichen IV. auszusöhnen, aber vergebens. (Haselbach)

Pellendorferamt. D. W. W. zu Ips, der Pfarrkirche allda gehörig.

Pengeyts. D. M. B. ein Dorf der Herrschaft Heldenreichstein.

Pengertshof. O. M. B. bey Rudolds, hinter Dobersberg, der Stettnerischen Herrschaft Eilgenberg einverleibt.

Penk. U. W. W. Dorf und Amt der Herrschaft Kranichberg.

Penning. O. W. W. ein Dorf hinter Sieghardskirchen, bey Abtstädten.

Penzing. U. W. W. ein Pfarrdorf, unter der k. k. vicedomischen Administration, nächst den wienerischen Linien, vor dem Mariahülferthore, Schönbrunn gegen über. Es soll den Namen von den Ritterspielen haben, welche Herzog Friedrich II. A. 1232. allhier gehalten. (Anon. Zwetl.) Das Kirchenlehn der hiesigen Pfarre, ward A. 1365. von Erzherzog Rudolphen IV. seiner Probstey Allerheiligen bey St. Stephan zugeeignet. (Steyrer) Die Türken legten den 13. July 1683. diesen Ort nebst vielen andern in die Asche.

Penzing. O. W. W. ein Dorf, südwärts der Poststraße nach Sieghardskirchen, bey Rapoldenkirchen.

Perasdorf. O. W. W. südwestwärts hinter Bärschling, oberhalb Böheimkirchen.

Perasdorf. O. W. W. über der Ips, hinter Neumarkt, bey Säuseneck.

Periau. U. M. B. s. Bergau.

Pernau. O. W. W. ein Dorf der Herrschaft Karlsbach.

Perneck. O. M. B. s. Berneck.

Pernitz. U. W. W. ein Pfarrdorf und Gut der Herrschaft Gutenstein, unter dem Geyer, hinter Grillenberg. Die Waldbauern dieser Gegend sind meistens Kohlbrenner und Bretschneider, welche letztern insgemein Kniebohrer genannt werden.

Persch-

perſchling. O. W. W. ſ. Bärſchling.

perſenburg. O. M. B. insgemein pöſenbeug, auch vor Zeiten Böſeburg genannt, Schloß und Herrſchaft des Grafen von Hoyos zu Horn, mit einem freyen Landgerichte, an dem nordlichen Ufer der Donau, der Stadt Ips ſchräg gegen über.

perſenburg. O. M. B. Markt und Pfarre, am Fuſſe des vorgedachten Bergſchloſſes, und dem Gebiete deſſelben unterworfen. Es iſt hier eine k. k. Salzverſilberung.

Wilhelm von perſenberg wird A. 1242. von Herzog Friedrichen II. in dem Lehnbriefe über das Kämmereramt, als Zeuge unter andern öſterreichiſchen Freyherren angeführt. (Hoheneck) K. Ottokar gab A. 1271. Perſenburg, nebſt der Maut und dem Gerichte zu Krems, dem Patriarchen Philipp von Aquileja, für die Abtretung Krains. (Calles)

Das Gebiet des anſehnlichen Bergſchloſſes, das ſich ſonſt 4. Meilen an der Donau hin, über Spitz hinaus erſtreckte, war vor Zeiten eine freye Reichsgrafſchaft, welche die bayriſchen Grafen von Sempt und Ebersberg beſaſſen. Als dieſe A. 1045. mit Graf Alberten III. ausſturben, gab ſie Kaiſer Heinrich III. Graf Welfen IV. von Altdorf. Die Witwe des Grafen von Ebersberg, Richlind, Graf Welfens Vaters Schweſter, bewohnte damals dieſes Schloß, und bewirthete Kaiſer Heinrichen III. auf ſeinem Zuge nach Ungarn, den 19. May 1045. Unter währendem Gaſtmale aber brach der Boden des Saales, und alle Anweſende ſtürzten in das, unter dem Saale befindliche Baadhaus. Der Kaiſer kam mit einer kleinen Verwundung am Arme davon; Biſchof Bruno von Würzburg, und Abt Altmann von Ebersberg aber, die ſich unter den Gäſten befanden,

Zweyter Theil. 61

fanden, wurden nebst der Gräfinn Richlind so heftig beschädiget, daß sie an den empfangenen Quetschungen sterben mußten. (Annal. Ebersb. Herm. Contr. Aventin.) Nur gedachtes Kaiser Heinrichs III. Witwe Agnes besaß hier Güter, welche sie A. 1076. dem Bischof Altmann von Passau, zu Erbauung seines Klosters St. Nickola schenkte. (Gewold) Weil die Mönche zu Ebersberg, als Erben der Grafen von Sempt, nicht aufhörten Anspruch auf Persenburg zu machen, trat ihnen Herzog Leopold VI. A. 1180. gewisse Güter ab, und brachte Persenburg nebst Ips an Oesterreich. (Hund) Im Jahre 1365. stiftete Erzherzog Rudolph IV. Pueßenbeug zu seiner Domprobsten bey St. Stephan. (Steyrer) Kaiser Friedrich IV. eignete sich, als Vormund des jungen Ladislaus, unter andern auch dieses Schloß zu, es ward ihm aber A. 1457. auf des Ladislaus Befehl, mit Gewalt abgenommen. (Haselbach)

Pertenschlag. O. M. B. ein Dorf der Herrschaft Rapotenstein, über der kleinen Kamp, hinter Trauenstein.

Pertham. O. M. B. ein anderes Dorf eben dieser Herrschaft Rapotenstein.

Perzelhof. O. W. W. ein freyer Edelsitz, sonst von der Veste Wolfpassing herrührend, Gild genannt, an der Erlauf, Wieselburg gegen über, gehört den freyen Männern von Randeck. Otto von Randecke wird A. 1229. Jörg Randeker und sein Sohn Andre A. 1366. Marquard, Licentiat A. 1383. Veit und Benedict A. 1459. in Schriften angeführt. (Hueber)

Penzendorf. U. M. B. der Herrschaft Städteldorf zuständig, an der Schmida, hinter Neueigen.

St.

St. peter. U. W. W. bey Dunkelstein eine Kirche auf einem Berge nächst der Poststraße hinter Neunkirchen.

St. peter in der Au. O. W. W. Schloß und Herrschaft des Grafen von Windischgrätz, über der Ips, hinter Seitenstädten, bey Gasseneck, an der Urla, oder Orly.

St. peter. O. W. W. in der Au, Markt und Pfarre, zur gedachten Herrschaft gehörig. Der freye Haagbof allhier ist gleichfalls der Herrschaft eigen.

St. peter am Anger. O. W. W. ein Kirchdorf der Herrschaft Wald, südwärts hinter Bärschling.

St. peter am Stein. U. M. B. s. Peterskirchen.

petersdorf. U. W. W. s. Bertholdsdorf.

petersdorf. U. M. B. ein Kirchdorf über der Zaya, zwischen Hauskirchen und Rabensburg.

petershof. O. M. B. zu Krems, ein Freyhof des Stifts St. Peter zur Salzburg.

peterskirchen. U. M. B. oder St. peter am Stein, nordwärts hinter Oberholabrunn, bey Steinabrunn, vor Zeiten ein Markt, von dem aber nur diese auf einem Berge gelegene Kirche übrig geblieben, die ein Filial von Wullersdorf ist.

petronell. U. W. W. Schloß und Majoratherrschaft des gräflich Traunischen Hauses, 8. Meilen ostwärts von Wien, bey der Donau, an der Preßburgerstraße, zwischen Wildungsmauer, und Deutschaltenburg an der Stelle der alten Stadt Carnuntum. Im Jahre 1619. ward das Schloß von den Ungarn mit Sturm erobert, geplündert und verbrannt. Den 19. Juny 1741. genoß dieses Schloß die Ehre, daß Ihre Apostol. Maj. welche von Wien zu Wasser hier angelanget waren, auf ihrer Reise zur k. ungarischen

Krö-

Krönung allhier übernachteten. Graf Ernst von Egloffs-Traun zu Meissau, Landmarschall in Niederösterreich, hat die Herrschaft A. 1668. zum Majorat erklärt.

Petronell. U. W. W. Markt und Pfarre der jetzt erwähnten Herrschaft; hat den Namen von der Kirche der heiligen Petronilla, welche Karl der Große erbauet, und der Patriarch Sighard von Aquileja, gebohrner Graf von Pleyen, nachmals dem Bischoffe Altmann von Passau verkauft haben soll. (Ughelli Ital. sacra) Ausserhalb dem Markte, auf einem Hügel, ist die Kirche St. Johanns, wo die Tempelherren eine Residenz gehabt. Markgraf Theobald von Wohburg, welchem Petronell gehörte, trat solches A. 1142. Kaiser Konraden III. ab, der es Hugen von Chranichperch erblich überließ. (Ludwig Rel. MS.) Albert der Aeltere de sancta Petronella, und seine Söhne Peter, Hugo und Albert der Jüngere, Vettern Hertneids von Lichtenstein, werden A. 1282. in einem Document des Klosters Heiligkreutz, als Zeugen benannt. (Bern. Pez)

Eine viertel Stunde südwärts von Petronell, mitten im Felde, stehet das sogenannte heidnische Thor, ungefähr 7. Klaftern hoch, eben so breit, und 2. Klaftern dicke. Es sind Bruchstücke des Siegesbogens, welchen Augustus dem Tiberius zu Ehren errichten ließ, als dieser a. C. 10. Pannonien erobert hatte. (Dio Cassius)

Pettenhof. U. M. B. ein Dorf der Fünfkirchischen Herrschaft Steinabrunn.

Petzenkirchen. †. O. W. W. dorfmäßiger Markt, Pfarre, Schloß und Gut des Freyherren von Riesenfels zu Säuseneck, südwärts der melker Poststraße nach Kemmelbach, am westlichen Ufer der Erlauf.

Benigna

Benigna von Leutlein, als ein Kind mit Georgen von Gilleis, auch einem Kinde verlobt, brachte Petzenkirchen A. 1442. an das Haus Gilleis. (Hoheneck)

Peugen. D. M. B. s. Pulge.

Pfaffendorf. U. M. B. ein Pfarrdorf des Stifts Göttweih unter der Probstey Unternálb, an der Bulka, zwischen Jetzelsdorf und Bernersdorf. Etwas besitzt die Herrschaft Rötz allhier.

Pfaffendorf. O. M. B. der Herrschaft Drosendorf unterworfen, hinter Kloster Geräß, an der großen Theya, Primmersdorf gegen über.

Pfaffenreut. O. M. B. ein Dorf des Stifts Geräß, zwischen diesem Kloster und Schirmannsreut.

Pfaffenschlag. †. O. M. B. ein Schloß, Dorf und Gut des Freyherrn von Partenstein, mit der Herrschaft Raps vereiniget, hinter der Saß, an der deutschen Theya, unterhalb Karlstein.

Pfaffenschlag. O. M. B. ein Pfarrdorf der Herrschaft Heidenreichstein, über der deutschen Theya, hinter böhmisch Waidhofen.

Pfaffenschlag. O. M. B. ein Dorf im Amte Gotthardschlag, der Herrschaft Brandhof unterthänig.

Pfaffenschlag. O. M. B. s. St. Wolfgang.

Pfaffing. O. W. W. ein Dorf der Herrschaft Osterburg, theils der Pfarre Obritzberg unterworfen.

Pfaffing. U. M. B. ein Dorf hinter Engelsfeld, westwärts von Ulrichskirchen.

Pfaffing. O. M. B. der Herrschaft Ottenschlag eigen, hinter Martinsberg, beym Kremssee.

Pfaffstädten. U. W. W. ein Kirchdorf und Filial von Baaden, an der Straße nächst vor dieser Stadt gelegen

legen, gehört dem Stifte Heiligkreutz, zur Herrschaft Oberwaltersdorf; war vor Zeiten ein eigenes Gut.

Albrecht von Phafestetten war A. 1157. Zeuge bey Bestimmung der Gränzen von der Pfarre Mäusling. Eben derselbe wird A. 1181. und 1188. in 2. Docum. des Schottenklosters, und Stifts Heiligkreutz angeführt. (Bern. Peez) Ulrich Dux von Pfaffenstetten, und seine Gemahlinn Gisela, stifteten einen Weinberg zu ihrem Begräbniß nach Lilienfeld. Der Mayerhof dieses Stifts allhier ward A. 1216. erbauet, wozu Lupold von Sachsengang A. 1261. Grundstücke schenkte. Eben dieses Kloster Lilienfeld kaufte A. 1288. den hiesigen Wald Hünerberg von Otten von Rastenberg. (Hanthaler) Von Pabst Alexandern III. wird dieser Ort A. 1170. Pfaffenstain genannt. (Bern. Peez) Die Kirche ward A. 1538. zur Pfarre erklärt. (Hueber)

Pfaffstädten. U. M. B. ein großes Dorf in der Pfarre Ravelsbach, wo die Herrschaft Meissau die Gerichtsherrlichkeit, das Stift Melk aber die Grundherrlichkeit besitzet. Die Stifter Klosterneuburg und Imbach, die Herrschaften St. Bernhard, Buchberg, Limberg und Rosenberg, und der Herr von Mosern, sind hier begütert.

Pflanzenhof. U. W. W. oder Brunnhof ein Freyhof der Herrschaft Rothingbrunn.

Pfösing. U. M. B. ein Dorf der Herrschaft Ulrichskirchen.

Pframa. U. M. B. ein Dorf der Herrschaft Eckardsau, am Rußbache, bey Ort.

Philinsdorf. U. M. B. s. Jetzelsdorf.

Piaristen, oder Priester der milden Schulen haben 8. Collegia, zu

1) Wien bey Mariatreu in der Josephstadt, von Kaiser Leopolden gestiftet, welcher dazu, nebst dem Röm. K. Joseph I. den 2. Sept. 1698. den ersten Grundstein geleget hat. Die Kirche ist A. 1716. geweihet, und A. 1719. zur Pfarre erkläret worden.

2) Wien, das gräflich Löwenburgische Stift, nächst erstgedachter Kirche, dem Collegio gegen über, das der Graf Johann Jakob von Löwenburg A. 1745. gegründet hat, und A. 1748. zur Vollkommenheit gelanget ist. Es werden allhier bis 100. adeliche Knaben, worunter sich Fürsten, Grafen und Baronen befinden, die alle gleich in blauen Röcken und rothen mit silber bordirten Westen gekleidet sind, theils auf des Stifters, theils auf der mildthätigen Theresia, und theils auf ihre eigene Unkosten erzogen, und von etlich und 20. Priestern des Ordens in allen nöthigen Wissenschaften unterrichtet. (s. Akademien)

3) Wien, die Savoyische, oder Emanuelische Akademie auf der Laimgrube, ein prächtiges Gebäude, welches Theresia, Anna, Felicitas, Wittwe des Prinzen Emanuel Thomas von Savoyen-Soissons, gebohrne Fürstinn von Lichtenstein erbauet, und den Priestern des Ordens anvertrauet hat, welche unter einem Rector, die hier studirenden adelichen Jünglinge theils selbst unterrichten, theils bey ihren andern Uebungen die Aufsicht haben. Im Jahre 1751. ward diese Akademie von der Stifterinn, Ihrer Apostol. Maj. der Kaiserinn Königinn übergeben. Die Akademisten haben zum Gottesdienste, nebst der benachbarten k. k. Kriegsschule, die Kirche des heiligen Kreutzes gemein, welche der ehmalige Landuntermar-

tekmarschall, Herr Karl Leopold von Mosern A. 1736. für die Chaossischen Stiftsknaben aufgeführt, die Kaiserinn Königinn aber mit einem besonders schönen Thurme gezieret hat. (s. Akademien)

4) Wien, bey St. Thekla auf der Wieden, ein Collegium und Novizlathaus, das nebst der schönen Kirche A. 1754. aus dem milden Beytrage großmüthiger Guttthäter entstanden ist.

5) Wien, bey St. Joseph von Calasanz in der Unijurgasse, eine Residenz, Schulhaus und Kapelle, welche A. 1757. gleichfalls vom Almosen den Ursprung genommen hat.

6) Wien, bey St. Ido in der Schulerstraße, die ehemalige Juristenschule, hat der Orden erkauft, A. 1765. neu gebauet, und läßt daselbst über die Geometrie und Rechenkunst öffentliche Collegia lesen. Es ist ein altes Stift, das Kielmannseckische genannt, hieher versetzet worden; von dem neun adeliche Knaben verpfleget, und in Kleidung, Unterricht und allem andern, denen in der Löwenburgischen Stiftung gleich gehalten werden.

7) Horn, erkennet Ferdinanden Grafen von Kutz, kaiserlichen Vicekanzler als Stifter, welcher das Collegium A. 1652. erbauet hat.

8) St. Pölten, allwo der Orden A. 1751. die Schulen eröffnet hat, zur Zeit aber noch kein Collegium, sondern 5. bürgerliche Häuser nebst einer kleinen Hauskapelle besitzet.

Pichel. H. W. W. Pichelhof, ein Amt und Gut der Herrschaft Jaitendorf.

*) Piesting. U. W. W. vor Zeiten Pistnicht, und Preßnik, ein Fluß, welcher aus dem Gebirge hinter

Gutenstein hervorkömmt, unterhalb dem Schlosse Piesting, sich in 2. Arme theilet, davon der westliche der kalte Gang genannt wird, der östliche aber den Namen Piesting behält, und sich unterhalb Moosbrunn, bey Grametneusiedel, in der großen Fischa verlieret.

Kaiser Heinrich II. schenkte A. 1020. auf des Abts zu Altach, Gotthards Vermittelung, dem Abte Elinger zu Tegernsee in Bayern, 5. königliche Huben Landes zwischen den Flüssen Pistnicht und Tristnicht (Piesting und Triesting) in der Mark Adelberti, primi Marchionis orientalis. (Bern. Pez)

Piesting. U. W. W. Unterpiesting, Markt, Pfarre, Herrenhof und Gut, mit dem Schlosse Hirnstein verbunden, zur Herrschaft Stahrenberg, dem gräflich Heissensteinischen Hause, und zwar derjenigen Linie gehörig, welche von diesem Orte Stahrenberg-Piesting genannt wird.

Piesting. U. W. W. Oberpiesting, ein Dorf der vorbenannten Herrschaft, wovon etwas nach Emmerberg dienstbar ist.

Beyde Oerter liegen am Piestingflusse, westwärts der Poststraße von Saalenau nach Neustadt, zwischen Stahrenberg und Wollersdorf.

Pillersdorf. U. M. B. über der Bulka, bey Schratenthal, zu dieser Herrschaft, dem Grafen von Hartig unterworfen. Etwas besitzt die Pfarrkirche zu Prinzendorf.

Pillichsdorf. U. M. B. Pfarrdorf, Schloß und Gut, weiland des Grafen von Sonnau, des letzten seines Stammes, über dem Rußbache, unter der Hochleithen, unweit Wolkersdorf.

Die Unterthanen der passauischen Dechantey und Pfarrherrlichkeit allhier, machen ein besonderes Gut aus.

Die

Die alten Herren von Pillichsdorf gehörten unter die vornehmsten Baronen von Oesterreich. Ulrich von Pilbilstorf und Pilichtorf, wird A. 1265. und 1267. als Ministerialis Austriæ in Schriften angeführt. (Hueber) Chunrad, Ulrichs Sohn, in Alberts I. Niederlagsordnung Strenuus vir genannt, machte Albern von Puechheim das Druchseßenamt streitig, welches aber K. Rudolph I. A. 1290. dem ersten zusprach. (Hoheneck) Dietrich, Marschall und Hauptmann von Oesterreich A. 1316. (Hueber) führte A. 1322. in der Schlacht K. Friedrichs III. mit K. Ludwigen aus Bayern, das österreichische Hauptpanier. Er starb A. 1327. und ward bey den Minoriten in der Katharinenkirche, die von ihm erneuert worden, begraben. Otto der A. 1338. mit Tode abgieng, ist nebst seiner Gemahlinn und Tochter, vermählter von Kranichberg, gleichfalls allda beerdiget, und haben bis 40. Personen dieses Geschlechts daselbst ihre Ruhestadt. (Necrol. Min. beym Hier. Pez)

Pillichdorf, vor Zeiten ein vester Ort, ward A. 1458. von dem böhmischen K. George Podiebrad belagert, und endlich zur Uebergabe gezwungen. (Haselbach)

Pira. †. D. W. B. pürach, Markt und Pfarre der Spindlerischen Herrschaft Wald, südwärts hinter Bärschling, bey Böheimkirchen. Die Pfarre hanget von Göttweih ab. Die Unterthanen der Herrschaft Pottenbrunn allhier machen ein eigenes Amt aus; etwas ist dem Stifte Herzogburg unterworfen.

Pira. O. M. B. pirach), ein Dorf hinter Kirchberg an der Wild, gegen die deutsche Thaya, zwischen Dietmanns und Edlitz.

Pirabach. D. M. B. ein Dorf der Herrschaft Kirchberg am Wald.

Pirabruck. D. M. B. ein Dorf der Herrschaft Weitra, gegen die böhmische Gränze.

Pirach. U. M. B. půrah ein Pfarrdorf der Herrschaft Clement, theils der Pfarre Oberleiß unterthänig, über dem Leissenberge, bey Gnadendorf.

Pirafeld. O. W. W. Birchenfeld ein Pfarrdorf zwischen der kleinen Erlauf und der Ips, bey Sanftenneck.

Pirawart. U. M. B. Birkenwart, ein Pfarrdorf und Gut des Stifts zu Klosterneuburg, dem es A. 1142. von Herzog Leopolden V. geschenket worden. (Necrol. Neob.) hinter der Hochleithen, ostwärts der Poststraße nach Gaunersdorf. Es ist hier ein berühmtes Gesundbad.

Pirbam. s. Birnbaum.

Pirchenwald. U. M. B. s. Birkenwald.

Pirum tortum, (piro torto) O. W. W. vor Zeiten ein römischer Ort, welcher in der theodosischen Reiscbarte des Herrn von Scheib, zwischen Coynagenis und Trigisama angemerket ist, und für das heutige Kleinschönbühel gehalten wird.

Pischelsdorf. U. W. W. s. Büschelsdorf.

Pißdorf. U. M. B. ein Kirchdorf, ostwärts hinter Eßling zwischen Großenzersdorf und Rutzenhof. Der Schaafhof allhier gehört der Herrschaft Großenzersdorf.

Pitten. U. W. W. pätten, Budinum, eine mit Wällen und Gräben verwahrte Bergveste, und Herrschaft des Grafen von Hoyos, mit Froschdorf vereinigt, südwärts von Neustadt, hinter Lanzenkirchen, im Gebirge. Das Schloß wird auch Pittenberg ge-

Zweyter Theil. 71

genannt, und hat vor Zeiten den Titel einer Grafschaft geführet.

Pitten. U. W. W. Markt und Pfarre, am Fuße des gedachten Felsenschlosses, und dem Gebiete desselben unterworfen. Die Pfarre, welche Graf Eckbert von Neuburg und Pitten A. 1094. Abt Berngern zu Vormbach, nebst andern Gütern allhier, in orientali plaga schenkte, besitzet jetzt das bayrische Kloster Reichersberg, und hat verschiedene, im Gebirge zerstreute Unterthanen.

Zu Zeiten Kaiser Heinrichs III. soll Pitten, Putina ad australem Plagam, eine ansehnliche Stadt gewesen seyn, welche zu Beschützung der Gränzen wider die Ungarn erbauet worden. Sie gehörte damals einem berühmten Helden, Namens Gottfried, welchem der Titel eines Markgrafen beygeleget wird von dem die Ungarn A. 1042. bey Petau eine große Niederlage erlitten. (Thurocz. Chron Hung.) Gottfried war ein Sohn Graf Arnolds von Lambach, und Bruder Bischof Adalberons von Würzburg, deren jener ums Jahr 1055., der Bischof aber A. 1090. starb. (Biograph. Adalberon.) Gottfrieds Schwester Mechtild war an Graf Eckberten zu Neuburg am Inn vermählt, und brachte demselben, nach ihres Bruders Tode, Pitten und die Lambachische Erbschaft zu. Ihr Sohn Eckbert II. beschenkte A. 1094. das Kloster Vormbach, mit Neunkirchen, Werd, Glocknitz und der hiesigen Pfarre. (Hund) Dieser Ekiprecht de Butine, war A. 1115. bey Einweihung der Pfarrkirche zu Weikendorf, und eben dieser Egheberrus de Putenen A. 1136. bey Stiftung des Klosters Neuburg, als Zeuge zugegen. (Hueber. Bern. Pez) Graf Eckbert III. blieb A. 1159. als Kaiser Friedrich I. Mailand belagerte, bey dem ersten Angriffe der Stadt und die Grafschaft Pitten fiel hierauf an seinen nächsten Blutsverwandten, Markgraf Otagern von Steuer, von welchem verschiedene Edelleute allhier Ritterlehne erhielten, die daher den Namen von Pitten annahmen. So werden Gerhard, Heinrich und Ebo, Liupold, Bernhard, und sein Sohn Ortolf, wie auch Rapoto und Herrmann de Putine in den Jahren 1170. 1180. und 1190. in 5. unterschiedenen Documenten des Klosters Admont angeführt, welche mit den alten Grafen von Pitten nicht vermenget werden müssen. (Bern. Pez) Die Verlehbung dieser Ritterlehne zwischen Pitten und Neustadt kam nachmals an die Grafen von Pfannenberg; ward aber A. 1298. von Graf Ulrichen von Pfannenberg an Heinrichen von Stubenberg überlassen. (Hoheneck) Im Jahre 1370. trat Herzog Albert III. die Grafschaft Pitten nebst Neustadt und Steuermark seinem Bruder Leopolden III. ab. (Hieron. Pez) Herzog Leopold IV. überließ Pitten dem Ritter Johann Laun, als einen Pfandschilling, welcher ohngeachtet des A. 1409. hergestellten Landfriedens, die Wiener mit seinen Räubereyen so lange belästigte, bis sie ihn durch eine große Summe Geldes zur Ruhe brachten. (Haselbach)

Pirendorf. O. W. W. s. Büchsenborf.

Plänk. O. M. B. s. Bldnk.

Plankenberg. O. W. W. s. Blankenberg.

Platt. U. M. B. Dorf und Gut, mit den Bruchstücken eines alten Schlosses, zur gräflich Hartigischen Herrschaft Schratenthal gehörig, an der alten Poststraße nach Bulkau, hinter Ronndorf.

Pleising. O. M. B. s. Bleysing.

Pleßberg. O. M. B. s. Blasberg.

Zweyter Theil. 75

Pleßmühle. U. M. B. der Herrschaft Sonnberg unterthänig.

Pletichindorf. U. M. B,) zwey verödete Dörfer, deren
Plickenberg. U. M. B.) jenes A. 1322. bey Wullersdorf, dieses aber A. 1387. bey Immendorf gelegen war. (Hueber)

Plöbach. D. M. B. Plättbach, Oberplöbach, ein Dorf unter den Herrschaften, Ottenstein, Waldreichs, und Pfarre Altpölla.

Plöbach. D. M. B. Unterplöbach ein Dorf der Herrschaften Ottenstein und Dobra. Beyde liegen über der Kamp, hinter Töllersheim.

Plochsdorf. D. W. B. unweit Wilhelmsburg, zum Theil nacher Melk gehörig. (Hueber)

Plöcknerhöfe. U. W. W. zween Freyhöfe zu Bertholdsdorf.

Pöfering. D. W. W. auch Poverding, ein nächst Melk gelegenes, und diesem Stifte unterworfenes Dorf. (Hueber)

Poffat. D. M. B. ein Amt der Herrschaft Oberranna.
Pogneusiedel. U. M. B. s. Neusiedel.
Polan. D. M. B. Pölla, Altpölla. Johann von Polan, herzoglicher Waldmeister zu Gefäll, verkaufte A. 1381. den fürstlichen Lehnzehent daselbst, an das Stift Lilienfeld, welchen Herzog Albert III. dem Kloster zu Liebe, in einen Erbzehent verwandelte. (Hanthaler)

Pölaberg. D. W. W. ein Kirchdorf zwischen der Mänk und Melk, hinter Kührenberg.

Pölla. D. M. B. s. Altpölla, und Neupölla.

St. Pölten. D. W. W. Fanum S. Hippolyti v. Christoph. Mülleri de Pranckenhaimb &c. Præsulis S. Hippolyt. Introduct. in hist.

S.

S. Hippolyt. ap. Duellium, Miscell. Lib. I. p 261.) eine landesfürstliche, nicht große, aber wohlgebaute Stadt, welche durch den Aufenthalt verschiedener Familien vom ersten Adel sehr ansehnlich gemacht wird. Sie liegt am westlichen Ufer des Trasenflusses, 8. Meilen abendwärts von Wien, an der Poststraße nach Oberösterreich; und ist allhier der Postwechsel zwischen Bärschling und Melk, welches letztere anderthalb Posten, oder drey Meilen von hier entfernet ist. Ihr Namen kommt von dem hiesigen berühmten Chorherrenstifte des heiligen Augustinus, von dem wir unten besonders handeln werden. Ob sie gleich landesfürstlich ist, wird sie doch unter der Zahl der mitleidenden Städte in Niederösterreich nicht begriffen, sondern wie Neustadt, als ein kaiserliches Kammergut betrachtet, und erleget ihre Gebühren nicht zum Kreisamte, sondern unmittelbar ins Landhaus nacher Wien. Sie pflegt sich eine kaiserliche Kreis = und Viertelsstadt zu nennen, weil sie der Sitz des k. k. Kreisamts O. W. W. und gleichsam die Hauptstadt dieses Kreises ist. Es werden 6. geistliche Ordenshäuser, nämlich 4. Mannsklöster und 2. Nonnenklöster allhier gefunden; jene gehören den regulirten Chorherren, den Carmelitern Franciskanern, und Piaristen; diese aber den Carmeliterinnen, und englischen Fräulein. In Ansehung der Gerichtsbarkeit, wird sie in die eigentliche Stadt, in das Klosterviertel, und in die Herrschaft St. Pölten getheilet. In der ersten werden 226., im zweyten aber 40. Häuser gezählet; und der Herrschaft gehören 6. Häuser besonders: also steiget die ganze Zahl der Häuser auf 272. Was an der ost- und Südseite vom Wienerthore, mit Einschluß desselben, bis zum Wilhelmsburgerthore, und von da gen Norden in der Ringmauer befangen, ist die

Stadt

Stadt, und gehörte vormals dem Hochstifte Passau; was sich aber vom Kremserthore an, mit Inbegriff desselben, bis zum Wienerthore befindet, ist das Klosterviertel; gehört von den ersten Zeiten an dem Chorherrenstifte, und soll, nach Probst Müllers Versicherung ehedem viel größer gewesen seyn. Die dem Kloster unterworfene Bürger haben nach der Verordnung Bischof Alberts von Passau A. 1367. ihren eigenen Richter; geniessen aber Kraft der von Kaiser Friedrichen IV. und Kaiser Maximil. I. A. 1470. und 1492. ertheillten Privilegien, in Handel, Wandel und Zünften, durch ganz Oesterreich alle Rechte wie andre Bürger der landsfürstlichen Städte.

Probst Müller verwirft die alte Sage daß der Trasenfluß vor Alters, an dem Platze der Stadt einen See gemacht habe, und daß auf einer erhabenen Insel dieses Sees eine Kapelle gestanden, die St. Maria am See, und nachmals St. Pölten genannt worden sey. Er beweiset das Gegentheil aus den römischen Münzen, die man bey dem Schweighofe, in seiner Gegenwart ausgegraben, und schliesset aus diesen Münzen: daß St. Pölten zur Römer Zeit ein bewohnter Ort gewesen, welcher nach der Hand Traysma geheissen, und zur alten Grafschaft Traysma gehört gehabt; daß aber der Ruhm des Stifts die alte Benennung unterdrücket, und den Namen St. Pölten an deren Stelle gesetzet habe.

Das Alter dieses Treisma bestättigen 2. Urkunden von Kaiser Ludwigen I. und Kaiser Otten II. deren jene Bischof Reginarn A. 823. diese aber Bischof Pilegrinen A. 976. ertheilet worden. (Lazius Migrat. gent. Hund Metrop.) In der ersten wird Treisma unter andern Orten benennet, welche Karl der Große Bischof Waldrichen zu Passau, Erzbischoffen zu Lorch, vor dem Jahre 894. geschenket tet; und diese Schenkung von Kaiser Ludwigen I. bestättiget. Von Kaiser Otten II. aber ist Treisma ein dem Kloster St. Xpoliti zugehöriger Ort genannt, und dem Erzstifte Lorch das Recht über dieses Kloster bevestiget. Hierzu kömmt noch ein Document von Kaiser Heinrichen IV. A. 1058. welches dem Kloster den Besitz des Markts St. Pölten, forum in S. Hippolyto, bekräftiget. (Ludewig. Rel. MS.) Aus den ersten beyden Privilegien Ludwigs I. und Ottens II. haben die Bischöffe zu Passau ihr Recht über St. Pölten zu jeder Zeit behauptet; und der Streit, welchen Herzog Leopold VII. zu Oesterreich Bischof Manegolden zu Passau wegen des Schirmrechts über St. Pölten erregte, ward daher von Kaiser Friedrichen II. zu Augsburg A. 1215. zum Vortheile des Bischofs beygeleget. (Gewold)

Indessen scheint es sehr widersprechend zu seyn, wenn St. Pölten, das unter Kaiser Heinrichen IV. A. 1058. schon ein Markt war, von K. Rudolphen I. A. 1276. nur ein Dorf genannt wird. Doch Kaiser Heinrichs IV. Privilegium redet von dem alten Treisma, oder dem Klosterviertel, welches damals schon ein Markt, und dem Kloster eigen war. Kaiser Rudolph I. aber beziehet sich auf den bischöflichen Theil, der bis A. 1276. ein offener Ort gewesen, da gedachter Rudolph I. Bischof Petern von Passau erlaubte seine Dörfer St. Hippolyti, Amstädten und Everding, nach Belieben mit Mauern und Gräben zu bevestigen. (Hund Metrop.) Eben dieser K. Rudolph I. ertheilte gedachtem Bischof Peter A. 1277. den Blutbann über St. Pölten. (Hund Metrop.)

Probst Müller sagt: daß Bischof Leonhard von Passau sein Recht über den bischöflichen Theil A. 1446. an Reinprechten von Walsee, einen mächtigen Landsassen

Zweyter Theil. 77

saßen in Oesterreich, für 25000. Goldkronen verkauft habe. Da aber dessen Nachkommen sich des Lasters beleidigter Majestät schuldig gemacht, wäre dieses Eigenthum zur landesfürstlichen Kammer gezogen worden. Die meller Chronick hingegen (beym Hier. Pez) giebt eine andere Ursache an, wodurch die Stadt landsfürstlich geworden. Sie sagt nämlich beym Jahre 1483. das Domkapitel zu Passau hätte die Stadt dem ungarischen K. Mathias Corvin verkauft, dessen Kriegsvolk viel Gewaltthätigkeiten hier verübt, bis es A. 1490. nach Mathias Tode von K. Maximil. I. ausgejagt worden. Folglich wäre St. Pölten durch das Recht der Waffen an die Landesfürsten gelanget. Diese haben die Grundherrlichkeit dem Grafen Trautsohn zu Falkenstein Anfangs verpfändet, und A. 1661. eigenthümlich überlassen. Die Oberherrlichkeit aber stehet noch wie vor dem Landesfürsten zu, welcher auch den Richter und Stadtrath setzet.

Die Stadtpfarre ist seit 1213. mit dem Chorherrenstifte verbunden, da Bischof Manegold dieselbe dem Probste Siegfried und dem Collegio dergestalt übergab, daß sie von einem Priester des Klosters beständig verwaltet werden sollte. Die Pfarrkirche unsrer Frau stund damals in der Nachbarschaft des Wilhelmsburgerthores. Es ist aber von derselben nichts mehr übrig, als der ehemalige Kirchthurm, welcher zur Bevestigung der Stadtmauer angewendet worden. Bischof Regimar hat dieselbe A. 1133. geweihet, und sie ist bis A. 1512. gestanden, da sie während des Krieges K. Maximilians I. mit den Venetianern, durch ausgeschickte italienische Mordbrenner, nebst der Stadt, und vielen andern Oertern eingeäschert worden. Weil man sie wegen beklemmten Zeiten nicht wieder erbauen können, hat

Probst

Probst Bartholomäus die Pfarrherrlichkeit mit der Stiftskirche St. Hippolyti vereinigt.

Die Begräbnißkapelle St. Andreä im Freythofe, unweit der Stiftskirche ist sehr alt, und von ihrem Ursprunge keine Nachricht vorhanden.

Auf dem Platze des Kellerhauses ist ehemals eine Kapelle St. Andreä, und ein Nonnenkloster St. Dominici gestanden; das alte Waschhaus aber hat zur Wohnung der Dominikaner gedient, welche den Gottesdienst des Klosters versehen; daher dasselbe der Frauen- oder Predigerhof geheissen.

Die Kapelle des heiligen Oswalds hat das Stift A. 1539. durch Tausch an das Bürgerspital überlassen. Ihr Erbauer ist unbekannt. Die Barbaräkapelle vor dem Wilhelmsburgerthore nächst dem Armenhause, und Gottesacker ward A. 1661. vom Probste Johann Fünfleitner aufgeführt.

Die Kirche der heiligen Dreyeinigkeit nebst dem Kloster der mindern Brüder ist von St. Pölten und Lilienfeld erneuert und erweitert, A. 1450. den Franciskanern eingeräumet worden; welche zu Anfange dieses Jahrhunderts an der Gräfinn Karolina von Küfel eine neue Wohlthäterinn gefunden haben.

Die englischen Fräulein St. Mariä sind A. 1706. mit Bewilligung Kaiser Josephs I. von München hier angelangt, und haben zur ersten Oberinn die Freyinn Marianna von Kriechbaum gehabt, welche den von ihrem Bruder ererbten Reichthum auf diese Stiftung verwendete, und A. 1723. auch ein gleiches Ordenshaus zu Krems gründete.

Die Nonnen der heiligen Theresia vom Berge Carmel hat die verwitwete Fürstinn Antonia Josepha von Montecuculi, gebohrne Gräfinn Collotedo, zu Anfange dieses Jahrhunderts gestiftet; und das Kloster ist nebst der Kirche A. 1709. zu stande gekommen. Von eben dieser gottseligen Fürstinn ward auch zu gleicher Zeit ein ansehnliches Capital zu Erbauung eines Mannsklosters des barfüßigen Carmeliterordens ausgesetzt. Die Vollziehung ihrer Absicht verzog sich aber bis A. 1762. da das Kloster erst erbauet worden ist.

Die Piaristen haben sich A. 1751. hier eingefunden, und ihre Schulen zum Nutzen der armen Jugend eröffnet. Sie verrichten den Gottesdienst in einer kleinen Hauskapelle, und besitzen zur Zeit nur 5. Bürgerhäuser, die man von gesammelten Allmosen erkauft, und ihnen zur Wohnung eingeräumet hat.

Des Brandes den die Stadt A. 1512. erlitten, ist bereits erwähnet worden. Gleiches Unglück ist ihr in den Jahren 1474. 1621. und 1677. begegnet.

Im Jahr 1305. entstund allhier ein mörderischer Auflauf des Pöbels wider die Juden. Kaiser Albrecht I. ließ daher St. Pölten durch seinen Sohn Rudolphen III. belagern; doch legte sich Bischof Bernhard ins Mittel: es mußten aber 3500. Gulden zur Strafe bezahlet werden. (Chron. Cl. Neob.)

Im Jahr 1312. hat man die schändliche Secte der Adamiten hier entdecket, und 11. Personen mit Feuer bestraft. (Hier. Pez)

In dem einhelmischen Kriege Herzog Leopolds IV. mit seinem Bruder Herzog Ernsten über Alberts V. Vormundschaft, nahm St. Pölten Herzog Ernsts Parthie, und ward A. 1408. von Reinprechten von Walsee besetzt. Herzog Leopold schickte daher den Hauptmann Hechtel, einen Räuber vom Neusiedlersee mit einer zahlreichen Mannschaft wider St. Pölten ab; der aber von den Bürgern und der Walseeischen Besatzung so übel empfangen ward, daß er mit Schanden abziehen mußte. (Hafelbach) Daß

St.

St. Pölten A. 1483. in den Händen K. Mathias Corvins gewesen, haben wir schon gemeldet. In dem Bauernaufstande A. 1597. ward diese Stadt von dem Bauerngeneral, dem Schneider Brunner belagert. Die unvermuthete Ankunft des Grafen von Thurn aber schreckte die Bauern dergestalt, daß sie die Belagerung in größter Unordnung aufhoben. Man fand hierauf Gelegenheit, die Rädelsführer einzuziehen; und diese erhielten im folgenden Jahre allhier den gebührenden Lohn.

Es ist zu St. Pölten eine k. k. Maut, eine Wegmaut, und eine handgräfliche Obercollection.

St. Pölten. O. W. W. das berühmte Stift der lateranensischen Chorherren des heiligen Augustinus, pranget mit einem vorzüglichen Alterthume; doch eben dieses Alter machet den Zeitpunkt seines Ursprunges ungewiß: zumal da seine ältesten Documente durch die Unbesonnenheit zweyer Canoniker, Huno und Colo verloren gegangen; als welche die Urkunden zerrissen, und die Siegel zerschnitten haben; wie die Bulle des päbstlichen Legaten Cunrads A. 1250. bezeuget. Weil das Stift den Namen von dem heiligen Hippolytus trägt, dessen Gebeine von Tegernsee hieher geschenket worden: so hat man seine Zuflucht zu den Nachrichten dieses bayrischen Klosters genommen; die aber bloß aus mündlichen Ueberlieferungen verfaßt, und wegen der weit entfernten Zeit, nicht ohne Widersprüche sind. Denn gedachtes Kloster war unter Herzog Arnulphen A. 921. in weltliche Hände gerathen; durch eine Feuersbrunst A. 969. um alle seine Bücher und Documente gekommen, und völlig verwüstet, bis A. 978. geblieben: da es Kaiser Otto II. aus dem Schutte hervorzog, mit neuen Privilegien begabte, und die Klosterzucht wieder herstellte. Die vornehmste Nachricht von Tegernsee bestehet also in einer Urkunde dieses Kaisers, die A. 979. gestellet ist. (Gewold. Hier. Pez) In dieser wird gesagt: daß die Brüder Adalbert und Otkar, edle Grafen das Kloster Tegarinsee, zu Zeiten des fränkischen K. Pipins, und mit dessen Erlaubniß, in und von ihrem väterlichen Eigenthume gestiftet; daß sie vom Pabste Zacharias den Leib des heiligen Quirins erhalten; daß sie den Mönchshabit angelegt; daß Adalbert allhier über 150. Mönche des heiligen Benedicts Abt gewesen; und daß diese königliche Abtey von Pipino, Karl dem Großen, Ludovico und Carlemann mit vielen vorzüglichen Freyheiten beschenket worden sey. Die Geschichtschreiber von Tegernsee gehen weiter. Sie setzen das Jahr der Stiftung auf 746. in die Zeiten Pabst Zacharias, und des Erzbischofs Bonifacius zu Mainz; melden aber zugleich: sie sey geschehen, da Pipin für einen König der Franken erkannt, und Rom von dem longobardischen Könige Aistulph belagert worden: welcher Zeitraum sich bis A. 755. erstrecket. Sie fügen hinzu: daß obgedachte beyde Brüder aus Burgund entsprossen, Otkar Herzog in Burgund gewesen, Albert aber neun Grafschaften in Bayern besessen; und daß beyde u. a. auch das Kloster St. Xppoliti in ihrem Eigenthume gestiftet. (Hist. Fundat. Tegernsee und Vita St. Quirini beym Bern. Pez.)

Probst Müller bestimmet diese Stiftung früher, nämlich um die Jahre 742. 43. oder 44. und tadelt den Bruschius, daß er von derselben nur ungewiß rede. Allein der gründliche und unpartheyische P. Calles spricht in keinem andern Tone. (Annal Austr.) nicht zwar in Ansehung der Hauptsache, an welcher kein Mensch zweifelt, sondern bloß in Betrachtung

F des

des Zeitpunkts, da die Stiftung geschehen seyn soll; welcher sich mit der damaligen Verfassung von Niederösterreich gar nicht verbinden läßt. Die heidnischen Avaren, welche hier herrschten, hatten sich nicht nur bis an die Ens ausgebreitet; sondern setzten sogar A. 737. über diesem Fluß, verwüsteten das Land ob der Ens mit Feuer und Schwert, zerstöhrten die Stadt Lorch, und zwangen den Erzbischof Vivilo, mit seinen Chorherren und Mönchen nach Passau zu flüchten. (Hansiz Germ. sacr.) In diesen trübseligen Zeiten, da die Kirche oberhalb der Ens keine Sicherheit genoß, konnte man wohl schwerlich daran denken, unter der Ens Klöster zu stiften. Burgundische Herren, die neun bayrische Grafschaften innen gehabt; fränkische Grafen, welche damals in Niederösterreich eigenthümliche Güter besessen haben sollen; Herzoge von Burgund vor Karls des Kahlen Zeit; und ein Kloster in Bayern, dessen Erbauung auf der Beystimmung des fränkischen Königs beruhet, da Bayern seine eigene Regenten hatte, sind lauter unerhörte Sachen. Die Bayern haben sich nie als Unterthanen der Franken, sondern als Bundsgenossen derselben betrachtet; ob sie gleich, als der schwächere Theil, der überwiegenden Macht nachgeben müssen. Sie hatten ihre Herzoge, deren Würde nicht in der Willkühr der fränkischen Könige stund, sondern erblich an das Agilulfingische Haus gebunden war; und die Prinzen dieses Stammes herrschten, obgleich abhängig, dennoch als wirkliche Landesfürsten. Die bayrischen Grafen, wenn es damals schon dergleichen gegeben, waren also nicht dem K. der Franken, sondern dem Herzoge in Bayern unterworfen: und wenn das Kloster Tegernsee zu Pipins des ältern Zeit gestiftet worden wäre, würde solches nicht mit des Königs, sondern mit Herzog Odilons Beystimmung gesche-

geschehen seyn; eben so, wie bey Errichtung der 4. bayrischen Bißthümer um dieselbe Zeit, blos dieses Herzogs, nicht aber des fränkischen Regenten Einwilligung nöthig gewesen war. Dieser Umstand in Kaiser Ottens II. obermähnter Urkund ist allein hinlänglich zu beweisen: daß die Gründung des Klosters Tegernsee erst zu der Zeit, da Bayern keine eigene Herzoge mehr gehabt, unter König Pipin dem jüngern, Karls Sohne geschehen seyn müsse. Der Einwurf, den man hier machen könnte, daß bey Erwähnung der alten Klosterprivilegien, der Namen Pipin vor Karln gesetzet worden, ist von keiner Erheblichkeit; denn der Sohn starb A. 810. vor dem Vater. Karl bestättigte das, was Pipin bewilliget hatte, und folglich war es natürlich, daß man die Urkunden des Sohnes, als die ältere, eher als das Priviliegium Karls des Großen anführte. Die Tapferkeit dieses jungen Herren, hatte durch die glückliche Ueberwindung der Avaren in Friaul A. 791. dem Vater seine Siege an der Donau erleichtert. Dieser erklärte denselben A. 806. auf dem Reichstage zu Diedenhover, zum Könige von Italien, Burgund, Allemannien, Bayern und Pannonien. Bayern war damals unter verschiedene Grafen aus burgundischen, fränkischen und andern Häusern getheilt, welche den jüngern Pipin als ihren Herrn erkannten; ohne dessen Gutheissen, eine so ansehnliche Stiftung, wie die zu Tegernse, nun freylich nicht geschehen konnte. Nimmt man diesen Zeitpunkt an, so heben sich alle sonst unübersteigliche Schwierigkeiten und Widersprüche von selbsten auf. Der einzige Name des Pabsts Zacharias widerspricht den Zeiten, von denen wir reden. Allein die Urkunde Kaiser Ottens II. ward nicht nach schriftlichen Zeugnißen, sondern blos nach mündlichen Ueberlie-

F 2   ferun-

ferungen verfaßt. Darf man sich wundern, wenn nach einer 58. jährigen Verwüstung, welche Tegernsee erlitten, sich ein Anachronismus in das Gedächtniß der ehrlichen Männer eingeschlichen, von denen Otto II. seine Nachrichten bekam?

Doch wir kehren wieder nach St. Pölten. Bischof Waldreich von Paßau hatte, wie wir oben gedacht, ums Jahr 803. von Karln dem Großen, nebst andern Oertern, auch Treisma (oder das Klosterviertel) erhalten. Urolph der ihm A. 804. folgte, zeigte in Bekehrung der Avaren und Slaven den größten Eifer, und stellte in der kurzen Zeit seiner Regierung, die 4. Bisthümer des Erzbisthums Lorch, Saviana (oder Wien) und Vetwar in Pannonien, und Olmütz nebst Neutra in Großmähren wieder her. Ganz gewiß ist Treisma um diese Zeit mit einer Kirche versehen, und dieselbe mit den Gebeinen des heiligen Hippolytus von den Brüdern Adelbert und Otkar begabet worden; welche ohnfehlbar unter die österreichischen Gränzgrafen gehören, und vielleicht die ersten Herren an der Trasen gewesen sind. Und durch deren Freygebigkeit, vornehmlich aber durch die Unterstützung der Bischöffe zu Paßau, ist nachmals das Kloster bey dieser Kirche entstanden. Eine Bulle des paßauischen Domkapitels vom Jahre 1284. bezeuget: daß das Stift St. Yppoliti von der paßauischen Kirche, de corpore nostræ pataviensis ecclesiæ, primæva fundatione, den ersten Ursprung habe. Eben dieses versichern die Bischöffe: Wernhard A. 1300. Gottfried A. 1362. und Albert A. 1365. (beym Duellius) Die Bischöffe Bernger und Engelbert eigneten dem Kloster, um die Jahre 1014. und 1046. die Pfarren Böheimkirchen, und St. Christoph,

nebst

nebst ihren Filialen zu: und in der Bulle, worinnen Bischof Ruger A. 1248. dem Probste Marichard die Besitzungen des Stifts bestättiget, werden nebst verschiedenen Zehenten, Höfen, Gütern, und 108. Oertern wo das Stift Gilden, Zinsen und Grundstücke gehabt, fünf Pfarren, nämlich: Bruck an der Leitha, Kapellen, Böheimkirchen, St. Christoph und St. Pölten, nebst 21. Filialkirchen benannt, welche dem Kloster durch das Stift Passau einverleibet worden. Dermalen besitzet das Stift die Pfarren: St. Pölten, Bruck, Horn, Mank, Kasten, Brand, Kapellen, Böheimkirchen, St. Christoph, Gerersdorf, und Rötz, welche letztere zu K. Rudolphs I. Zeit, gegen die Kirchen zu Karlstädten und Hafnerbach eingetauschet worden. Die von St. Pölten aber ins besondere abhangenden Kapellen, oder Filialpfarren sind: Viehhofen, St. Georgen, Grafendorf, Weinburg, Haindorf, Markersdorf, Ober= und Niederpottenbrunn, und die Schloßkapelle zu Bielach. Hierunter sind die 3. ersten noch der Pfarre St. Pölten einverleibt, außer daß zu Grafendorf ein beständiger Vicarius gehalten wird; die übrigen aber werden als eigene Pfarren verwaltet. (Müller l. c.)

Ob St. Pölten bey dem letzten Einfalle der Ungarn nach Kaiser Ottens II. Tode A. 983. zerstöhret worden sey, oder nicht, ist ungewiß; gesetzt aber es wäre von diesem Unglücke betroffen worden, so ist es doch ums Jahr 1027. wieder aufrecht gestanden; wie ein alter um diese Zeit verfertigter Cod. MS. des Kloster Tegernsee beweiset. (de Translat. S. Quirini, wo gesagt wird: Episcopus Benno Pataviensis a nobis habet Abbatiam ad S. Yppolytum) Es bestättiget solches auch die Schenkung Kaiser

Heinrichs IV. welcher A. 1058. auf seiner damaligen Reise nach Ungarn, den Altar St. Hippolyti mit Grundstücken zu Mannswerd begabte. (Ludewig Rel. MS.) Probst Müller irret daher, wenn er glaubt, die von den Hunnen zerstöhrte Kirche wäre erst A. 1065. von Bischof Engelberten hergestellet worden: denn die angeführten Zeugniße beweisen ihr höheres Alter. Auch fehlt er darinn, daß er eben diesem Engelbert die Einsetzung der Chorherren beymißt. Meint er die weltlichen Canoniker, so ist ihr Zeitpunkt viel zu spät, weil sie schon längst vorher zugegen waren: ist aber die Rede von den regulirten Chorherren des heiligen Augustinus, so ist ihr Zeitpunkt zu früh; indem Bischof Altmann erst nach dem Jahre 1075. da er aus Passau vertrieben, sich in Niederösterreich aufhielt, dieselben hier eingeführet, und ihnen den Probst Engelbert zum ersten Oberhaupt gegeben hat. (Vita B. Altmanni beym Hier. Pez).

Die heutige Stiftskirche hat, nach dem Berichte des Eucharius (Miscell. MS. Sand-Hippolyt.) Bischof Aigilbert (Engebert) A. 1065. im letzten Jahre seiner Regierung zum erstenmale geweihet. Sie gieng, nachdem sie nicht gar 100. Jahre gestanden, durch eine Feuersbrunst zu Grunde; ward aber bald wieder erbauet, und durch Bischof Konraden, Markgraf Leopolds des heiligen Sohn, A. 1150. zum zweyten male consecriret. Eine andere Feuersbrunst legte sie A. 1474. abermals in die Asche: worauf man sie zum drittenmale aufgeführet hat. Sie ist seit A. 1512. die Pfarre der Stadt St. Pölten, und eine der schönsten Kirchen in Niederösterreich.

Zweyter Theil.

Im Jahre 1209. den 19. July, bey Gelegenheit eines Erdfalles, wurden die Gebeine von 2. heiligen Leibern entdecket, welche Papebroch für die Ueberbleibsel des heiligen Hippolytus und seines Gehülfen gehalten. Allein Hier. Pez nennet solches eine unerwiesene Muthmassung; und Probst Müller pflichtet ihm stillschweigend bey, indem er sagt, daß von den Reliquien des heiligen Hippolytus kein schriftliches Zeugniß verhanden wäre; daß aber dieselben, nach einer beständigen alten Sage, in dem ganzen Haupte, den 2. grössern Armröhren, und einigen kleinern Gebeinen bestünden. (Duellius)

Das Stift hat zu jeder Zeit fromme und gelehrte Männer gehabt, unter welchen letztern wir hier nur Probst Müllern, und den Reymund Duellius als Geschichschreiber bemerken. Es ist allhier die alte, nach dem Berichte des heiligen Paulinus an den Althius sonst bey allen Kirchen üblich gewesene Gewohnheit beybehalten worden, jährlich zwey Spenden auszutheilen, da einem jeden von dem versammelten Volke nebst Brod und Wein, ein metallener Pfennig gereichet wird. Herzog Friedrich II. gab dem Kloster das Landgericht über seine Unterthanen; welches Recht K. Rudolph I. A. 1279. bestättigte (Duellius Excerpt. general.) K. Albert I. vermehrte solches durch die Mautfreyheit des nöthigen Getraides und Weines. Erzherzog Rudolph IV. erneuerte A. 1362. nicht nur solche Freyheit, sondern bekräftigte auch alle Rechte des Stifts in der Wachau, und übernahm die Schirmvogtey der Klostergüter unentgeltlich selbst über sich. (Steyrer) Die Unterthanen der Stiftsherrschaft, und der beyden Güter im V. O. W. W. Ochsenburg und Harthof hangen von dem Hofgerichte ab; die Bürger des Klostervlertels aber nebst ihrem Richter, stehen un mittelbar unter dem Probste. Dieser ist ein niederösterreichischer Prälat, und hat den fünften Platz, nach dem Abte von Heiligkreutz. Der heutige hochwürdige Prälat, und k. k. Rath, nennet sich Mathias. Er gehört unter die Erbbeamten des Erzherzogthums und ist des Landesfürsten Erbhofkapellan. Probst Gerung ward A. 1394. auf P. Bonifacii IX. Befehl, von Bischof Georgen zu Passau mit der Inful, und dem Krummstabe geschmücket.

St. Pölten. O. W. W. die Herrschaft bestehet in der Grundherrlichkeit über die eigentliche Stadt, oder den landsfürstlichen Antheil von St. Pölten, und gehört dem Fürsten von Trautschn, dessen Verwalteramt in dem Herrenhause am Samstagsmarkte befindlich ist. Es hat diese Herrschaft außer gedachter Grundherrlichkeit, noch 80. unterthänige Häuser, nämlich 6. in der Stadt, und 74. in den Dörfern Brunn, Götzersdorf, Hafnern, Sprätzern, Städtersdorf, und Tiefenbach.

Pömbling. O. M. B. auch Nembling, ein Dorf der Herrschaft Weideneck, hinter Böckstall, bey Raumberg.

Pommersdorf. O. M. B. der Herrschaft Raps unterworfen, über der großen Theya, hinter Kolmitz.

ad Pontem Isis (Ponteisis) O. W. W. ehemals ein römischer Ort, den die theodosische Reisecharte, zwischen Arelape und Eligio setzet, und dessen Lage mit der heutigen Stadt Ips überein kömmt.

Popen. † O. M. B. Großpopen, Schloß und Herrschaft der gräflich Windhagischen Stiftung, mit dem Gute Neunzehn verbunden, über der Kamp, hinter Waldreichs und Dobra.

Popen

Popen. O. M. B. Großpopen ein Pfarrdorf vorbesagter Herrschaft, woran die Herrschaften Ottenstein und Schrems Theil haben.

Popen. O. M. B. Kleinpopen ein Dorf der Herrschaft Alemsteig, hinter Kirchberg an der Wild, bey Mayers.

Popenberg. O. W. W. ein verödetes Dorf, welches 1292. dem Kloster Melk zum Theil unterworfen war. (Hueber)

Popendorf. O. W. W. im Gericht Aigen, dem Stifte Melk, und theils nach Friedau gehörig, zwischen der Mänk und Melk, hinter Strannersdorf.

Poransdorf. U. W. W. A. 1178. ein Dorf unterhalb Wien, welches nun gänzlich vertilget ist. (Hueber)

Poschenreut. O. M. B. ein Dorf der Herrschaften Karlstein, und Beygarten, über der deutschen Theya.

Postdorf. O. M. B. Posseldorf, dem Stifte Berneck dienstbar, hinter Walkenstein.

Posthof. U. W. W. ein Herrenhof und Wirtshaus des Herrn von Reichmann, nächst bey Baden, eigentlich Gutembrunn genannt. (s. Gutenbrunn)

Pöttenbach. U. W. W. ein Dorf und Amt der Herrschaft Steuersberg.

Pottenbrunn. O. W. W. Bodenbrunn, ein gräflich Kuefsteinisches Pfarrdorf, Schloß und Gut, am östlichen Ufer der Trasen, rechts der St. Pöltnerstraße, hinter Kapellen. Das von hier herrührende Amt und Dorf Gemeinlebern, gehört theils nach Herzogburg.

Hanns von Pottenbrunn war A. 1384. Herzog Albert III. von Oesterreich Hofmarschall. Martin lebte A. 1490. Siegmund A. 1500. Einer von

Pottenbrunn von Herzog Leopolds IV. Parthey wider Herzog Ernsten, plünderte A. 1407. das Tullnerfeld, und weil seine Völker auch Kirchen und Klöster nicht schoneten, wurden sie vom Bischof zu Passau in den Bann gethan. Reinprechts von Wallsee Volk von Herzog Ernsts Anhange, belegerte hierauf A. 1408. das Schloß Pottenbrunn, aber vergeblich, weil sich die Besatzung tapfer wehrte. (Haselbach)

Pottendorf. †. U. W. W. eine wohlgebaute Veste und Herrschaft des Starhenbergischen Hauses, südostwärts von Wien, hinter Hochau und Winkendorf, am Reisenbache, zwischen Ebreichsdorf und Ebenfurth.

Pottendorf. †. U. W. W. Bauernmarkt und Pfarre, erwähnter Herrschaft unterworfen. Die schöne Kirche hat Graf Gundacker von Starhenberg erbauet.

Aus dem Geschlechte der Herren von Pottendorf soll die schöne Brunhild gewesen seyn, um derentwillen Herzog Friedrich II. A. 1236. aus Wien entweichen müssen.

Rudolph von Pottendorf kommt schon A. 1094. und ein anderer dieses Namens A. 1217. 1220. und 1248. in Documenten vor. (Hueber. Bern. Pez) Chunrad von Pottendorf, einer von den Landräthen Alberts I. wird in der Niederlagsordnung dieses Herrn A. 1281. benennet. Er und seine Brüder Henrich und Siboto, Vettern deren von Chunring zu Dürrenstein sind A. 1290. in einem Document von Lilienfeld, als Zeugen befindlich (Hanthaler) Herrneid ward A. 1409. Landmarschall von Oesterreich. (Haselbach) Georg von Pottendorf hielt A. 1461. die Parthey Herzog Alberts VI. wider Kaiser Friedrichen IV. und that dem letztern vielen Abbruch. (Haselbach) Er war Erbschenk von Oesterreich, und starb A. 1486. worauf K. Maximilian I.

das Erbschenkenamt den Freyherren von Prüschenk zu Frankfurt gab, und A. 1487. zu Nürnberg be=
stättigte. (Hoheneck)

Pöttendorf. O. W. W. der Pfarre Obritzberg gehörig.

Pöttendorf. U. M. B. Markt, Schloß und Gut west=
wärts von Stockerau bey Hausleuten und Städtel=
dorf, gehört dem Grafen von Breuner, hanget von
der Erbkämmererwürde in Oesterreich ab, und ist
mit der Herrschaft Aspern an der Jaya verbunden.
Die Pfarre ist ein Filial von Wolfpassing.

Friedrich von Pettindorf war ums Jahr 1170.
Zeuge in einem Schenkungsbriefe des edlen Gott=
schalks von Simoning an das Kloster St. Emmeran.
(Bern. Pez)

Pottenhofen. U. M. B. Bodenhofen, ein Dorf der
Herrschaften Poysbrunn und Röz, hinter Falkenstein,
bey Kirchstädten, an der mährischen Gränze.

Pottenstein. †. U. W. B. Bodenstein, Markt, Pfar=
re, Amt und Gut der Herrschaft Merkenstein, süd=
wärts von Baaden, an der Triestling, im Thale hin=
ter Enzesfeld. Die Pfarre wird von dem Minori=
tenkloster zu Wien versehen. Es ist allhier seit 1760.
die Steinerische priviligirte Klingenfabrik, ein gros=
ses ansehnliches Gebäude, wo sich der Eisenhammer,
nebst der Schleif= und Pollermühle beysammen be=
finden. Die Waldbauern dieser Gegend sind mei=
stens Kohlenbrenner, welche lauter harte Kohlen zu=
richten, und solche zum Verkauf nach Wien ver=
führen.

Ditmar von Potenstein zog A. 1234. ins gelobte
Land, und vermachte seine Gilden zu Pottenbrunn
und Rezinstorf dem Kloster Lilienfeld. Die Wal=
dungen, welche die Herren von Ramsau allhier be=
sassen, wurden eben diesem Stifte A. 1368. von
Jugendklich Ramsauerinn abgetreten. (Hanthaler)

Im Jahre 1532. hatte der türkische Bassa Chassan Michaloglis allhier sein Lager, welcher 8000. Mann stark, mit großem Raube beladen, aus Steuermark, und dem V. O. W. W. zurück kam: er ward aber den 19. Sept. früh vor Tage von einem tapfern Kriegsmann, Sebastian Schertel, mit 500. Hakenschützen überfallen, und nach Enzesfeld gejagt: doch kostete dieser Angriff 4000. armen gefangenen Christen das Leben, welche von den fliehenden Türken niedergesäbelt wurden. (Fuhrmann)

Pottschach. U. W. W. insgemein Patscha, Schloß, Pfarrdorf und Gut des Grafen von Walsegg, zu Ziegersberg, Klamm und Trübeswinkel mit der Herrschaft Stuppach vereinbart, rechts der neunkirchner Poststraße nach Glocknitz, unterm Gebirge, hinter Windpassing.

Hanns von Potschach, lebte A. 1395. Hanns Georg Glenger, war A. 1550. kaiserlicher Pfleger allhier. (Hoheneck)

Pottscholla. O. W. W. auch Pottschlach, ein Montecuculisches Dorf in der Pfarre Haunoldstein, über der Bielach, zwischen Markersdorf, und Haindorf.

Pötting. O. W. W. ein Dorf und Amt des Stifts Herzogburg.

Pötzelsdorf. U. W. W. Pötzleinsdorf, vor Zeiten Becelinesdorf, in der währinger Pfarre, ein Dorf und Gut des Klosters zur Himmelporte, nordwestwärts von Wien, hinter Weinhaus und Gersthof, am Gebirge.

Der weiland Riccische Freyhof allhier ist ein besonderes Gut, zu welchem 2. unterthänige Häuser gehörten, in denen eine Seidenfärberey, und Tuchschererey angeleget war, die A. 1767. feil geboten wor-

worden ſind. Sterſtrit von Beeelinesdorf war I. 1136. Zeuge bey Stiftung des Kloſters Heiligkreuz. (Bern. Petz)

Potzhammer. O. W. W. ein Dorf, ſüdwärts hinter Bärſchling, bey Kaſten.

Pötzleß. O. M. B. Dorf und Amt des Stifts Göttweih, unter der Herrſchaft Brandhof; etwas gehört dem Kloſter Zwettel.

Poysbrunn. U. M. B. Schloß und Herrſchaft des Fürſten von Trautſohn, mit der Grafſchaft Falkenſtein verbunden, hinter Poysdorf, nächſt Falkenſtein.

Poysbrunn. U. M. B. ein dieſer Herrſchaft unterthäniges Pfarrdorf.

Poysdorf. U. M. B. Pohlsdorf, Markt, Pfarre und Gut der fürſtlich Lichtenſteiniſchen Herrſchaft Wülfersdorf. Etwas gehört der Pfarre Oberleiß. Die Herrſchaft Falkenſtein, und die Unternjeſuiten haben hier eine anſehnliche Grundherrlichkeit. Der freye Singerhof gehört dem hieſigen Marktrathe. Es iſt allhier der Poſtwechſel hinter Gaunersdorf, an der Straße nach Nickolsburg.

Praagbof. U. W. W. zu Enzersdorf am Gebirge, ein Freyhof, jetzt der Flammengrieſiſche genannt.

Pramersdorf. U. M. B. ſ. Bernersdorf.

Prämonſtratenſer, oder regulirte Chorherren des heiligen Norberts, welcher dieſen Orden ums Jahr 1120. zu Premontre in Frankreich geſtiftet hat, beſitzen in Niederöſterreich 2. Collegia, nämlich:

Geräß, und Berneck.

Beyde Stifter liegen ungefähr eine Meile von einander entfernt, hinter der Stadt Horn, gegen die mähriſche Gränze. Sie ſind aus zweyen uralten

Schlöſ-

Schlössern entstanden, deren beyderseitige Gebiete zusammen eine sehr berühmte Herrschaft ausmachten, welche von dem Schlosse Berneck den Namen führte, und insgemein eine Grafschaft genannt wird. Die Zeit, wenn diese ehemaligen Vestungen in geistliche Ordenshäuser verwandelt worden, ist nicht zu bestimmen, weil die alten Urkunden, in einem Brande verloren gegangen. Thomas Ebendorfer von Haselbach (Chron. Austr.) berichtet uns vom Hörensagen: daß beyde Stifter von den Grafen zu Perneck gegründet, durch die Grafen Heinrich und Leutold von Hardeck (um die Jahre 1182. und 1214.) in der Stiftung gebessert, und ihre im Feuer verzehrte Privilegien von Kaiser Friedrichen I. erneuert worden wären. P. Insprugger (Austr. Mapp. geogr. dist.) setzet die Stiftung zu Geräß aufs Jahr 1160. und meldet, daß Graf Eckbert von Perneck, und sein Sohn Ulrich dieselbe Anfangs für Prämonstratensernonnen angeleget hätten. Im Jahre 1171. aber wären an deren Stelle die regulirten Chorherren desselben Ordens daselbst eingeführet; die Nonnen hingegen in das von eben gedachten Grafen gestiftete Kloster zu Perneck übersetzet worden: welchen Platz sie nach der Hand den Chorherren gleichfalls überlassen müssen. Cuspinian (Descr. Austr.) geht von dieser Nachricht darinnen ab, daß er Udalrichen einen Bruder des Grafen von Perneck nennet, der bey ihm Ecquart heißt, und nach seinem Vorgeben, von dem Stamme der alten Markgrafen entsprossen seyn soll. P. Granelli (Germ. Austr.) füget endlich hinzu: daß Bischof Diepold zu Passau, die Stiftung zu Geräß ums Jahr 1188. bestättiget habe. Und dieser Zeitpunkt kömmt der Wahrheit unfehlbahr am nächsten. Denn daß Berneck und Geräß A. 1160. jedes noch seinen eigenen weltlichen Besitzer gehabt, beweiset

Bischof Conrads von Paſſau Stiftungsbrief der Pfarrkirche zu Zistersdorf von eben dem Jahre, in welchem Dedalricus von Perneck, und Eckebert von Geraß unter andern als Zeugen angeführet werden. (Link. Annal. Zwetl.) Beyde mögen Vettern, aber weder Brüder, noch weniger Vater und Sohn geweſen ſeyn, weil ſolches ſonſt in der Urkunde gewiß angemerket worden wäre. Gedachter Dedalrich kömmt auch in zweyen Schottnerischen Briefen Herzog Heinrichs von A. 1158. und 1161. vor, allwo er Udalrich und Ulrich heißt. Ein anderer Udalricus Graf von Pernecke wird A. 1200. in einer ſchottneriſchen; und A. 1214. in einer kloſterneuburgiſchen Urkunde genannt. Endlich führet K. Ottokar in der Beſtättigung der kloſterneuburgiſchen Privilegien A. 1269. einen dritten Ulrich von Pernekke an. (Bern. Pez.) Folglich mag der Orden zum völligen Beſitze des Schloſſes und des Gebiets von Berneck nach dem Jahre 1269. gelanget ſeyn.

Prändel. D. M. B. ſ. Brandel.

Praßdorf. D. W. W. über der Ips, beym Schloſſe Karlsbach.

Pratzing. D. W. W. ein Dorf unter dem Landgerichte der Herrſchaft Friedau.

Prechleinsdorf. D. W. W. ein Forſt in der Pfarre Geroldingen, eine Meile von Melk, dieſem Stifte zuſtändig. (Hueber)

Prein. U. W. W. ſ. Brein.

Prellenkirchen. †. U. W. W. Brennkirchen, ehemals auch Berenkirchen, und Herrenkirchen, nebſt der Wankmühle an der Leitha, ein Pfarrdorf und Landgut des Freyherrn von Ludwigsdorf, mit Deutſchaltenburg verknüpft, 6. Meilen ſüdoſtwärts von Wien, im Triangel zwiſchen Schönesbrunn und

Deutſch-

Deutschhaslau. Es ist hier eine k. k. Gränz- und Wegmaut.

Prerau. U. M. B. Altprerau, Schloß und Gut des Herrn von Guttnern, mit dem Markte Neudorf, der auch Prerau genannt wird. vereint, hinter Staats, zwischen Mitterhof und Wildendürrenbach, an der mährischen Gränze.

Preßbach. O. W. W. ein Dorf hinter Ruprechtshofen, bey der großen Erlauf, Wieselburg gegen über.

Preßbaum. U. W. W. im Wienerwalde, ein Ort von Waldhüttlern eine Meile südwärts von Burkersdorf, mit einer Kirche, die ein Filial von Burkersdorf ist; stehet unter dem k. k. Waldamte, und ist der Stand zweyer Waldförster vom Anzbacher- und Koplinger Amte.

Prestelhof. O. W. W. über der Ips, hinter Seitenstädten, an der Erla.

Pretzelgraben. O. W. W. ein Ort wo das Schloß Hainstädten verschiedene Gerechtigkeiten besitzet.

Der Prater. U. W. W. von dem lateinischen Worte Pratum also genannt, eine der größten und schönsten Donauinseln, oder Auen, nächst Wien, nordostwärts hinter der Leopoldstadt. Sie ist durchaus mit Holzung bewachsen, und stehet wegen des hier gehägten Wildes, unter der Aufsicht eines k. k. Forstmeisters. Mitten durch den Wald, der ganzen Länge nach, gehet eine bis 4000. Schritte lange Allee, an deren Ende sich ein Gebäu, das grüne Lusthaus genannt, befindet, allwo man mit Erfrischungen bedienet werden kann. Der Zugang zu diesem Lustorte stund sonst nur jährlich im Monate May, und zwar blos für diejenigen offen, die sich der Kutschen bedienen konnten; da denn nach Art des sogenannten Passiggio, in der Straße del Corso zu Rom, ein

Wagen

Wagen hinter dem andern herfuhr. Allein der huldreiche Kaiser Joseph II. hat diese Einschränkung den 7. April 1766. durch öffentliche Patente aufgehoben, und dem ganzen Publiko den Zutritt frey gegeben, so, daß nun den Sommer hindurch, jedermann, ohne Unterschied, dahin gehen, reiten, oder fahren, und sich nach Belieben ergetzen kann. Während solcher Zeit ist die Insel mit Zelten und Hütten, wo man Coffee, Wein und Bier schenket, gleichsam besäet; weil allen bürgerlichen Wirthen das freye Schankrecht allhier zugleich ertheilet worden ist.

Primmersdorf. O. M. B. Schloß und Gut des Stifts Herzogburg mit Salapulka verknüpft, hinter Kloster Geräß, an der großen Theya, unterhalb Collmiß.

Prinzelndorf. O. M. B. ein Amt und Dorf der Herrschaft Leiben.

Prinzendorf. U. M. B. Pritzendorf, Pfarrdorf und Landgut des Stifts zu Klosterneuburg, an der Zaya, ostwärts der Poststraße hinter Gaunersdorf. Die Pfarre ist mit Austränk und Günzelsdorf vereinigt. Etwas gehört den Herrschaften Poysbrunn, und Niederleiß, den Barnabiten zu Mistelbach, der Pfarre Oberleiß, wie auch der hiesigen Pfarre. Es ist hier eine k. k. Filialmaut.

Prinzersdorf. O. W. W. ein fürstlich Trautsohnisches Kirchdorf und Gut, oberhalb Bielahaag, an der Poststraße hinter St. Pölten; hieß vor Zeiten Bribesendorf, und war ein kaiserliches Kammergut, welches Heinrich III. A. 1043. Markgraf Adalberten von Oesterreich schenkte. (Bern. Pez)

Prinzfeld. U. W. W. Breinsfeld, ein Dorf des Stifts Heiligkreuz.

Priventann. U. W. W. ein Dorf unweit Heiligkreuz, der Herrschaft dieses Stifts seit A. 1136. unterworfen.

Promberg. U. W. W. Brannberg, ein Pfarrdorf hinter Sebenstein, bey Stickelberg. Die Pfarre gehört dem Kloster St. Lambrecht.

Promberg. O. M. B. ein Dorf der Herrschaft Rapotenstein.

Probstdorf. U. M. B. der Herrschaft Großenzersdorf dienstbar, mit einer landsfürstlichen Pfarre, die ein paßauisches Dekanat ist, oſtwärts hinter Städtel-Enzersdorf, am Marchfelde, bey Wittau. Ruprechts von Probstdorf Gemahlinn Mathilt, eine Vasallinn des Grafen von Hohenburch ward von diesem dem Kloster St. Emmeran überlassen, zu Zeiten Abt Peringers, und Bischof Konrads von Regensburg, nach dem Jahre 1177. (Bern. Pez) Herzog Friedrich II. schenkte A. 1243. den Zehent allhier dem Kloster Lilienfeld. Nach der Hand kam es an den Landsfürsten als ein freysingisch Lehn, K. Rudolph I. aber gab es A. 1281. Bischof Friedrichen von Freysing zurück. (Hanthaler)

Prottes. U. M. B. A. 1115. Protechin, A. 1346. Protezzen (Hueber) vor Zeiten ein Markt und eignes Gut, jetzt ein Kirchdorf der Herrschaften Matzen und Poysbrunn, am Marchfelde, ostwärts unterhalb Matzen, am Gebirge.

Prüglaß. O. M. B. Brückleins, ein Dorf über der deutschen Theya, hinter Waidhofen.

Prüglitz U. W. W. s. Brückleins.

Prutzendorf O. M. B. Schloß und Landgut des Fürsten von Khevenhüller-Metsch, mit der Grafschaft Hardeck vereinbart, an der alten Poststraße nach Langau, zwischen Bulkau und Höflein.

Zweyter Theil.

Es hat wahrscheinlicher Weise den Namen von dem alten adelichen Geschlechte Pruzelo, daraus die Brüder Heinrich und Bernhard A. 1240. berühmte Kriegshelden entsprossen waren. In neuern Zeiten nannte man sie Preussel, und ihr Geschlecht ist A. 1440. ausgegangen (Haselbach)

Gerwig Prutzendorferinn starb A. 1300. und liegt bey den Minoriten zu Wien. (Necrol. Min. beym Hier. Petz)

Puige. D. M. B. peugen, bey St. Bernhard, das Stammhaus der Peuger von Puige. Ulrich Peuger verkaufte A. 1299. sein Lehngut Kroeg, an das Nonnenkloster St. Bernhards (Bern. Petz) Watzlau Pulger von Reitzenschlag und sein Bruder Jörg, erhielten A. 1531. den Zehent zu Schönfeld, als ein Lehn von Melk. (Hueber)

Puchenstuben. D. W. W. eine Gegend im Gebirge, südwärts hinter Markt Frankenfels.

Puessendorf. D. W. W. zum Gericht Zedelmaringen, dem Stifte Melk gehörig. (Hueber)

Pullendorf. D. W. W. und U. M. B. s. Bullendorf.

Pulkau. U. M. B. s. Bulkau.

Pultrambhof. U. W. W. zu Brunn am Gebirge, ein Freyhof, jetzt der Kropfische genannt.

Pulzersdorf. U. W. W. s. Burersdorf.

Pummersdorf. D. W. W. der Herrschaft Friedau unterthänig, über der Bielach, südwärts der Poststraße hinter St. Pölten.

Pürst. D. M. B. ein Dorf der Herrschaft Arbesbach, über der kleinen Kamp, hinter Trauenstein.

Putzing. U. M. B. ein Dorf der Herrschaft Ulrichskirchen, nordwärts hinter Bisamberg, bey Riegensdorf; hat vor Zeiten einem adelichen Geschlechte gleiches Namens gehört.

G 2   Quitt.

Q.

Quitt. O. W. W. in der Quitt, eine Gegend über der Erlauf, bey Wezenkirchen.

R.

Raan. O. M. B. Schloß und Landgut des Grafen von Hoyos, zu Horn, Breiteneich, Persenburg, Emmersdorf, Rosenburg und Rohreck, südwärts von Egenburg, zwischen dem Mannhardsberge und der Kamp, hinter Wisent.

Raan. O. M. B. ein dieser Herrschaft dienstbares Dorf.

Ferdinand Max, Graf von Sprinzenstein, niederösterreichischer Landmarschall, der das Gut A. 1672. besaß, hat das Schloß erneuert.

Raasdorf. U. M. B. zur Herrschaft Großenzersdorf gehörig, im Marchfelde, bey Eßling und Pißdorf.

Der Wieselhof allhier ist ein besonderes, vormals vicedomisches, seit 1749. aber ständisches Gut.

Rabenhof. O. M. B. ein Dorf der Herrschaft Brandhof, unter dem Amte Gotthardschlag, zwischen der kleinen und großen Krems, bey Els.

Rabensburg. U. M. B. Bergschloß und Herrschaft des Lichtensteinischen Hauses, mit Niederabtsdorf und Hohenau verbunden, zwischen Bernhardsthal und Hochenau.

Rabensburg. U. M. B. Dorf und Pfarrvicariat, der erstgenannten Herrschaft unterworfen, bey der Theya, welche sich ostwärts von hier mit dem Marchflusse vereinigt. Es ist allhier eine k. k. Wegmaut.

Herr Johann von Lichtenstein, Hartneids II. Sohn hat Rabensburg A. 1385. von Ulrichen und

Han-

Hansen, Herren von Zelking erkauft. Es ist das dritte Majorat des fürstlichen Hauses in Niederösterreich.

Rabenstein. †. O. W. W. Felsenschloß und Herrschaft des Freyherrn von Grechtlern zu Friedau, vor Zeiten auch Ramnenstein genannt, an der Bielach, unterhalb Tradigist, zwischen Meinburg und Kirchberg.

Rabenstein. O. W. W. Markt und Pfarre nächst vorgemeldtem Schlosse, und dem Gebiete desselben unterworfen. Die Aemter dieser Herrschaft werden Rotten genannt. Wernhard von Rabenstein A. 1161. Zeuge im Stiftsbriefe des Schottenklosters. (Bern. Pez)

Wichard von Ramenstein und sein Sohn Gottschalch lebten A. 1270. (Hueber) Heinrich von Rabenstein, ein Vater Dietrichs von Weizenberg (Weissenburg) wird A. 1299. in einem Documente des Stifts Lilienfeld angeführt. (Hanthaler) Weychard von Rabenstein kömmt A. 1316. vor. (Hueber) Im 14. Jahrhunderte ward es landsfürstlich, und da gab Herzog Albert II. A. 1346. den Wald jenseits der Erlauf, dem Kloster Gaming, der Wald diesseits aber blieb bey der Veste. (Steyrer) Der junge König Ladislaus ließ es A. 1457. Kaiser Friedrichen IV. mit Gewalt abnehmen. (Haselbach) Im Jahre 1476. war Stephan von Klingen kaiserlicher Hauptmann allhier. (Hanthaler)

Rabentann. O. M. B. auch Ranten, und Randov genannt, ein Dorf mit Seiterndorf vereinigt, dem Stifte Aggsbach gehörig, über dem Kampflusse, bey Gerloß; gehört zum Theil dem Kloster Zwettel.

Rabesreut. O. M. B. ein Dorf der Herrschaft Drosendorf, über der großen Theya, bey Weikardschlag.

Räch. U. W. W. auf der Räch. s. Ratten.

Rackelsdorf. O. W. W. Rappelsdorf, über der Trasen, nordwärts von St. Pölten, bey Viehhofen.

Radaun. † Bergschloß, Dorf und Landgut, mit einem Gesundbaade, westsüdwärts von Wien nächst Bertholdsdorf, unterm Gebirge, am südlichen Ecke eines Thals, das sich zwischen hier und Kaltsburg, in den Wienerwald hinziehet. Hinter dem Schlosse, im Gebirge sind Adern von Marmor, der an Härte fast den Granit gleichet. Das Gut Siebenhirten ist ist mit Radaun verbunden, und beyde gehörten der Frau von Sauberskirchen: A. 1766. aber hat es ein Abentheurer, der sich Kyrray, Graf von Romanow genannt, ohne Geld erkauft, ansehnliche Summen darauf geborgt, und sich sobann unsichtbar gemacht.

Eberhard und Heinrich von Radaun, kommen A. 1226. Ulrich Radone A. 1232. in Schriften vor. (Bern. Pez) Bruno von Radown, wird A. 1260. in einer Urkunde des Klosters St. Pölten angeführt. (Duellius) A. 1500. besassen es die von Puchau. (Hueber) A. 1580. war Joachim Freyherr von Landau Besitzer davon, welcher durch den Doct. Backmeister aus Rostock die lutherische Kirchenvisitation im V. U. W. W. allhier halten ließ. (Raupach)

Radel, Oberradel, Mitterradel und Unterradel. O. W. W. drey Dörfer zwischen der Bielach und Mänk, bey Hirm.

Radel. O. M. B. Edelsitz, Dorf, und Gut, mit einer herrschaftlichen Tafern, der Herrschaft Kolmitz einverleibt, dem Freyherrn von Partenstein, zur Herrschaft Raps gehörig, hinter der Saß, zwischen Pfaffenschlag und Raps.

Hen

Henrich von Rädel kommt A. 1251. Friedrich Rädler von Sichtenberg A. 1310. Jans Rädler von Oed, A. 1325. Paul Rädler von Sichtenberg A. 1512. in Schriften vor. (Hueber)

Radelberg. O. W. W. Oberradelberg, auch Reutelberg, ein Dorf, vor Zeiten ein eigenes Gut an der Trasen, dem Stifte Herzogburg gehörig, zwischen Viehhofen und Herzogburg.

Radelberg. O. W. W. Unterradelberg ein Dorf der Herrschaft Wasserburg, unweit vorigem gegen Zäcking.

During von Ratelberg entsaget A. 1217. der Vogtey in dem Kloster melkerischen Gerichte Landfriedstätten, Kraft eines Briefes von Herzog Leopolden VII. (Hueber) Gundacker Ratelbergers Streit mit Lilienfeld, ward A. 1312. beygelegt. (Hanthaler)

Radelbrunn. U. M. B. A. 1110. Radigenprunne, A. 1423. Redebrunn (Hueber) vor Zeiten ein Markt und eigenes Gut, jetzt ein Kirchdorf des Stifts Lilienfeld, zur Herrschaft Unterdürrenbach gehörig. Die Kirche, welche Abt Berthold von Lilienfeld bauen lassen, und Bischof Wichard von Passau A. 1280. geweihet hat, wird von Melk versehen.

Ulrich Miles von Radeprunn hatte Streit mit Lilienfeld, wegen verweigerter Dienste, der A. 1299. beygeleget ward. (Hanthaler) Philipp Radelbrunner, und seine Brüder Hans und Philipp lebten A. 1373. Hans und Niklas A. 1381. Hans und Wolfgang A. 1423. Georg A. 1530. Leopold A. 1560. Lorenz zu Kleinwetzelsdorf A. 1567. (Hueber) A. 1281. und 1283. verkauft das Kloster Melk gewisse Zehente dem Stifte Lilienfeld. A. 1294. überläßt Ulrich von Merkenstein seine Lehn und Erbstücke allhier eben gedachtem Kloster. (Hanthaler)

Radelbrunnerhof. U. M. B. zu Aspern an der Donau, ein Freyhof des Stifts Melk.

Radendorf. U. M. B. s. Rohrendorf.

Radendorf. O. M. B. Oberradendorf ein Pfarrdorf und Gut des Klosters Melk, welches demselben A. 1113. von Markgraf Leopold dem Heiligen nebst der Pfarre geschenket worden. (Hueber)

Radendorf. O. M. B. Unterradendorf dem Collegio S. J. zu Krems, zum Gute Weidling gehörig, unter der Gerichtsherrlichkeit von Oberradendorf. Etwas hat die Herrschaft Droß. Beyde Dörfer liegen am nordlichen Ufer der Donau, unterhalb Krems.

Hartnit von Ratendorf, kömmt A. 1171. als Zeuge in einer Urkunde des Klosters Admont vor. (Bern. Pez)

Raders. O. M. B. ein Dorf hinter der deutschen Theya gegen Böhmen, zwischen Kautzen und Taxen.

Radigund. U. W. W. an der Piesting, ein Kirchdorf oberhalb Saalenau, bey der Haidmühl.

Radingersdorf. O. M. B. ein Kirchdorf und Filial von der Pfarre Egenburg.

Radischen. O. M. B. Rodissen, ein Dorf und Gut der Herrschaft Wildberg, hinter der Saß, gegen Pfaffenschlag.

Radischen. O. M. B. Kleinradischen, auch Radwschen, ein Dorf der Herrschaft Heidenreichstein, theils der Pfarre Litschau unterworfen, hinter Eisgarn, an der Launitz.

Räffelhof. U. M. B. vor Zeiten ein Dorf, Räffelsdorf genannt, wovon aber dermalen nur in dem Stifte Melk, nach Wullersdorf gehöriger Mayerhof übrig ist, nordwärts von Oberhollabrunn, nächst Wullersdorf.

Zweyter Theil. 105

Räffelhof. O. M. B. ein ehemaliges Gut, bey der kleinen Kamp, hinter Trauenstein.

Räffels. O. M. B. Räfloß, ein Dorf der Herrschaft Mollenburg. Die Schäferey gehört nach Streitwiesen. Verschiedene Lehnstücke allhier hangen vom Hause Lichtenstein ab.

Raffings. O. M. B. ein Dorf der Herrschaften Kattau und Braunsdorf, hinter Egenburg, bey Missingdorf.

Raffings. O. M. B. unsrer Frau zu Raffings, ein Dorf und berühmte Kirchfahrt zur Herrschaft Mayers, theils dem Kloster Zwettel unterworfen, hinter Alentsteig, an der deutschen Theya, bey Schwarzenau.

Raggelhof. U. M. B. eine herrschaftliche Mayerey und Tafern, eine Meile von Schratenthal, dieser Herrschaft zuständig. Es ist allhier eine k. k. Filial-Gränzmaut.

Raggels. U. W. W. Raglitz, ein Dorf der Herrschaften Emmerberg und Krumbach, westwärts von Neustadt, im Gebirge, zwischen Rothengrub und Sthlchsenstein.

Raggelsdorf. O. W. B. s. Rackelsdorf.

Räggendorf. †. U. M. B. Rächsdorf, A. 1110. Richerestorf (Hueber) Schloß, Markt, Pfarre und Gut, mit der Veste Pillichsdorf vereint, weiland dem Grafen von Sonnau gehörig, welcher den 15. Juny 1763. zu Wien seinen Stamm beschlossen hat; am Marchfelde, zwischen Bockfluß und Matzen.

Raha. O. M. B. s. Reicha.

Ramelhof. O. M. B. der Herrschaft Arbesbach eigen.

Ramersdorf. U. W. W. s. Rännersdorf.

Ramingbach. D. W. W. ein kleiner Fluß, der aus den oberösterreichischen Pechgräben kömmt, Steuerdorf gegen über sich in der Ens verliert, und einen Theil der Gränze vom V. O. W. W. gegen Oberösterreich machet.

Ramingdorf. O. W. W. am vorgenannten Bache, Schloß, Amt und Gut weiland der Herren Händel von Ramingdorf, bey der Gränze von Oberösterreich; ist A. 1766. nach Absterben Herrn Leopold Händels feil geboten worden: und gehört jetzt dem edlen Geschlechte der Mechtel von Engelsberg, laut Scherrmung vom 14. July 1768.

Rampersdorf. U. W. W. s. Reinprechtsdorf.

Rampersdorf. O. W. W. Dorf und Amt der Stadtpfarre zu Pechlarn, südwärts der melker Poststraße nach Kemmelbach, gegen Wocking.

Ramsau. O. W. W. in der Ramsau, ein Thal mit zerstreuten Einwohnern, an einem Bache gleiches Namens, Pfarre und Gut nebst einem vormals berühmten nun verödeten Schlosse, hinter Hainfelden, dem Stifte Lilienfeld unterthänig. Die Pfarre hanget von Göttweih ab.

Heinrich von Ramsau kömmt A. 1306. in einem Kaufbriefe der Pfarre Grillenberg als Zeuge vor. (Hueber) A. 1342. hatten die von Ramsau Streit mit Lilienfeld, wegen des freyen Land- und Straßengerichts, der aber von Albern zu Mainburg vermittelt ward. Im Jahre 1408. ward das Haus Ramsau, dem Kloster Lilienfeld gehörig, durch die von Hohenberg verbrannt. (Hanthaler)

Ramsbach. O. W. W. Ramsenbach, ein Dorf des Stifts Melk, im Gerichte Aigen, vor Zeiten ein eigenes Gut. Jans und Colmann von Ramsenbach lebten A. 1318. Friedrich A. 1319. Gilg, Jarsens Bruder A. 1321. (Hueber)

Randeck. D. W. W. eine fürstlich freysingische Herrschaft, mit einem alten verödeten Bergschlosse, südwärts hinter Steinenkirchen, an der kleinen Erlauf, oberhalb Bärwart; ist A. 1263. dem Stifte Freysing durch Engelschalken von Reinsperg vermacht worden. (Bern. Pez)

Randeck. D. W. W. Markt und Pfarre, oberhalb vorbesagtem Schlosse, und dem Gebiete desselben unterworfen. Die hiesige Kirche hat Adelheid von Reinsberg ums Jahr 1296. gestiftet. (Hanthaler)

Das Wasser, welches sich allhier mit der kleinen Erlauf vereiniget, wird in einer Urkunde Kaiser Konrads II. A. 1033. Rudniosa genannt. (Meichelbeck) Das da herum liegende Gebirge aber führte zu Kaiser Ottens II. Zeit, A. 979. den sklavonischen Namen Ruznic. (Hund)

Randeck war das Stammhaus eines uralten edlen Geschlechts, aus welchem verschiedene die bischöfliche Würde getragen haben. Zur Zeit ist noch eine adeliche Familie in Niederösterreich vorhanden, die freyen Männer von Randeck genannt, denen der Edelsitz Perzelhof gehört.

Ranesmühle. D. M. B. zu Unterblänk, der Herrschaft Unterravelsbach zuständig.

Ranken. D. M. B. ein Dorf hinter Zwettel, bey Schweigers.

Ranna. D. M. B. Oberranna, vor Zeiten Renna und Reuna, Schloß, Pfarre, Mayerhof, Schäferey und Herrschaft des Herrn von Dornfeld, am Rannabache, hinter Spitz, bey Brandhof, mit dem Amte Gillans verbunden.

Ranna. D. M. B. Klosterranna, den Eremiten des heiligen Paulus, ersten Einsiedlers gehörig, und mit der Pfarre im vorbesagten Schlosse vereinigt, am Fuße des Schloßberges.

Ranna. O. M. B. Niederranna, ein Pfarrdorf der Herrschaft Oberranna. Die Pfarre besitzt seit den ältesten Zeiten das Stift St. Florian in Oberösterreich.

Nach dem Jahre 886. erhielt Bischof Aspert zu Regensburg, von einem Herrn Namens Othnia, einen Wald zu Reina, durch Tausch. (Bern. Petz) Waldo von Raina überläßt ums Jahr 1123. sein Gut Brandhof der Herzogian Gerwigis, Borivoji von Böhmen Gemahlinn, gebohrner Prinzeßinn von Oesterreich, die solches durch Graf Gebharden von Pewgen dem Kloster Göttwick schenket. (Chron. Austr. MS. Colleg. Vienn.) Rumhardt von Reuna lebte A. 1321. Obrecht A. 1351. Reinhard A. 1380. (Hueber) Der Baron Johann von Neideck, Herr des Schlosses Ranna widmete die Kirche St. Mariä, und St. Stephans unterhalb des Schlosses zu einem Kloster der Eremiten St. Pauli, vereinigte damit die Pfarrkirche St. Georgens im Schlosse, mit allen davon abhangenden Einkünften, und ließ solche Stiftung durch P. Nicolaum V. A. 1452. und P. Calixtum III. A. 1455. bestättigen. (Bern. Petz)

Rannersdorf. U. W. W. A. 1311. Reinhartsdorf (Hueber) Schloß, Dorf und Gut des Dominikanerklosters zu Wien, an der Schwäcka, welche hier die Liesing einnimmt, unweit Markt Schwächat, wo es eingepfarret ist. Etwas hat der deutsche Orden. Die Haidmühle ist ein besonderes Gut.

Rannersdorf. U. M. B. der Herrschaft Niederleiß unterthänig, über der Zaya, bey Hauskirchen.

Rannersdorf. O. W. W. s. Rennersdorf.

Rantenberg. O. M. B. ein Dorf der Herrschaft Emmersdorf.

Ranzelsdorf. D. W. W. hinter Sieghardskirchen, bey Abtstädten.

Ranzenbach. D. W. W. Schloß und Gut des Freyherrn von Grechtlern, vor Zeiten Rumspach genannt, mit Gränbühel und Hainberg verbunden, zwischen der Bielach und Mänk, hinter Friedau.

Ranzern. D. M. B. ein Dorf über der großen Theya, hinter Drosendorf, an der böhmischen Gränze.

Ranzleß. D. M. B. ein Dorf der Herrschaft Waldhofen, über der deutschen Theya, gegen Ilmau.

Rapoldenbach. D. W. W. s. Reinpoldenbach.

Rapoldenkirchen. D. W. W. Schloß und Herrschaft des gräflich Kueffsteinischen Hauses, mit Sieghardskirchen vereinigt, südwärts der Poststraße, gegen Kopel.

Rapoldenkirchen. D. W. W. ein diesem Schlosse unterthäniges Pfarrdorf.

Im Jahre 1359. verkaufte Jans, Schenk von Dobra Rapoldenkirchen an Friedrichen von Kreusbach um 320. Pfund Wienerpfennige; Erzherzog Rudolph IV. aber verband dieses Schloß mit dem neuen Erbjägermeisteramte, und nannte es Jägerburg. (Steyrer)

Rapoldenreut. U. M. B. ein verödetes A. 1282. dem Stifte Melk gehöriges Dorf im Marchfelde. (Huber)

Rapoldenreut. D. M. B. ein Amt der Führenbergischen Herrschaft Leiben, oberhalb Weideneck.

Rapoldenschlag. D. M. B. ein Dorf der Herrschaft Rastenberg.

Rapolds. D. M. B. ein Dorf der Herrschaft Welkardschlag, zwischen der deutschen und böhmischen Theya, bey Gilgenberg.

Rapotenstein. †. D. M. B. auch Rapoldenstein, eine Majoratherrschaft des gräflich Traunischen Hauses, mit einer uralten Bergveste, und dem Edelsitze Fleckmühl verbunden, an der kleinen Kamp gelegen.

Rapotenstein. D. M. B. Markt und Pfarre der vorbenannten Herrschaft einverleibt.

Heinrich von Rapoltstein war A. 1330. Zeuge bey dem Freundschaftsbunde K. Johannis von Böhmen, mit Herzog Alberten II. und Herzog Otten von Oesterreich. (Steyrer)

Raps. †. D. M. B. Schloß und Herrschaft des Freyherrn von Partenstein zu Rastenberg, mit den Gütern Kolmiz, Pfaffenschlag, Liebenberg und Radel verknüpft, hinter Kloster Berneck, am Zusammenflusse der deutschen und böhmischen Theya.

Raps. D. M. B. Markt und Pfarre, der erstbesagten Herrschaft unterworfen, am östlichen Ufer der Theya, dem Schlosse gegen über. Die landesfürstliche Pfarrherrlichkeit machet ein besonderes Gut aus, und ist mit dem neustädter Bisthume vereinbart.

Raps. D. M. B. Kleinraps, ein Dorf über dem Kampflusse, bey Altpölla.

Raschala. U. M. B. ein Dorf der Herrschaft Sonnberg, hinter Göllersdorf.

Rassa. D. M. B. ein Dorf der Herrschaft Karlstein.

Rassberg. D. W. W. ein Dorf bey Neulengbach, welches vor 1764. zum Theil der Pfarre Kothingbrunn gehörte.

Rassing. D. W. W. Schloß und Gut des Grafen von Kuefstein, mit Thalheim und Bärschling verbunden, am östlichen Ufer der Bärschling, südwärts der Poststraße nach St. Pölten, bey Böheimkirchen. Conrad der Rassinger lebte A. 1300. (Hueber)

Raſſingdorf. D. M. B. den Herrſchaften Starein und Primmersdorf unterthänig, rechts der alten böhmiſchen Straße nach Langau, bey Prutzendorf.

Räßling. D. M. B. ein Dorf hinter Albrechtsberg, zwiſchen der großen Krems und der Kamp.

Raſtbach. †. D. M. B. Schloß und Herrſchaft des Grafen von Herberſtein, zu Ottenſchlag, hinter Albrechtsberg, zwiſchen der großen Krems, und dem Kampfluſſe.

Raſtbach. D. M. E. ein Pfarrdorf der jetztgemeldten Herrſchaft. Die Tempelherren haben hier ehemals eine Commende und ein Spital beſeſſen.

Raſtdorf. D. M. B. Rasdorf, auch Reisdorf, der Herrſchaft Droſendorf zum Theil dienſtbar, hinter Walkenſtein, zwiſchen Kloſter Berneck, und Schirmannsreut.

Raſtenberg. D. M. B. Schloß und Herrſchaft des Freyherrn von Partenſtein zu Raps, Lichtenfels, Loſchberg und Niedergrünbach, zwiſchen der großen Krems und dem Kampfluſſe.

Otto von Raſtenberg, ein Bruder Alberts von Hohenſtein, ſchenkte ſeine Erblehngüter bey Roſeldorf, A. 1288. dem Kloſter Lilienfeld. (Hanthaler)

Raſtenfeld. D. M. B. Markt und Pfarre zur Herrſchaft Raſtenberg gehörig, vor Zeiten ein eigenes Gut, beym Kampfluſſe, Ottenſtein gegen über, welche Herrſchaft hier auch etwas beſitzet.

Otto von Raſtenvelde wird A. 1251. als Zeuge angeführt. (Hueber)

Ratingersdorf. D. M. B. hinter Egenburg, bey Kuenring, theils der Herrſchaft Kattau, theils der Pfarre Egenburg eigen.

Ratten. U. W. W. auch Rath, und auf der Räch genannt, Pfarre und Amt der Herrſchaft Kranichsberg

weſt-

westwärts hinter Glocknitz, bey Wartenstein, an der Gränze von Steuermark.

Ratzelsdorf. O. W. W. Reitzersdorf, der Herrschaft Pottenbrunn dienstbar, am östlichen Ufer der Trasen, links der Straße nach St. Pölten.

Ratzelsdorf. O. M. B. vor Zeiten Raceinstorf und Razlenstorf, ein ehemaliges Filial von Gars. Abt Berthold von Lilienfeld erbaute A. 1269. die alte verfallene Kirche, und bestellte mit Bewilligung des Pfarrers zu Gars, einen eigenen Priester allhier. (Hanthaler) Henrich von Summerau unternahm A. 1337. eine weite Reise, und übergab seine Einkünfte zu Rciceinstorf dem Kloster Lilienfeld, mit Vorbehalt des Rückfalles, wenn er wieder kommen sollte. (idem)

Räubers. O. M. B. ein Dorf der Herrschaften Litschau, und Ilmau, an der böhmischen Gränze, bey Gilgenberg.

Räubersdorf. U. M. B. Kleinreipersdorf, auch Kleinriepelsdorf, dem Schottenkloster zum Theil gehörig, hinter Oberholabrunn bey Roseldorf.

Räubersdorf. O. M. B. Großreipersdorf auch Riepelsdorf, nordwärts von Egenburg, bey Wissingdorf, den Herrschaften Braunsdorf und Sänftenberg, und den Klöstern Altenburg und Imbach unterworfen.

Raucheneck. U. W. W. ein uraltes bis auf ein Mauerstück völlig verfallenes Bergschloß hinter Baaden, auf der südöstlichen Spitze des Thales, das sich nach Heiligkreutz hinziehet.

Hartung von Rubenegke A. 1136. Zeuge im Stiftsbriefe von Heiligkreutz. (Bern. Petz) Heinrich von Rauchenegg, wird in einem Briefe P. Gregorii goril A. 1231. beschuldiget, daß er nebst Herzog Heinrichen zu Mödling, den Pfarrer zu Mödling verfolget habe. (Hueber) Dietrich und Ulrich Brüder von Ruheneck, lebten A. 1233. (Bern. Pez) Johann Turso von Raucheneck kömmt in einer Urkunde des Stifts Melk von Herzog Rudolphen IV. A. 1359. als Zeuge vor. (Hueber) Jn Jahre 1408. gehörte dieses Schloß Reinprechten von Wallsee, und ward von Herzog Leopolds IV. Parthey durch Verrätherey erstiegen. Franz von Haag aus Böhmen, der an Kaiser Friedrichs IV. Hofe erzogen worden, nahm A. 1463. Raucheneck mit List weg, und behauptete es so lange, bis er seinen rückständigen Sold erzwungen hatte. (Haselbach)

Rauchenstein. U. W. W. Schloß und Herrschaft bey Baaden, welche Stadt von dem Gebiete der Herrschaft fast umringet wird. Sie ist mit Welkersdorf und dem Saurerhofe verbunden, und gehört dem Herrn von Doppelhofen. Das Schloß welches seit 30. Jahren unbewohnt gelassen worden, und völlig verfällt, liegt hinter Baaden am nordlichen Ecke des obenbemeldten Thales, aus dem die Schwächa hervorfließt, Raucheneck schräg gegen über. Am Fuße des Schloßberges ist eine der heiligen Helena gewidmete Kapelle, welche Georg Saurer, Kaiserl. Kämmerer A. 1594. zu seinem Erbbegräbniße gestiftet, Herr von Doppelhofen aber schön erneuert, und mit einem Priesterhause, und einer Einsiedlerey versehen hat.

Rauchenstein. U. W. W. ein Dorf der vorgemeldten Herrschaft, im Thale unterhalb des Schlosses.

Heinrich von Ruchenstaine A. 1188. imgleichen Otto, ein Sohn Ottens von Ruchenstein, und Bruder Hugens von Weyerberg A. 1233. sind Zeugen in 2. Urkunden von Heiligkreuz. (Bern. Pez) Aber

ber von Rauchenstein, ein Bruder Jakobs von Pillichsdorf, lebte A. 1313. (Hueber) Seine Gemahlinn Clara liegt bey den Minoriten zu Wien begraben. (Necrol. Min. beym Hier. Pez) Heinrich von Rauenstein war Zeuge bey einem Vergleiche Herzog Rudolphs IV. mit Meinharden von Tirol A. 1362. (Steyrer) Kaiser Maximil. I. verkaufte A. 1495. Rauchenstein den Grafen von Harbeck, von denen es an andere Besitzer gelanget ist. (Hoheneck)

Rauchenstein. O. M. B. s. Koppenbühelhof.

Rauchenwart. U. W. W. ein Kirchdorf und Gut des Stifts St. Dorothea, in der Pfarre Wienerherberg, hinter Schwächat bey Zwölfaxing.

Rauchhof. O. M. B. hinter Albrechtsberg, zwischen der großen Krems und Kamp, bey Brand.

Rauschbach. O. M. B. ein Dorf des Stifts Altenburg.

Rausmanns. O. M. B. ein Dorf der Herrschaft Großpopen, über der Kamp, hinter Ottenstein.

Ravelsbach. U. M. B. Oberravelsbach ein Pfarrdorf der Herrschaft Meissau, woran die Pfarre Egenburg, die Herrschaft Horn, und das Stift Altenburg Theil haben, unweit Meissau, bey Ebersbrunn. Es war vor Zeiten ein Edelsitz, welcher A. 1377. dem Ritter Ortolf Eistorfer gehörte. Die Pfarre hanget von Melk ab.

Ravelsbach. U. M. B. Niederravelsbach, A. 1110. Rampoltspach A. 1232. Rampolsbach, (Hueber) Markt, Pfarre und Landgut des Stifts Melk, welches Leopold der Heilige demselben A. 1113. zugeeignet hat; unweit Oberravelsbach, bey Unterdürrenbach.

Razuschen. O. M. B. auch Kotschen, ein Dorf der Herrschaft Litschau, hinter Genuind.

Rechberg. †. O. M. B. Schloß, Markt und Gut des Freyherrn von Hoheneck, am Kremsflusse, zwischen Imbach und der Stadt Krems. Der Mühlhof und Futterhof sind besondere Freygüter.

Otto von Rechperge, ein edler freyer Mann, wird A. 1169. in einer Urkunde des Klosters Admont, von Herzog Heinrichen angeführt. (Bern. Pez) Es gelangte hierauf an den Domvogt Otten von Regensburg; fiel aber noch vor A. 1195. als ein erledigtes Lehn, an Herzog Leopolden VI. zurück. (Enenkel) Hierauf ist ein anderes adeliches Geschlecht mit Rechberg beliehen worden, und hat den Namen davon geführt. Gundacker von Rechberge lebte A. 1318. (Hueber) Wilhelm wird A. 1359. unter den Edlen von Herzog Rudolphs IV. Gefolge in einem Diplom. Kais. Karls IV. benannt. (Steyrer) Gedachter Herzog Rudolph IV. stiftete A. 1365. Rechberg zu seiner Probsten nach St. Stephan. (ibid.)

Reicha. O. M. B. ein Dorf der Herrschaft Hartenstein, hinter Dürrenstein, bey Röhagen. Die Probsten Dürrenstein besitzet etwas davon.

Reicha ist auch ein Waldamt der Herrschaft Gefäll.

Reichards. O. M. B. ein Dorf der Herrschaft Wildberg, bey der Saß, hinter der Wild.

Reichbolds. O. M. B. ein Dorf der Herrschaft Brandhof, unter dem Amte Pößleß.

Reichenau. U. W. W. Schloß und Herrschaft des Stifts Neuberg in Steuermark, hinter dem Schneeberge, an der Schwarza; hat lauter im Gebirge zerstreute Unterthanen.

Reichenau. D. M. B. am Freywald Dorf, Herrenhaus und Landgut, des Freyherrn von Hakelberg und Landau, mit Großbertholds verbunden; ist mit lauter großen Wäldern umgeben, welche sich westwärts bis nach Oberösterreich, nordwärts bis gegen Böhmen erstrecken, in welchen nebst vielen kleinen Bächen, die Lainsitz, Zwettel, und die große Kamp entspringen.

Reichenbach. D. M. B. Reichabahn, ein Dorf der Herrschaften Heidenreichstein, und Schwarzenau, über der deutschen Theya gegen Heinreichs.

Reichenbach. D. M. B. ein Dorf der Herrschaften Kirchberg am Wald und Engelstein, über der deutschen Theya, bey Kirchberg.

Reichenhaag. D. W. W. ein Dorf südwärts hinter Bärschling, gegen Böheimkirchen.

Reicheks. D. M. B. ein Dorf des Stifts Zwettel.

Reichersbergerhof. U. W. W. zu Guntramsdorf.

Reichersbergerhof. D. M. B. zu Krems.

Zwey Freyhöfe des Stifts Reichersberg.

Reichersdorf. D. W. W. Dorf und Gut des Grafen von Dietrichstein, mit Franzhausen verbunden, über der Trasen unterhalb Herzogburg, bey Götzersdorf. Otto von Reicherstorf, imgleichen Dietrich und Altam sein Bruder, lebten A. 1312. Ulrich A. 1313. Leb der Druchseß A. 1335. (Hueber)

Reichersdorf. U. M. B. der Herrschaft Schönkirchen unterworfen, A. 1115. Reicherstorf, A. 1393. Reyberstorf, auch Reikestorf, am Marchfelde, beym Weidenbache, nächst Bockflüß und Auersthal.

Reichersdorf. D. M. B. A. 1110. Richerestorf, dem Stifte Berneck, und der Herrschaft Meissau dienstbar, am Mannhardsberge zwischen Wiesent und Raan.

Reichhalms. O. M. B. ein Dorf der Herrschaft Dobra, über der Kamp, zwischen Franzen und Großpopen.

Reichliesing. U. W. W. ein k. k. doppeltes, oder sogenanntes Großamt, unter Aufsicht der Waldförster zu Breitenfurt und Wolfsgräben, von dem k. k. Waldamte Burkersdorf abhangend.

Reigerbach. O. M. B. ein Dorf hinter Waldhofen, gegen Heidenreichstein.

Reigersburg. O. M. B. s. Riegersburg.

Reihau. O. W. W. an der Donau, oberhalb Tulln zwischen der Mündung der Gärschling, und des Tullnerbaches.

Reinberg. O. M. B. ein Dorf der Herrschaften Heidenreichstein und Litschau.

Reinbrechts. †. O. M. B. ein Dorf der Herrschaft Rapotenstein, hinter Els, über der großen Krems.

Reinbrechts. O. M. B. ein Dorf der Herrschaft Weltra, zwischen dieser Stadt und der böhmischen Gränze.

Reinbrechts. O. M. B. Kleinreinbrechts, ein Dorf der Herrschaft Rapotenstein.

Reinbrechtsdorf. U. W. W. insgemein Rampersdorf, in den wienerischen Linien, ein Freygrund an der Wien, nächst dem Hundsthurm, theils dieser Herrschaft, und theils dem Burgerspitale unterworfen.

Reinbrechtsdorf. U. M. B. ein Dorf der Herrschaft Stolzendorf.

Reinprechtspölla. O. M. B. Pfarrdorf und Gut des Stifts zu Klosterneuburg, woran die Herrschaften Harmannsdorf, und Walkenstein, nebst der Pfarre Egenburg Theil haben, südwärts hinter Egenburg, bey Stockern. Das Dorf hat eine edle Matrone Namens Irmenegard dem Kloster geschenkt; die Kirche aber, ein ehemaliges Filial von Gars, hat Bischof Manegold zu Paſſau A. 1213. zur Pfarre erhoben. (Bern. Pez)

Reindelhof. O. W. W. zu Oberwölbling, vormals oecdomiſch.

Reindling. O. W. W. ſ. Reutling.

Reindörfel. U. W. W. vor dem Mariahülferlinienthore.

Reineck. O. M. B. ein Ort oberhalb Droſendorf.

Reinfelden. O. W. W. ein Kirchdorf hinter Kaumberg, bey Hainfelden.

Reingers. O. M. B. ein Bergſchloß des Grafen von Seilern, unter der Herrſchaft Litſchau, hinter Eisgarn, bey der böhmiſchen Gränze.

Reinhof. O. M. B. ein Freyhof des bayriſchen Kloſters Waldhauſen, zu Weinzierel an der Lehnerzeil bey Krems.

Reinpolden. O. M. B. ein Dorf der Herrſchaft Rapotenſtein.

Reinpoldenbach. †. O. W. W. A. 1120. Ripotenbach (Hueber) Schloß, Pfarrdorf und Gut der Herrſchaft Neulengbach einverleibt, hinter dem Wienerwalde, bey Baumgarten. Das Schloß iſt eines der älteſten in Niederöſterreich.

Reinholds. O. M. B. ein Dorf der Herrſchaften Gilgenberg und Weikardſchlag, über der deutſchen Theya, hinter Dobersberg.

Reinpolds. O. M. B. ein Dorf und Gut, mit der Herrſchaft Weitra vereinigt, hinter dieſer Stadt, bey Aichberg.

Reinsbach. O. M. B. ein Dorf der Herrſchaft Alentſteig, gegen die deutſche Theya.

Reinsberg. †. O. W. W. Schloß, Mayerey, Pfarrdorf und Gut, mit der Veſte Sänfteneck vereint, und

der

der gräflich Auersbergischen Herrschaft Wang verbunden, zwischen der großen und kleinen Erlauf, hinter Scheibs. Die Pfarre allhier hat Alhaid von Reinsberg, Friedrichs von Lengbach Schwester, A. 1291. gestiftet. (Bern. Pez) Dem alten edlen Geschlechte dieses Namens, welches noch A. 1400. geblühet, hat Randeck gehört, welches 1263. dem Stifte Freysing vermacht worden.

Reinthal. U. M. B. ein Dorf der Herrschaft Feldsberg, hinter der Zaya, zwischen Bernhardsthal und Katzelsdorf; ward A. 1500. durch Herrn Christoph von Lichtenstein von Herr Wenischen von Ebersdorf erkauft.

Reisenberg. U. W. W. Markt, Pfarre und Gut des Grafen Cavriani, der Herrschaft Unterwaltersdorf einverleibt, am Reisenbache, hinter Ebergäßling.

Etwas besitzt die Herrschaft Trautmannsdorf. Reisenberg gehörte zu der Appanage Herzog Heinrichs zu Medling, welcher die Landgräfinn von Steveningen damit belieh; und als diese vor A. 1195. unbeerbt verstarb, fiel das erledigte Lehn an Herzog Leopolden VI. zurück. (Enenkel)

Reisenmarkt. U. W. W. vor Zeiten ein ansehnlicher Ort, der nun ganz abgekommen ist, und noch aus wenig Häusern bestehet, unter dem Schlosse Arnstein südwärts von Baaden, im Gebirge.

Reishof. O. W. W. dem Stifte St. Pölten zuständig, an der Straße hinter Sieghardskirchen, zwischen Tautendorf, und Langmännersdorf.

Reissach. O. W. W. vor Zeiten ein Dorf in der Pfarre Haunoldstein, das A. 1457. vorhanden war, aber seit dem verödet ist. (Hueber)

Reißling. O. M. B. ein Dorf der Herrschaft Rastbach.

Reitelberg. O. W. W. f. Radelberg.

Reitzenschlag. O. M. B. ein Schloß und Gut unter der Herrschaft Litschau, auch Freitzenschlag genannt, hinter Eisgarn, gegen die böhmische Gränze. War lange Zeit ein Erbgut der Peuger von Puige.

Reitzersdorf O. W. W. f. Ratzelsdorf.

Reitzing. O. W. W. ein Dorf unter der Gerichtsbarkeit der Herrschaft Friedau.

Rems. O. W. W. Renns, Reins', ein gräflich Auersbergisches Dorf und Amt an der Poststraße nach Ens, hinter Strengberg; gehört theils zum Amte Altenhofen des Freyherrn von Kauten.

Rennersdorf. O. W. W. Rannersdorf, A. 1318. Reinzleinstorf, A. 1383. Renherstorf (Hueber) theils der Herrschaft Friedau unterworfen, hinter St. Pölten an der Bielach.

Rennweg. U. W. W. eine von den wienerischen Vorstädten, nächst der Stadt, vor dem Kärntnerthore. Man findet allhier u. a. den fürstlich Schwarzenbergischen Gartenpallast; das K. K. Lustschloß Belveder; das kaiserlich Amalische Kloster der Salesianerinnen; den botanischen Garten der medicinischen Facultät; das Waisenhaus bey Mariähemsuchung, mit welchem man die Chaoffischen Stiftsknaben von der Währingergasse vereiniget hat; die Faquinische Seidenbandfabrik; und das kaiserl. Hofspital, welches an die Stelle des ehemaligen Spitals der allerheiligsten Dreyfaltigkeit hieher versetzet worden.

Respitz. U. M. B. f. Röschitz.

Reut. O. W. W. Dorf und Bergamt der Herrschaft Gleiß, sonst auch St. Görgen im Reut von der hiesigen Pfarre genannt.

Reut, Oberreut, Unterreut. D. M. B. zwey Dörfer hinter Kloster Geräß, der Herrschaft Primmersdorf, und theils nach Schildern gehörig.

Reut. D. M. B. Kleinreut hinter Egenburg, ein Dorf der Herrschaft Walkenstein, und theils der Pfarre Egenburg unterworfen.

Reut. D. M. B. Mitterreut ein Dorf der Herrschaft Emmersdorf.

Reut. D. M. B. Niederreut, ein Dorf nach Schönberg, der Herrschaft Grafeneck dienstbar.

Reutern. D. M. B. ein Dorf der Herrschaft Mollenburg, über der Krems, bey Felling.

Reutern. D. M. B. im Gefällerwalde, wo A. 1447. das Stift Lilienfeld den Zehent erkaufte. (Hanthaler)

Reutersdorf. D. W. W. über der Jps, hinter Säuseneck, nordwärts der Poststraße nach Amstädten.

Reutgrabern. D. M. B. ein Dorf nächst der Kamp, hinter Langenlois.

Reuthof. D. M. B. s. Vogelhof.

Reutling. D. W. W. Reindling, Dorf und Gut, mit der Herrschaft Gutenbrunn vereinigt, nordwärts über der Bärschling, zwischen Heiligeneich und Eltzenberg.

Reutling. D. W. W. Reutering, ein Dorf der Herrschaften Haagberg, Wang, und der Stadtpfarre zu Jps, über der Erlauf, hinter Steinenkirchen, bey Bärwart.

Reutmühle. D. W. W. zu Städtersdorf, ein Edelsitz und freye Mühlhof des Herrn Dewette.

Reutmühle. D. M. B. ein Mühlhof am Kampflusse, im vorigen Jahrhunderte den Herren Fenkhen gehörig.

Rexendorf. †. D. M. B. ein Pfarrdorf hinter dem Jauerling, zum Theil der Herrschaft Emmersdorf unterworfen.

Richterhof. D. M. B. ein Dorf der Herrschaft Brandhof, im Amte Pötzleß.

Riebeis. D. M. B. ein Dorf der Herrschaft Alentsteig, gegen die deutsche Theya.

Ried. D. W. W. ein Kirchdorf der Herrschaft Rapoltenkirchen, und theils nach Hollenburg dienstbar, vor Zeiten ein eigenes Gut, im Wienerwalde, links der Poststraße nach Siegharbskirchen, hinter Gablitz. Es ist allhier eine k. k. Wegmaut.

Albrecht Schenk von Ried Herzog Alberts III. Hofmeister, und Pfleger der Grafschaft Weideneck, wird A. 1366. angeführt. (Hueber)

Hans, Schenk von Ried, ein Blutsverwandter derer von Lasberg, lebte A. 1396. (Hobeneck)

Das Rieder Forstamt hanget von dem k. k. Waldamte zu Burkersdorf ab.

Riegelrott. D. W. W. ein Amt der Herrschaft Rabenstein, von zerstreuten Unterthanen, im Gebirge über der Bielach.

Riegers. D. M. B. ein Dorf über der Kamp, zwischen Greulenstein und Großpopen.

Riegers. D. M. B. ein Pfarrdorf der Herrschaften Weikardschlag, Dobersberg, Weitra und Zwettel, hinter Zwettel jenseits Rosenau.

Riegersburg. †. D. M. B. Reigersburg, altes Schloß, Pfarrdorf und Gut der Grafschaft Harbeck, rechts der alten Poststraße nach Langau, an der mährischen Gränze. Es ist hier eine k. k. Filialmaut.

Riepelsdorf. s. Räubersdorf.

Rietenberg. D. M. B. Rüdenberg, ein Pfarrdorf zwischen Altenburg und Horn, wo das Kirchenlehn dem Stifte Altenburg zustehet. (Bern. Pez)

Rimbach. D. M. B. eine herrschaftliche Mayerey, nach Martinsberg gehörig.

Ringelsdorf. U. M. B. ein Pfarrdorf der Herrschaft Rabensburg an der Zaya, zwischen Abtsdorf und Drösing; war vor Zeiten ein eigenes Gut, mit einem Schlosse, welches Hans, Herr von Lichtenstein A. 1359. seiner Gemahlinn Agnes von Klingenberg zum Wittwensitze verschrieb.

Ringendorf. U. M. B. der Sinzendorfischen Herrschaft Steinabrunn dienstbar, nordwärts von Stockerau, hinter Streitdorf; die Herrschaft Braunsberg, bey Unterseliabrunn, und das Schottenkloster sind hier auch begütert.

Ringsmühle. D. M. B. oberhalb Gefäll.

Ritterakademien in Niederösterreich. s. Akademien, Jesuiten, Piaristen.

Rittersfelden. D. W. W. Schloß und Gut nebst einer wohleingerichteten Papiermühle, dem Freyherrn von Tinti zu Schalaburg zuständig, an der Trasen, bey Wagram, Traßmauer gegen über.

Ritzenbach. D. W. W. ein Dorf über der Mänk, südwärts von Melk, bey St. Leonhard.

Ritzendorf. D. W. W. Ritzersdorf bey Karlstädten, vormals ein Gut, von dem ein adeliches Geschlecht den Namen getragen hat.

    Ulrich von Ritzendorf starb A. 1307. und ist bey den Minoriten zu Wien beerdiget. (Necrol. Min.) Seyfried Ritzendorfer lebte. A. 1414. (Hueber)

Rockenreut. D. M. B. oder Wiedhalm ein Amt der Herrschaft Martinsberg.

Rodenbach. D. M. B. s. Rothenbach.

Rodenschachen. †. D. M. B. Rothschachen ein Dorf und Gut der Herrschaft Heidenreichstein, hinter Gemünd, an der böhmischen Gränze.

Rodersdorf. D. W. W. Rottersdorf der Herrschaft Zäcking dienstbar, über der Trasen, bey Abtsdorf.

Rodingersdorf. D. M. B. der Herrschaft Walkenstein unterworfen, unweit von diesem Schlosse, bey Kleinreut.

Rodissen. D. M. B. s. Radischen.

Rögelsbrunn. U. W. W. ein Dorf, und ehemaliges Gut, der Herrschaft Petronell einverleibt, mit einem alten verfallenen Schlosse, vor Zeiten Rielsbrunn genannt, an der preßburger Straße, zwischen Aländ, und Wildungsmauer.

Rogendorf. D. W. W. über der Bielach, nächst Schalaburg, dieser Herrschaft unterthänig. Der vormalige Graf Kletzelische Freyhof, hat den Herrn Bräuer von Rautenberg zum Besitzer.

Rogendorf. D. M. B. Rockendorf, den Herrschaften Braunsdorf und Harmannsdorf dienstbar, in der Pfarre Egenburg.

Rogendorf. †. D. M. B. im Böckstall, Schloß und Herrschaft, mit Martinsberg vereinigt, hinter Mariataferl, am Weidenflusse, bey Streitwiesen. Das Schloß, welches im Markte Böckstall liegt, führte vor Zeiten eben den Namen, ward aber dem Freyherrn Wilhelm von Rogendorf zu Mollenburg, Erzherzog Ferdinands I. Oberhofmeister zu Ehren, Rogendorf genannt, und auf dem Reichstage zu Worms, den 3. May 1521. zu einer reichsfreyen Baronie, doch mit der gewöhnlichen Verbindlichkeit gegen Oesterreich erhoben. (Hoheneck)

Rogenhof. O. W. W. zu Mitterberg bey Wang.

Roggendorf. U. M. B. s. Ruckadorf.

Rohr. U. W. W. Vesten Rohr, bey Baaden, wo es eingepfarret ist, ein Dorf der Herrschaft Rauchenstein, mit einem alten gänzlich verfallenen, vormals berühmten Schlosse.

Popo von Rore, wird von Markgraf Ernsten, vor dem Jahre 1075. Otto von Rora A. 1142. Chadaloh, der lange genannt, A. 1141. in einem Briefe des Stifts Reichersberg, Wilhelm Burggraf zu Steuer, A. 1303. angeführt. Georg von Rohr lebte noch A. 1405. (Hueber. Hoheneck)

Rohr. U. W. W. im Rohr, ein Pfarrdorf der Herrschaft Gutenstein, unter dem Schneeberge.

Rohr. O. W. W. Rore, ein Dorf über der Bielach, bey der Poststraße nach Melk, diesem Stifte A. 1113. von Markgraf Leopolden dem Heiligen geschenkt.

Rohr. O. W. W. s. Langenrohr.

Rohrau. U. W. W. Schloß, Herrschaft und Majorat der Grafen von Harrach, und zwar der ältern Linie dieses uralten berühmten Hauses, mit dem Titel einer Baronie, an der Leitha, zwischen Gerhaus und Hollern.

Rohrau. U. W. W. Markt, Pfarre und Jägerhof zur vorbesagten Herrschaft gehörig. Dietrich, ein Sohn Dietrichs von Rorow, des Bruders Heinrichs von Lichtenstein, A. 1266. Zeuge in einem Document von Heiligkreutz. (Bern. Petz)

Leonhard Herr von Harrach, der ums Jahr 1560. lebte, nannte sich zuerst einen Freyherren von Rohrau, und brachte diese Herrschaft von seiner Großmutter Ursula von Pollant an sein Haus. (Hoheneck)

Röhrabrunn. U. M. B. ein Kirchdorf der Herrschaften Kadolz und Loßdorf, nordwärts hinter dem langen Thale, bey Kleinkerholz.

Rohrau

Rohrawiesing. O. M. B. ein Dorf der Herrschaften Teraßburg und Kattau, hinter Egenburg; gehörte vor Zeiten Herzog Heinrichs von Medling Gemahlinn, Richenza, und ward von derselben A. 1182. dem Stifte zu Klosterneuburg vermacht. (Necrol. Neob.)

Rohrbach. U. W. W. am Graben, ein Amt der Herrschaft Stüchsenstein, westwärts hinter Neunkirchen, bey St. Johanns.

Rohrbach. U. W. W. am Steinfelde, ein Dorf hinter Neustadt, bey Markt Neunkirchen.

Rohrbach. O. W. W. hinter Kaumberg, ein Kirchdorf bey Bergau, in das Kloster melkerische Gericht Aigen zum Theil gehörig.

Rohrbach. O. W. W. über der Jps, Schloß und Gut des Freyherrn von Riesenfels, mit Klingenbrunn vereinigt, südwärts hinter Strengberg, bey Salaberg.

Wolfgang von Rohrbach hielt A. 1407. Herzog Leopolds IV. Parthie, wider Herzog Ernsten, und plünderte und verheerte im Marchfelde alle dem Prälaten- und Herrenstande eigene Güter. Johann von Rohrbach stund A. 1461. auf Kaiser Friedrichs IV. Seite, und erwies ihm gute Dienste, schlug sich aber A. 1463. zur Gegenparthey Herzog Alberts VI. und that mit seinen Räubereyen schreckliche Schaden. (Haselbach)

Rohrbach. † U. M. B. Pfarrdorf und Gut, der Herrschaft Wetzdorf einverleibt, hinter Markt Weikersdorf bey Kiblitz. Die Herrschaften Sänftenberg und Grafeneck haben Theil daran.

Rohrbach Ober- und Unterrohrbach. U. M. B. zwey Dörfer des Stifts zu Klosterneuburg, unweit Kornneuburg,

neuburg, hinter Kreutzenstein. Das Domkapitel zu Wien, die Herrschaft Kreutzenstein, und die Pfarre Hausleuten haben hier Unterthanen.

Der adeliche Freyhof zu Oberrohrbach, Aichberg genannt, ist ein besonderes Gut.

Rohrbach. O. M. B. ein Dorf der Herrschaft Heldenreichstein, hinter der deutschen Theya.

Rohreck. O. M. B. am Jsperthale, Schloß und Herrschaft des Grafen von Hoyos, welche 8. besondere Aemter von zerstreuten Unterthanen begreift, und mit den Gütern Jsperthal und Wimberg verbunden ist.

Öhrenbach. O. W. W. ein Dorf der Herrschaft Rapoldenkirchen, bey Atzelsdorf.

Der Freyhof ist Kueffsteinisch und gehört nach Pottenbrunn. Niklas von Rorenbach lebte A. 1336. (Hueber)

Röhrenbach. O. M. B. ein Pfarrdorf der Herrschaft Greulenstein, über der Kamp. Die Pfarre hanget vom Stifte Altenburg ab.

Rohrendorf. U. M. B. auch Rodendorf, dem Stifte St. Pölten, zur Stadtpfarre Kötz gehörig. Etwas besitzen die Herrschaften Braunsdorf und Oelnzendorf.

Röhrendorf. O. M. B. Rodendorf, Oberröhrendorf, der Herrschaft St. Bernhard zum Theil unterthänig.

Rohrenreut. O. M. B. ein Dorf unter der Stiftsherrschaft des Klosters Zwettel.

Rohrmühle. U. M. B. bey Mistelbach.

Roit. O. M. B. in der Roiten, ein Dorf der Herrschaft Rastenberg, und des Stifts Zwettel, unter dem Zusammenflusse der großen und kleinen Kamp.

Ronn. O. M. B. s. Raan.

Ronthal. U. M. B. ein Dorf, und ehemaliger Edelsitz, zur Herrschaft Grafeneck gehörig, unterhalb Meissau.

Ronton.

Ronton. O. M. B. ſ. Rabentann.

Röſchitz. U. M. B. vor Zeiten Reſpitz, Markt unter dem Landgerichte der Herrſchaft Rötz, mit einer landsfürſtlichen Pfarre, die ein paſſauliſches Dekanat iſt; links der Poſtſtraße nach Bulkau, bey der Gränze von O. M. B. Die Herrſchaften Groß, Egenburg, und Braunsdorf, das Stift Altenburg, und die Pfarre Egenburg ſind hier begütert. Die nicht weit entfernte Kapelle der allerheiligſten Dreyfaltigkeit, iſt wegen vieler Wallfahrten berühmt. Nicolaus von Reſpitz, war der erſte deutſche Abt des Schottenkloſters zu Wien nach dem Abzuge der Hiberner, und ſtarb A. 1428. (Necrol. Scot. beym Petz)

Roſelgorf. U. M. B. ein Markt mit einer landsfürſtlichen Pfarre, weſtwärts von Oberholabrunn, an der alten Poſtſtraße nach Bulkau; den Herrſchaften Braunsdorf und Unterdürrenbach, imgleichen dem Schottenkloſter, und der Herrſchaft Sitzendorf unterworfen.

Das lilienfeldiſche Eigenthum allhier rührt meiſtens von Otten von Raſtenberg, und ſeinem Bruder Alberten von Hohenſtein A. 1288. imgleichen von Hanſen von Dürrenbach, dem Marſchall Stephan von Meiſſau, und dem Burggrafen Alber zu Gars, A. 1337. her. (Hanthaler)

Roſeldorf. U. M. B. ein Kirchdorf der Sinzendorfiſchen Herrſchaft Steinabrunn, nordwärts von Stockerau, bey Unterholabrunn.

Roſenau. O. W. W. ein Dorf von lauter Eiſenſchmieden bewohnt, an der Ips, nächſt bem Schloſſe Gleiß, dem Gebiete deſſelben unterthänig.

Roſenau. O. M. B. Schloß und Herrſchaft des Grafen von Schällenberg, mit den Gütern Rothenbach
und

Schickenhof, dem Amte Marbach und dem Häckelhofe vereinbart, an der Zwettel, zwischen Zwettel und Engelstein.

Rosenau. O. M. B. ein dahin dienstbares Pfarrdorf.

Rosenauer Wald, Ober- Unterrosenauer Wald. O. M. B. zwey Oerter von Waldbauern, der Herrschaft Weitra eigen.

Rosenberg. †. O. M. B. Rosenburg, Schloß und Herrschaft des Grafen von Hoyos, mit der Thurmmühle, dem Gute Rothenhof und den Aemtern: Kraanz, Mitterndorf und Weissenlehn verbunden am Kampflusse, dem Kloster Altenburg gegen über.

Roseneckerhof. O. W. W. ein Freyhof des Herrn Stielers von Roseneck, zu Wagram an der Trasen.

Rosenfeld. O. W. W. ein Dorf des Stifts Melk.

Rossau. U. W. W. in den wienerischen Linien, nächst der Stadt, vor dem Schottenthore, an der Donau, wird zu den 11. Gütern oder Dörfern der Stadt gezählet, und stehet unter dem Magistrate; die Pfarrherrlichkeit aber gehört dem Schottenkloster in der Stadt. Es befindet sich allhier: ein Servitenkloster: die k. k. Porcellanfabrik; der k. k. Holzstadel; der prächtige Gartenpallast des Fürsten von Lichtenstein; die allgemeine Bau-und Brennholzniederlage; eine Steinkohlenniederlage aus Oberösterreich; und das Judenspital, nebst dem Freythofe.

Rossiz. †. O. W. W. Rossatz, Schloß, Markt, Pfarre und Gut, zur Schendlischen Criba gehörig, bey der Donau, oberhalb Mautern. Die Pfarre gehört dem Stifte Göttweih. Johann von Rossatz war ums Jahr 1455. der 13. Abt zu Säusenstein.

Rossizbach. O. W. W. ein Dorf, nächst vorigem, und dem Gebiete desselben unterworfen.

Rotheau. O. W. W. ein Dorf des Stifts Lilienfeld, an der Träsen, oberhalb Wilhelmsburg.

Rothemühle. U. W. W. an der Wien, nächst Schönbrunn, unter der Grundherrlichkeit von Meidling; ist das Quartier der k. k. Gartenwacht zu Schönbrunn.

Rothemühle. U. W. W. nach Kührling dienstbar, hinter Klosterneuburg, im Walde zwischen der Kegelmühle und Kührling.

Rothemühle. U. W. W. zu Draßkirchen, der Stift melkerischen Herrschaft daselbst eigen.

Rothenbach. O. M. B. ein Dorf und Gut der Schallenbergischen Herrschaft Rosenau. Einige passauische Lehnstücke allhier gehören nach Engelstein.

Rothenbach. O. M. B. Schloß und Herrschaft des Grafen von Hoyos zwischen der Kamp und Zwettel, oberhalb Muetrams.

Die davon herrührenden passauischen Lehnstücke gehören nach Engelstein.

Rothenberg. O. M. B. ein Dorf der Herrschaft Persenburg.

Rothengrub. U. W. W. ein Landgut des Grafen von Hoyos, zur Herrschaft Stüchsenstein gehörig, westwärts von Neustadt hinter Säulersdorf, im Gebirge.

Rothengrub. U. W. W. Veste Rothengrub, nächst vorigem, ein brandenburgisches Lehngut des Grafen von Schönborn, mit Neusiedel verbunden.

Rothenhaßlacherhof. O. M. B. ein Edelsitz und Gut des bayrischen Klosters Rothenhaßlach, zu Weinzierl nächst Krems.

Rothenhaßlacherhof. O. M. B. zu Krems, ein Freyhof, jetzt der Hölzelhof genannt.

Rothenhaus. O. W. W. Schloß und Gut des Grafen von Boschetti, vormals der Gräfinn Amour de Soria gehörig, mit der Herrschaft Wieselburg verknüpft, an der großen Erlauf, bey Winkelmühl.

Ro-

Rothenhof. †. O. M. B. Schloß, Dorf und Gut des Grafen von Hoyos, bey der Donau, oberhalb Mariataferl, mit der Herrschaft Rosenberg vereinbart.

Rothenhof. O. M. B. ein Dorf an der Donau, nächst Dürrenstein, zu dieser Starhenbergischen Herrschaft gehörig. Die Einwohner haben das Bürgerrecht zu Dürrenstein, und sind auch daselbst rathsfähig.

Rothenhof. U. W. W. ein Freyhof zu Oberlaa, unter dem Wienerberge.

Rothenhof. U. W. W. zu Neudorf an der Draßkirchnerstraße, der Herrschaft daselbst dienstbar.

Rothenhof. U. W. W. in den wienerischen Linien, ein Gebäude in der Josephsstadt, nächst dem Hause und Garten des Grafen von der Rath, vor Zeiten ein Gut der Herren Kielmann von Kielmannseck. (Fuhrmann)

Rothenhof. U. M. B. zu Königsbrunn, dem fürstlich Kevenhüllerischen Gute Eggersdorf dienstbar.

Rothensee. U. M. B. ein Dorf der Herrschaft Staats.

Rothenstein. U. W. W. ein altes ganz verödetes Schloß an der Donau, bey Hainburg, am Fuße des Braunsberges, soll der Ungarn Vorgeben nach, ehemals zu Herrschaft Theben gehört haben, welches aber von Oesterreich geläugnet wird.

Ortulph und Ulrich von Rotenstein, wurden A. 1270. als österreichische Edelleute in Schriften angeführt. (Hueber) Ein anderer Ulrich von Rotenstein stiftete A. 1309. Güter nach Lilienfeld. (Hansthaler)

Rotherd. U. W. W. ein Ort von Waldhüttlern, in der Pfarre Lab, unweit Breitenfurt, den k. k. Waldamte unterthänig, mit einem Forsthause, von dem ein Theil des Großamts Reichließng abhanget.

Rothersdorf. D. W. W. der Herrschaft Zäckling zum Theil unterworfen.

Rothfahren. O. M. B. ein Dorf der Herrschaft Weitra, bey der Zwettel, oberhalb Gerungs.

Rothschachen. O. M. B. s. Rodenschachen.

Rothweinsdorf. O. M. B. ein Kirchdorf und Gut der Herrschaft St. Bernhard, hinter Horn, zwischen der Wild und Saß.

Rötschen. O. M. B. s. Razuschen.

Rottal. O. M. B. ein Dorf der Herrschaft Litschau, hinter Gemünd.

Rötz. U. M. B. Retza, vor Zeiten Regiz, Rachs, Rakez und Rakouz genannt, eine landsfürstliche mitleidende Stadt, an der Rötzach, oder dem Rötzbache, nordwärts hinter Schratenthal, bey Obernalb, an der mährischen Gränze, zwo Meilen herwärts Znaym gelegen. Sie ist klein, aber wohlgebauet, in einer lustigen Gegend befindlich, welche vielen Wein hervorbringet, der unter die besten österreichischen Gewächse gerechnet wir. Die Stadtpfarre hanget von St. Pölten ab, und ist zu K. Rudolphs I. Zeit durch Tausch an das Stift gelanget. Das Dominikanerkloster allhier ward ums Jahr 1300. von Graf Bertholden zu Hardeck, Burggrafen von Magdeburg gestiftet. Das Rathhaus ist wohl zu sehen, und hat eine Kapelle unter dem Rathssaale. Die Stadt hält jährlich 2. Märkte, am Neuenjahrstage, und Sonntags vor Mariähimmelfahrt. Es ist hier eine k. k. Salzversilberung, eine handgräfliche Obercollection, eine Filialgränzmaut, und eine Hauptwegmaut, zu welcher 19. Filiale gehören.

Rötz. U. M. B. Schloß und Herrschaft mit dem freyen Landgerichte über die Stadt Rötz, und über die Märkte Bulkau, und Röschitz; nebst 10. unterthä-
nigen

rigen Dörfern, ehemals dem Fürsten von Trautsohn, jetzt aber den Grafen von Gatterburg zuständig.

Rötz war vor Zeiten eine freye Reichsgrafschaft; wie denn Erzherzog Rudolph IV. diesen Titel erneuert, und sich u. a. in seinen Patenten A. 1356. 57. 58. einen Grafen von Ragtz genannt hat. (Steyrer) Lutold ein Sohn Markgraf Konrads von Znaym, und Eidam Markgraf Leopolds des Schönen von Oesterreich, von seinem Vetter, dem böhmischen Herzoge Brecislaus verfolget, begab sich ums Jahr 1100. in Graf Gottfrieds zu Rakouz Schutz. Indem aber Brecislaus auf seine Auslieferung drang; jagte Lutold den Grafen nebst seiner Besatzung aus, und bemächtigte sich des Schlosses mit Gewalt. Er ward daher vom Brecislaus sechs Wochen lang allhier belagert, und endlich zur Flucht gezwungen: worauf sich das Schloß ergab, und Graf Gottfried wieder zu dessen Besitz gelangte. (Calles. Cosmas Prag.) Chunrad von Ratz war bey der Uebergabe des Gutes bey Brunn, an das Kloster Admont, ums Jahr 1164. als Zeuge zugegen. (Bern. Pez) Sophia, eine Gemahlinn Burggraf Friedrichs I. von Nürnberg, der A. 1218. starb, war eine gebohrne Gräfinn von Ragze, Graf Chunrads Tochter, welchen Herzog Leopold VII. von Oesterreich, in einer Urkunde des Stifts Zwettel A. 1204. seinen Vetter nennet; (Ludewig reliq. MS.) und soll von dieser Heurath ein Theil der burggräflich nürnbergischen Lehne in Niederösterreich herrühren: indem verschiedene derselben lange vor dem A. 1322. erfolgten Treffen bey Mühldorf, durch die Burggrafen vergeben worden. (Siebers Topogr. von Onolzbach) Von gedachtem Burggrafen Friedrich I. hat erwähnter Herzog Leopold VII. die Grafschaft Ragetz, nebst dem damaligen Markte um 2000. Mark Silbers erkauft, und an Oesterreich gebracht. (Enenkel Fürstenbuch) Die Hußiten, welche A. 1424. Lundenburg eingenommen hatten, belagerten und eroberten Retz um Catharina A. 1425. Sie drungen bey Nacht durch einen unterirdischen Gang in die Stadt, machten alles, was männlich war, nieder, plünderten und verbrannten den Ort, und schleppten Graf Hansen von Hardeck gefangen nach Prag; allwo er im Gefängniße elendiglich umkam. (Chron. Mellic. Haselbach) Im Jahre 1486. mußte sich Retz an den ungarischen K. Mathias Corvin ergeben, und blieb bis 1490. in seiner Gewalt. (Chron. Mellic.) Im dreyßigjährigen Kriege hat Röz nicht wenig erlitten; indem es A. 1620. von den Böhmen, hernach von den Kaiserlichen, und zuletzt von den Schweden erobert worden: bis es endlich A. 1646. wieder an seinen rechtmäßigen Herrn gelangte.

Rötz. U. M. B. Altstadt Rötz, ein ehemaliges Städtlein, welches aber durch viele Unglückfälle in ein Dorf verwandelt worden, das der Herrschaft Rötz und theils der Herrschaft Raya, O. M. B. unterworfen ist, nordwärts von Rötz, bey Mitterrötzbach gelegen. Die Stadt Rötz, das Dominikanerkloster allda, und der Steinhof zu Unterrötzbach sind allhier begütert.

Rötz. U. M. B. Kleinrötz, ein Kirchdorf der Herrschaften Kreutzenstein und Herrmannsdorf, nordwärts von Kornneuburg, gegen Karnabrunn.

Rötzbach. U. M. B. Oberrötzbach, hinter Mariastein, an der mährischen Gränze.

Rötzbach. U. M. B. Mitterrötzbach ostwärts vom vorigen, hinter Altstadt Rötz.

Rötzbach. U. M. B. Unterrötzbach ein Pfarrdorf, hinter Höflein bey Rudenthal.

Zweyter Theil.

Alle drey Dörfer stehen unter der Gerichtsbarkeit der fürstlich Trautsohnischen Herrschaften Kaya, und Niederstadnitz; an der Grundherrlichkeit aber haben, nebst gedachten Herrschaften, die Stifter Altenburg, Zwettel und Geräß, die Herrschaften Unternalb, Braunsdorf, Unterdürrenbach, Deinzendorf, und Niederkreutzenstädten, das Schottenkloster, der Steinhof und die Pfarre zu Unterrötzbach Theil.

Der freye Steinhof zu Unterrötzbach ist ein adeliches Gut, und hat den von Sulzberg zum Besitzer.

Tiemo von Rezbach wird A. 1222. in einem Vergleiche des Schottenklosters von Bischof Gebharden zu Passau, als Zeuge angeführt. (Bern. Pez)

Rötzmayer. O.W.W. ein Amt mit Knocking vereinigt, gehört zum Gute Zwerbach.

Rucksdorf. U. M. B. auch Roggendorf, ein Filial von Rappersdorf, und berühmte Kirchfahrt des des Stifts Göttweih, vor Zeiten ein eigenes Gut, nordostwärts von Oberholabrunn, bey Wullersdorf; zum Theil den Herrschaften Weyerburg und Immendorf unterworfen.

Ulrich von Ruckendorf lebte A. 1322. Wolfgang A. 1460. Hans A. 1474. (Hueber. Haselbach)

Rüdenberg. O. M. B. s. Rietenberg.

Rüdenhof. U. W. W. ein Edelsitz des Herrn von Mosern, nächst Achau; vor Zeiten Rudniche genannt. Hertnic von Rudniche wird A. 1136. im Stiftsbriefe des Klosters zu Neuburg, inter Nobiliores orientalis regionis, als Zeuge angeführt. (Bern. Pez)

Rüdenthal. U. M. B. Großrüdenthal, A. 1110. Riedenthale, ein Pfarrdorf des Stifts Mauerbach, ehemals ein eigenes Gut nordwestwärts, hinter Städtelsdorf, bey Rädelbrunn. Die Pfarre besitzt das Stift Melk. Etwas hat die Herrschaft Grafeneck.

Gottschalk von Riedentale lebte A. 1300. Peter und seine Söhne Wichard und Johann A. 1345. Görg A. 1400. Mert Rietentaller A. 1496. (Hueber, Hoheneck)

Rüdenthal. U. M. B. Kleinrüdenthal, ein Dorf der Herrschaft Haugsdorf, zur Kirchbergischen Stiftung gehörig, über der Bulka, links der Jetzelsdorfer Poststraße, bey Unterrötzbach. Die Herrschaften Horn, Herrmannsdorf, Rötz, Unternalb und Wolkersdorf haben Theil daran.

Rudolphsberg. O. W. W. bey Wagram, ein Edelsitz, der fürstlich freysingischen Herrschaft Hollenburg einverleibt.

Rudolphsdorf. O. W. W. A. 1312. dem Stifte Melk, zum Gerichte Aigen unterworfen, (Hueber)

Rudolts. O. M. B. auch Rudes, ein Dorf der Herrschaft Weissenbach, hinter Dobersberg, über der deutschen Theya.

Der Pengertshof allhier gehört zur Herrschaft Gilgenberg.

Rugendorf. U. M. B. Rügersdorf, ein Gut des Stifts zu Klosterneuburg, nordostwärts hinter Kornneuburg, bey Herrmannsdorf.

Christian Rugendorfer wird A. 1339. Wolfarth A. 1360. Alblein Prayn von Rugendorf A. 1384. in Schriften angeführt. (Hueber)

Ruhehof. U. M. B. auf einer Insel in der Theya, unterhalb der Stadt Laa, an der mährischen Gränze.

Ruhmanns. O. M. B. ein Dorf des Stifts Zwettel, an der Kamp, hinter Rastenberg.

Rührsdorf. O W. W. der gräflich Schönbornischen Herrschaft Mautern, theils dem Stifte zu Dürrenstein unterthänig.

Rupers-

Rupersberg. U. W. W. ein Ort von Waldhüttlern, im Wienerwalde, unweit Lab, dem k. k Waldamte dienstbar.

Rupersdorf. U. M. B. Rohenrupersdorf, ein landsfürstlicher freyer Markt, und Pfarre, unter dem Richter und Rathe allhier, westwärts der Straße nach Gaunersdorf, hinter Pirawart. Etwas ist dem Stifte Mauerbach, und der Herrschaft Wolkersdorf zuständig.

Rupersdorf. U. M. B. Altrupersdorf, den Herrschaften Falkenstein, Staats, Steinabrunn und der Pfarre Aspern an der Zaya unterworfen, zwischen Felling, und Zlabing. Das alte adeliche Geschlecht der Rupersdorfer ist vorlängst ausgegangen.

Rupersdorf. U. M. B. Neurupersdorf, bey Kirchstädten, unter den Herrschaften Poysbrunn, Rötz und Steinabrunn, zwischen Markt Neudorf, und Wildendürrenbach.

Rupersdorf. O. M. B. Reipersdorf der Herrschaft Stockern eigen am Mannhardsberge, nächst Egenburg.

Rupersthal. U. M. B. auch Rapoldshall, ein Pfarrdorf und Gut des Grafen von Schallenberg, nordwärts hinter Städteldorf, bey Weikersdorf. Etwas gehört nach Winkelberg, Grafeneck und der Pfarre Weikersdorf.

Ruprechts. O. M. B. Großruprechts ein Dorf der Herrschaft Schwarzenau, über der deutschen Theya, bey Fides.

Ruprechts. O. M. B. Kleinruprechts, Dorf und Gut der Herrschaft Hirschbach, über der deutschen Theya, bey Kirchberg am Wald.

Ruprechtshofen. O. W. W. ein Pfarrdorf und Amt des Stifts Gaming, zur Herrschaft Scheibs, theils zum Kloster mauerbachischen Kastenamte St. Leonhard dienstbar, oberhalb St. Leonhard, hinter Melk. Hirzmann von Ruprechtshofen A. 1230. Zeuge bey einer Schenkung der Gräfinn Eufemia von Pilstein, an das Stift Lilienfeld. (Hanthaler)

Rußbach. †. U. M. B. Oberrußbach, ein altes Schloß, Dorf und Gut, mit der Herrschaft Städteldorf verbunden, oberhalb Stockerau, zwischen Strannersdorf und Wolfpassing. Die Herrschaft Enzersdorf im langen Thale, die Pfarre zu Tulln, und die Kirche zu Langenrohr haben Theil daran.

Rußbach. U. M. B. Niederrußbach, ein Pfarrdorf nächst vorgedachter Veste, an der Straße nach Horn, den Herrschaften Städteldorf und Sürndorf unterworfen.

Rußbach. U. M. B. Großrußbach ein Markt mit einer landsfürstlichen Pfarre, am Rußbache, nordwärts von Kornneuburg, hinter Weinsteig. Das Kirchenlehn und die Pfarre allhier, welche Erzherzog Rudolph IV. A. 1365. seiner neuen Probstey bey St. Stephan einverleibte (Steyrer) gehört nebst dem Markte, und dem Dorfe Oberkreuzenstädten dem Collegio Theresiano zu Wien. Die Stifter Klosterneuburg und Heiligkreuz, die Herrschaften Poysbrunn, Ladendorf, Weinsteig und Niederkreuzenstädten, und die Unternjesuiten zu Wien sind hier auch begütert.

Rußhof. O. W. W. der Herrschaft Neulengbach eigen, hinter dem Wienerwalde, beym Ursprunge der dürren Wien.

Rusinisdorf. U. W. W. auch Robinisdorf. A. 1120. ein Ort in der Pfarre Draßkirchen, der nun längst verödet ist. (Hueber)

Rust

Rust. O. W. W. auch Rustbach, ein Dorf des Stifts Herzogburg, ehemals ein eignes Gut, bey der Bärschling, am Tullnerfelde, hinter Büchsendorf.

Philipp von Ruste und sein Bruder Otto werden A. 1318. in Schriften benannt. (Hueber)

Rust, Groß-und Kleinrust. O. W. W. zwey Dörfer über der Trasen, nordwärts von St. Pölten bey Zäcking.

Ruste. U. M. B. A. 1115. ein Dorf im Marchfelde, das A. 1312. noch vorhanden war, aber nachmals vertilget worden ist. (Hueber)

Rusten. U. W. B. ausser Wertenburg, ein Ort von wenig Häusern, vor dem Mariahülferlinienthore, theils dem Schottenkloster und theils dem Bürgerspitale zu Wien unterworfen.

Ruttholz. O. M. B. ein Dorf der Herrschaften Wetkardschlag und Gilgenberg.

Ruzenhof. U. M. B. auch Ruzendorf ostwärts hinter Eßling, am Marchfelde, nächst Loipersdorf.

S.

Saalaberg. O. W. W. Schloß und Herrschaft des Grafen von Salburg, mit dem Gute Wolfsbach, und der Vogtey über S. Pantaleon verbunden, südwärts hinter Strengberg, zwischen Markt Haag und Rohrbach.

Saalaberg. O. W. W. ein Markt, welcher der vorbenannten Herrschaft eigen ist.

Saaladorf. O. W. W. A. 1277. Salchendorf (Hueber) an der Poststraße hinter Sieghardskirchen, zwischen Ebersdorf und Diendorf, theils dem Grafen von Kuefstein, theils dem Stifte Mauerbach, und der Pfarre Obrizberg unterworfen. Hartung von

Sal

Salchendorf, ein Dienstmann des Stifts Melk ist in einem Documente Herzog Leopolds VII. A. 1217. als Zeuge benannt. (Hueber)

Saalau. D. W. W. Saalhof, ein Dorf und Edelsitz des Freyherrn von Grechtlern, mit der Herrschaft Friedau vereinigt, hinter St. Pölten, an der Bielach.

Saalen. U. M. B. ein Mühlhof und Wirtshaus nächst Marcheck dieser Herrschaft zuständig.

Saalenau. †. U. W. W. Markt und Pfarre dem Freyherrn von Toussaint, zur Herrschaft Schönau gehörig, A. 1120. Salchenau genannt (Hueber) auf der neustädter Poststraße, hinter Ginselsdorf, an der Piesting; gehörte vor Zeiten zu den Gütern, welche Heinrich von Medling A. 1177. von seinem Bruder Herzog Leopolden VI. erhielt; und bekam nach der Hand eigene adeliche Besitzer, die sich von Salchenau nannten. Herr von Metzberg hatte vormals allhier eine Klingenfabrik angelegt. Es befindet sich hier eine k. k. Filiallandmaut.

Saaleneck. D. W. W. ein Dorf des Stifts St. Andrä an der Trasen, unter dem Amte Lumerfeld.

Saalhof. U. W. W. der Herrschaft Stahrenberg-Fischau unterthänig.

Saalhof. D. W. W. s. Saalau.

Saalmannsdorf. U. W. W. Dorf und Gut des Stifts zu Klosterneuburg, nordwestwärts von Wien am Gebirge, bey Neustift.

Saamendorf. D. W. W. über der Ips, hinter Seltenstädten, gegen Ramingdorf.

Sabatenreut D. M. B. ein Dorf der Herrschaft Kolmitz und des Stifts Geräs, hinter Kloster Berneck.

Sachsenbrunn. U. W. W. hinter Neustadt, ein Amt und Gut des Nonnenklosters Kirchberg am Wechsel.

Sachsendorf. U. M. B. der Herrschaft Grafeneck dienstbar, bey der Donau, unterhalb Grafenwerd.

Sachsendorf. O. M. B. der Stiftaltenburgischen Herrschaft Wisent einverleibt, südwärts von Egenburg, am Mannhardsberge.

Sachsengang. U. M. B. Schloß, Dorf und Landgut, mit dem Titel einer Baronie, vor Zeiten Sachsengau genannt, an der Donau, unterhalb Städtelenzersdorf.

Luipold von Sachsengange, wird A. 1276, imgleichen A. 1296. in Alberts I. wienerischen Handveste, als ein österreichischer Dienstmann, oder Freyherr angeführt. Er und sein Bruder Hertneid, kommen auch A. 1300. in Schriften vor. Neidhard wird A. 1357. benannt. Leopold der Sachsengauger war letzter Pfarrer und Rector bey St. Stephan, A. 1359. ehe die Domprobsten daselbst zu Stande kam. (Steyrer) Leupold und Bernhard lebten A. 1402. (Hueber)

Sackbergen. O. M. B. ein Ort mit einer Glashütte hinter Martinsberg, an der Gränze von Oberösterreich.

Saghäusel. O. M. B. der Herrschaft Litschau unterworfen.

Salapulka. O. M. B. Dorf, und Gut des Stifts Herzogburg, mit der Herrschaft Primmersdorf vereinbart, zwischen Teraßburg und Goggitsch.

Salarn. O. M. B. ein Dorf des Stifts Altenburg, bey Germanns, gegen Altpölla.

Salingberg. O. M. B. Seilingsberg, Pfarrdorf und Landgut des Stifts Imbach, zwischen der großen Krems und Kamp, bey Volzschlag, hinter Els.

Salingstadt. O. M. B. Seilingstadt, ein Kirchdorf des Stifts Zwettel, und der Herrschaft Kirchberg am Wald,

Wald, hinter Zwettel, über der deutschen Theya, bey Schweigers.

Salzaleithen. D. W. B. südwärts hinter Hohenberg und Sattelhof, ein Thal beym Ursprunge des Salzaflusses, welcher von hier nach der Höllensaich fließt, und allda an der steurischen Gränze den Kötzbach und Terbach einnimmt.

Samarein. U. W. B. s. Sumarein.

Samarein. D. M. B. s. St. Marein.

Samberg. U. M. B. Sandberg, ein nach A. 1322. verödetes Dorf, auf einem Sandhügel, im Marchfelde unweit Weikendorf. (Hueber)

Säming. D. M. B. auch Sarning, ein Dorf der Herrschaft Waldhofen, hinter dieser Stadt, über der deutschen Theya.

Sänftenberg. †. D. M. B. Schloß und Herrschaft, welche von der obersten Erbmarschallwürde in Niederösterreich abhanget, mit welcher Graf Gundacker Thomas von Starhenberg, und sein Haus, den 6. Mart. 1717. belehnet ward; am Kremsflusse, oberhalb Imbach, hinter der Stadt Krems.

Sänftenberg. D. M. B. Markt und Pfarre, zur vorbenannten Herrschaft gehörig.

Sänftenberg ist auch ein Waldamt der Herrschaft Gefäll.

Rüdiger von Senftenberch wird als Zeuge in einer A. 1202. von Herzog Leopolden VII. bestätigten Urkunde Herzog Friedrichs I. angeführt. Die Veste Sänftenberg ward A. 1408. von Reinprechten von Wallsee besessen, in eben dem Jahre aber, durch Herzog Leopolds IV. Anhang, welchem Reinprecht aus allen Kräften widerstund, durch Hinterlist erobert. (Haselbach)

Sänf-

Sanftenbergerhöfe. D. M. B. zu Krems zwey Freyhöfe der jetzt bemeldten Herrschaft.

Sanfteneck. D. W. W. Schloß, Mayerhof, Amt und Gut des Grafen von Auersberg zu Wang, mit der Herrschaft Reinsberg und verschiedenen vom Voltrashof herrührenden Lehnstücken verbunden, über der kleinen Erlauf, südwärts von Wieselburg, zwischen Wolfpassing und Fersnitz.

Sarasdorf. †. U. W. W. Sarersdorf unter der Herrschaft Trautmannsdorf, hinter Stüchsneusiedel, an der Leitha, bey Wulfleinsdorf.

Sarlingen. D. W. W. ein Dorf am östlichen Ufer der Jps, zwischen Kemmelbach und Säusenstein.

Sarning. D. M. B. s. Säming.

Die Saß. D. M. B. ein großer Forst hinter der Wild, gegen den Theyafluß, ehemals ein eigenes Gut. Otto von Sazze, A. 1230. Zeuge bey einer Schenkung zu Sirnich an das Kloster Lilienfeld. (Hanthaler)

Saß. D. M. B. ein Dorf der Herrschaft Litschau.

Sassendorf. D. W. W. der Herrschaft Hoheneck dienstbar, vor Zeiten ein eigenes Gut, Säseindorf genannt, über der Trasen, bey Hoheneck.

Dietrich von Säseindorf, und seine Brüder Wulfring und Bernard lebten A. 1314. (Huber)

Sattel. D. W. W. im Sattel ein Gut in der Pfarre Gaming, welches Wulfing der Heusler, seine Frau Elspet, und deren Schwester Christein von Traun nebst andern Lehngütern an Herzog Alberten II. und Herzog Otten verkauften, die solches A. 1336. der Carthaus Gaming schenkten. (Steyrer)

Sattelbach. U. W. W. ein Pfarrdorf nächst dem Kloster Heiligkreutz, von dem daselbst fliessenden Wasser so genannt, das aber jetzt insgemein von besagtem Stifte, den Namen Heiligkreutz führet.

Sattelhof. D. W. W. im Gebiete der Herrschaft Hohenberg, hinter diesem Schlosse, am Geschaid, beym Ursprunge der Trasen.

Satting. D. M. B. ein Dorf über dem Weidenflusse, hinter dem Schlosse Sinzeneck.

Saubügel. U. W. W. im Wienerwalde, ein Ort von Waldhüttlern, eine halbe Meile hinter Burkersdorf, unter das k. k. Waldamt gehörig.

Saubügel. U. W. W. ein Ort bey Hochneukirchen, gegen die steurische Gränze, zwischen Kleinhattmannsdorf und Zedersdorf.

Saubersdorf. U. W. W. am Steinfelde, ein Dorf und Gut der Herrschaft Krumbach, theils dem Neustädter Bisthume unterthänig, westsüdwärts von Neustadt, zwischen Weikersdorf und St. Gilgen.

Säubersdorf. U. W. W. s. Seibersdorf.

Saurerhof. U. W. W. insgemein das Saurerbaad, ein Herrenhof, Baad und Wirtshaus, dem Herrn Doppelhofen zur Herrschaft Rauchenstein gehörig, nächst Baaden; hat den Namen von seinem Erbauer dem von Saurer, welcher Rauchenstein A. 1594. besessen.

Säuring. D. W. W. ein Dorf des Kloster mauerbachischen Kastenamtes St. Leonhard.

Säuring. U. M. B. Säuerhof, Schloß, Kirchdorf und Gut des Fürsten von Trautsohn im Marchfelde, ostwärts der Poststraße nach Wolkersdorf; ward den 23. Aug. 1683. nach Abzug des General Heuslerls von den Türken bis auf den Grund verbrannt.

Säuseneck. †. D. W. W. Seisseneck, Schloß und Herrschaft des Freyherrn von Riesenfels, nebst Kalling, Rohrbach und Schwend, und der Vogtey in den Pfarren Amstädten, Viehdorf, und St. Georgen

Zweyter Theil. 145

orgen am Ipsfeld; über der Ips, rechts der Poststraße nach Amstädten, bey Blindenmarkt.

Säuseneck. O. W. W. ein der jetzt genannten Herrschaft einverleibter Markt.

Walther Freyherr von Seisseneck lebte A. 1284. ein andrer Walther A. 1381. beyde Burggrafen zu Steuer. Jörg Seissenecker zu Saß. A. 1444. und 1463. ein andrer Georg A. 1501. welchen Kaiser Maximil. I. mit Herrn Barthol. von Starhenberg Tochter Anna vermählte. (Hueber. Hoheneck)

Säusenstein. O. W. W. Seissenstein, eine Prälatur Cisterzienserordens, eigentlich St. Lorenz im Gottesthal genannt, erkennet Eberharden, Herrn von Waldsee zu Drosendorf, Hauptmann zu Linz für seinen Stifter. Der Name Säusenstein (strepitosus Lapis) kömmt von dem Felsen, auf den es gebauet ist; an welchem der an der Nordseite vorbey rauschende Donaufluß, durch beständig anschlagende Wellen, ein schreckliches Sausen machet. Es liegt an einem erhabenen, überaus angenehmen Orte; hat gegen Morgen, das Städtchen Pechlarn und weiter hin das Kloster Melk, gegen Abend die Stadt Ips, gegen Mittag Petzenkirchen, und gegen Mitternacht die Donau, nebst dem am jenseitigen Ufer liegenden Gnadenort, Mariataferl. Der Herr von Wallsee hatte seine Stiftung Anfangs den Eremiten des heiligen Augustinus zugedacht; weil aber die Regeln dieses Ordens nicht erlaubten, daß er bey der Wahl der Klostergeistlichen freye Hand behalten konnte: änderte er seine Absicht; widmete A. 1334. den Mönchen des heiligen Bernhards von Cisterz sein Stift, und untergab es Anfangs dem Kloster Zwettel, und nachmals dem Kloster Wilhering als ein Filial: aber A. 1335. bald zu Anfange des Jahres, hatte es schon seinen eigenen Abt; wie der Freyheits-

K   brief

brief Herzog Alberts II. und Herzog Ottens vom 21. January, und ein Patent Bischof Alberts II. zu Passau vom 6. Mart. 1335. bezeuget, in welchen beyden des Abts, Priors und Convents erwähnet wird. Die Kirche ist von Bischof Alberts II. zu Passau Vicar, Bischof Petern von Marchopolis A. 1341. am Sonntage Exsurge geweihet worden. Im Jahre 1345. hat Herr Eberhard den ersten Stiftsbrief in lateinischer Sprache gefertiget; welchen Pabst Clemens VI. durch seine Bulle A. 1346. bestättiget. Im Jahre 1351. aber ist die Stiftung von ihrem Urheber durch eine andere Urkunde in deutscher Sprache erweitert worden. Der Stifter starb A. 1357. und liegt allhier in seiner Stiftskirche begraben. Der erste Abt dieses Klosters hat, nach dem Jongelinus, Ulrich geheissen; und dem 13. Abte Johann III. von Rossatz ist A. 1455. die Ehre der Inful und des Stabes für sich und seine Nachfolger zu Theile geworden. Das Kloster hat durch Feuersbrünste, Krieg, und Raub, wie z. E. A. 1463. durch die ungarischen Brüder, vieles erlitten; aber aller dieser Drangsale ohngeachtet, sich dennoch aufrecht erhalten, und bis auf unsere Zeiten 41. Aebte und Prälaten, meistens berühmte, und um das Vaterland höchst verdiente Männer gehabt. (Hanthaler. Fast. Campilil. Chron. Zwettel. Chron. Mellic. beym Hier. Petz)

Sautern. U. W. W. ein Amt der Herrschaft Sebenstein, südwärts hinter Neustadt, im Gebirge, an der Trasen.

Schadendorf. U. W. W. ein Kirchort hinter dem Hartwalde zwischen Rögelsbrunn und Höflein; soll den Namen von der Niederlage haben, welche Herzog Heinrich II. Jasomirgott den 11. Sept. 1142. erlitten,

litten, als er dem ungarischen Könige Aba in dieser Gegend eine Schlacht lieferte.

Schadendorf. D. W. W. zwischen der kleinen Erlauf und der Ips, südwärts hinter Weinzierl.

Schaditz. D. M. B. ein Dorf der Herrschaft Drosendorf, und des Stifts Geräß, über der großen Theya, an der böhmischen Gränze.

Schafberg. D. M. B. ein Dorf der Herrschaft Spitz, zum Gute Heinrichschlag gehörig, zwischen der großen Krems, und kleinen Kamp, gegen Rapotenstein. Das Stift Zwettel, nebst den Herrschaften Ottenstein, und Oberranna haben auch Theil daran.

Schafhof. D. M. B. eine herrschaftliche Mayerey, der Herrschaft Rogendorf im Böckstall, vom Gute Sinzeneck abhangend, nächst dem Markte Würmsdorf.

Schala. D. W. W. Scholla, Schollach, ehemals Scala, ein Kirchdorf nächst Schalaburg, dem Gebiete desselben unterworfen; war vor Zeiten ein Edelsitz, von dem ein ritterliches Geschlecht den Namen getragen. Otto von Schala lebte A. 1303. Jans und Ulrich, Brüder von Scholla kommen ums Jahr 1356. in Schriften vor. (Hueber)

Schalaburg. †. D. W. W. Schloß und Herrschaft des Freyherrn von Tinti zu Blankenstein und Rittersfeld, vor Zeiten eine berühmte Grafschaft, zwischen der Bielach und Melk, südwärts der St. Pöltnerstraße, hinter Loosdorf, eine Meile von Melk.

Schalaburg. D. W. W. Markt und Pfarre, zu dieser Herrschaft gehörig.

Die Grafschaft Schalab soll Graf Sighart, genannt Scharsach ums Jahr 1100. mit seiner Gemahlinn Sophia, verwitweten Herzoginn von Kärn-

L 2   ten,

ten, Tochter Markgraf Leopolds des Schönen von Oesterreich, zur Morgengabe erhalten haben. Er wird nebst seinem Sohne Dietrich in einer Urkunde des Klosters Wormbach, nach dem Jahre 1132. angeführt, und ist A. 1142. gestorben. Graf Heinrich kömmt in einem Document des Klosters St. Peter bey Salzburg, und dessen Bruder Graf Sigehard von Schalaba ums Jahr 1164. bey der Uebergabe des Gutes Brunn an das Kloster Admont als Zeuge vor. (Bern. Pez) Nach Abgang der Grafen, ist ihr Gebiet wieder an den Landesfürsten gefallen, und durch adeliche Pfleger verwaltet worden. Hadmar, Burggraf von Schalla, lebte A. 1325. (Hueber) Sebastian Herr von Losenstein zu Schalaburg überwand A. 1521. bey Ferdinands I. Beylager mit der ungarischen Prinzessinn Anna zu Linz, in einem ritterlichen Zweykampfe, einen spanischen Helden, welcher alle Deutsche durch ein öffentliches Cartell ausgefordert hatte. (Hoheneck)

Schalladorf. U. M. B. Schallendorf, A. 1108. Goteschalchisdorf. (Hueber) der Herrschaft Immendorf dienstbar.

Schallmersdorf. O. M. B. Schall-Emmersdorf, ein Markt der Herrschaft Emmersdorf, an der Donau, unterhalb Weideneck.

Schandochen. O. M. B. s. Schönbachen.

Scharagraben. O. W. W. ein Dorf über der Bielach, südwärts hinter Friebau, zwischen Kilb und Strannersdorf.

Scharfeneck. U. W. W. hinter Baaden, ein völlig verödetes Bergschloß, westwärts im Thale bey der Schwächa, im Dreyangel mit Rauchenstein, und Raucheneck.

Schar-

Scharfeneck. U. W. W. am Leithaberge, eine k. k. Herrschaft, welche die vier Märkte und Güter Männersdorf, Sumarein, Hof und Au begreift, war vormals ein Eigenthum der Gräfinn von Fuchs, die sich durch Erziehung der großen Theresia einen ewigen Nachruhm erworben hat; und ward nach deren Tode, von dem höchstseel. Kaiser Franz I. erkauft. Das hohe Bergschloß, von dem die Herrschaft den Namen trägt, ist mit einem artigen Zeughause versehen, und lieget nächst oberhalb der Wüste St. Anna.

Schärfenfeld. O. W. W. ein Dorf, welches die Gräfinn Rosalia von Windischgrätz A. 1748. besessen hat.

Scharndorf. U. W. W. ein Pfarrdorf der Herrschaft Rohrau, mit einem herrschaftlichen Jägerhöfe.

Schasberg. O. M. B. ein Amt des Klosters Ranna, unter der Vogtey der Herrschaft Oberranna.

Schaubing. O. W. W. ein Dorf der Herrschaft Würmla, bey der Trasen, südwestwärts von Bärschling, unterhalb Ochsenburg.

Schauenstein. O. M. B. ein altes Bergschloß hinter dem Gefällerwalde, beym nordlichen Ufer der Kamp, unterhalb Krumau, war A. 1574. Kuefsteinisch. (Hoheneck)

Schaufellneg. U. W. W. ein ehemaliges Dorf nächst der Stadt Wien, wo jetzt der freye Platz ausserhalb der Melkerbastey befindlich ist, von welchem die Schaufelgasse noch jetzt den Namen hat.

Schaumbergerhof. U. W. W. in den wienerischen Linien, ein Starhenbergisches Freyhaus auf der Wieden, nächst dem Klagbaume, jetzt der Starhenbergische Garten genannt.

Scheibenhof. O. M. B. ein adelicher Landsitz im Walde unweit Stein, von seinem vorigen Besitzer, auch der Dettelische genannt, jetzt dem Nonnenkloster zu Imbach gehörig.

Scheibletkirchen. U. W. W. Scheibskirchen, ein Dorf hinter Sebenstein, an der Trasen, zwischen Gleissenfeld und Edlitz.

Scheibmühl. O. W. W. an der Trasen, ein Mühlhof, welchen Ruger Merl von Tanarn A. 1337. dem Kloster Lilienfeld überlassen hat. (Hanthaler)

Scheibs. O. W. W. Schloß und Herrschaft des landsfürstlichen Stifts Gaming, an der großen Erlauf, südwärts hinter Burgstall. Die Herrschaft begreift den Markt und das Oberamt Scheibs, nebst den Märkten, Hippersdorf und Oberndorf, das Dorf Königstädten, u. a. Oerter.

Scheibs. O. W. W. Markt und Pfarre der erstbesagten Stiftsherrschaft angehörig. Der Ort, welcher sich einen privilegirten Eisen und Proviantmarkt nennet, war vor Zeiten landesfürstlich; ward aber A. 1338. von Herzog Alberten II. und Herzog Otten der Carthaus Gaming zugeeignet. Im Jahre 1352. erklärte Herzog Albert II. den Markt zu einer Stadt schenkte ihr einen Jahrmarkt 14. Tage vor, und 14. Tage nach Magdalena, mit eben den Freyheiten, deren der Markt Petronell bey seinem Jahrmarkte zu genießen hat, und gab dem Prior die Macht, den bisher offenen Ort mit Mauern zu umfangen. Und dieses erfolgte auch zwischen den Jahren 1491. und 1496. unter dem 31. Prior Andreas Tandel, welcher Scheibs mit Mauern einschloß, als er dem Kloster zum zweytenmale vorstund. (Steyrer) Die Capuziner haben hier ein Kloster, ausserhalb den Mauren des Markts, welches A. 1678. von Allmosen erbauet worden ist. (Insprugger)

Scheibseck. O. W. W. unweit Scheibs, und St. Leonhardspfarre, ein ehemaliges Lehngut, welches Herzog Otto, und seine Gemahlinn Katharina Herzog Alberten II. verkaufte, und dieser A. 1354. dem Stifte Gaming übergab. (Steyrer)

Scheids. D. M. B. ein Dorf der Herrschaft Himberg, an der großen Krems, bey Albrechtsberg.

Scheiteldorf. D. M. B. der Herrschaft Schwarzenau unterthan, zwischen Kirchberg an der Wild, und unsrer Frau zu Raffings.

Schellhof. U. W. B. Schallhof, ein Edelsitz der Herrschaft Radaun einverleibt, hinter dem Wienerberge, zwischen Siebenhirten und Bertholdsdorf.

Schellingshof. D. M. B. ein Gut zur Herrschaft Dobersberg gehörig, an der deutschen Theya, oberhalb Dobersberg.

Schenkabrunn. D. W. W. ein Dorf hinter Göttwelh, gegen Langeck.

Schenkenhof. D. W. W. ein vormals viedomisches Gut bey St. Peter in der Au.

Schermannsdorf. U. M. B. wo der Graf von Fünfkirchen verschiedene Lehnstücke besitzt, die von dem regierenden Fürsten von Lichtenstein abhangen.

Scheuenstein. U. W. W. im Gebirge hinter Neustadt, ein Pfarrdorf, welches der Herrschaft Gutenstein zum Theil eigen ist; war vor Zeiten mit dem Schlosse Wulfingstein verbunden.

Wulfing von Scheuchenstein lebte A. 1333. (Hueber) Ruprecht Druchseß von Wulfingstein, Scheuenstein und Dachenstein, ums Jahr 1530. war der Letzte seines Stammes.

Scheuernberg. D. W. W. ein ehemals berühmtes und vestes, nun aber völlig verödetes Bergschloß, von welchem ein altes edles Geschlecht den Namen führte. Alber von Schewerberch stiftete A. 1282. mit seiner Gattin Margret, und ihrem Sohne Otto das

K 4 Gut

Gut Schiltbach zu ihrem Begräbniße nach Lilienfeld. (Hanthaler) Chunrad der Scheuerbeck und sein Bruder verkauften die Veste Scheuernberg Herzog Alberten II. der sie A. 1345. dem Kloster Gaming als ein freyes Eigen schenkte, und A. 1355. die Wiedererbauung auf allezeit verbot. Das Schloß ist mit Holzung dergestalt verwachsen, daß außer den Ueberbleibseln eines gemauerten Grabens kaum einige Spuren übrig sind: so, daß das Andenken desselben sogar verloren gegangen wäre, wenn nicht ein Bauerhaus in der Gegend den Namen erhalten hätte, welches am Scheuernberge genannt wird. Es liegt zwischen Scheibs und der Erlauf in einem engen Thale, der Lueggraben genannt, auf einem steilen 200. Fuß hohen Felsen, der aber von weit höhern Gebirgen umringet ist. (Steyrer)

Schickenhof. O. W. W. hinter Steinenkirchen, nebst Auhof zur Herrschaft Salaberg gehörig.

Schickenhof. O. M. B. ein Gut des Grafen von Schallenberg, hinter Zwettel, mit der Herrschaft Rosenau vereint, ehemals mit Taxen verknüpft.

Schickenreut. O. W. W. die bambergisch und freysingischen Lehnstücke allhier, gehören dem Herrn von Stibar; zum Gute Krellendorf.

Schildbach. O. W. W. ein Gut des Stifts Lilienfeld, wohin es A. 1282. von Albern von Scheuernberg für sein Begräbniß gestiftet ward. (Hanthaler)

Schildberg. O. W. W. ein Kirchdorf hinter Bärschling, oberhalb Jaitendorf.

Schildbertholz. O. M. B. ein Dorf zwischen der deutschen und böhmischen Theya, hinter Weikardschlag.

Schilddorf. O. W. W. über der Ips, rechts der Poststraße nach Amstädten, bey Säuseneck.

Schilderhöfe. O. M. B. zu Langenlois, zween Freyhöfe der Herrschaft Schildern.

Schildern. U. W. W. ein Amt der Herrschaft Sebenstein, südwärts von Neustadt im Gebirge, an der
Trasen; vor Zeiten ein Edelsitz und Gut, dessen Ei-
genthümer Vasallen der Grafen von Pitten waren. Aribo von Schiltern übergab ums Jahr 1150. den
Wald bey Chotelac und Werd dem Abte zu Vormbach, im Namen Graf Eckberts von Pitten, welcher
solchen dem Stifte geschenket hatte. (Rümpler Hist.
Formbac. beym Bern. Pez)

Schildern. O. M. B. Schloß und Landgut des Herrn
von Mosern, mit Krouseck vereinbart, zwischen der
Kamp und dem Gefällerwalde, hinter Langenlois, bey
Buchberg.

Schildern. O. M. B. Markt und Pfarre der gedachten Herrschaft einverleibt. Etwas gehört nach
Schönberg, unter die Herrschaft Grafeneck.

Schimmelmühle. O. W. W. sonst die untere Aumüh-
le genannt, ein freyer Mühlhof des Grafen von
Kuefstein zu Thalheim; ist A. 1767. feil geboten
worden.

Schirmannsreut. O. M. B. ein Gut, und Dorf der
Herrschaft Drosendorf, zwischen Berneck und Geräß,
bey Goggitsch.

Schirmes. O. M. B. ein Dorf der Herrschaft Waidhofen über der deutschen Theya.

Schläden. O. M. B. ein Dorf der Herrschaft Karb-
stein.

Schlag. U. W. W. ein Dorf der Herrschaft Dörnberg.

Schlag. O. W. W. im Schlag, zwey landsfürstliche
Lehngüter, welche Herzog Albert II. A. 1356. Herr-
neiden und Hansen von Wildeck abkaufte, und nach
Gaming schenkte. (Hanthaler)

K 5   Schlag.

Schlag. O. M. B. ein Amt der Herrschaft Engelstein, imgleichen der Herrschaft Litschau, wie auch der Herrschaft Schwarzenau unterworfen.

Schlägels. O. M. B. ein Dorf der Herrschaften Karlstein und Ottenstein, über der Kamp hinter Töllersheim.

Der zur Windhaagischen Stiftsherrschaft Großpopen gehörige Freyhof ist feil geboten worden.

Schlatten. U. W. W. vor Zeiten Sláten, Pfarre und Amt der Herrschaft Kirchschlag, ehemals ein eigenes Gut. Chunrad von Sláten, war A. 1230. Zeuge bey einer Schenkung der Gräfinn Eufremia von Pilstein an das Stift Lilienfeld. (Hanthaler) Offo von Slát, endigte A. 1317. einen verjährten Streit mit dem Stifte Lilienfeld, und stiftete A. 1321. sein Begräbniß in diesem Kloster. (Hanthaler) Es ist zweifelhaft, ob dieses Geschlecht von hier, oder von einem andern Gute Slát an der Trasen im B. O. W. W. den Namen gehabt. (s. Slát)

Schlaubing. O. M. B. ein Dorf der Herrschaft Spiz, zum Gute Schwallenbach, theils der Probstey zu Dürrenstein unterworfen.

Schleinbach. †. U. M. B. ein Pfarrdorf der Herrschaft Ulrichskirchen, hinter diesem Schlosse, bey Kronberg. Etwas hat die Pfarre zu Ulrichskirchen.

Schleifmühle. U. W. W. zu Wien, s. Mühlfeld.

Schleiniz. U. M. B. Niederschleiniz unterhalb Röschiz, ein Kirchdorf und Filial von Straming, woran der Herr von Mosern zu Achau, das Stift Altenburg, die Herrschaften Horn, Sizendorf und Limberg, und die Pfarren Egenburg und Straming Antheil haben.

Schleiniz. O. M. B. s. Burgschleiniz.

Schlickendorf. D. M. B. an der Donau, unterhalb Krems, der Herrschaft Nußdorf ob der Trasen dienstbar.

Schliefgräben. U. W. W. im Wienerwalde, ein Ort von Waldhüttlern, südwärts von Burkersdorf, hinter Hochbuch, vom k. k. Waldamte abhängig.

Schloßgraben. U. W. W. eine Gegend im Gebiete des Stifts Heiligkreutz, unweit von diesem Kloster, wo man ergiebige Steinkohlenbrüche entdecket hat.

Schloßhof. U. M. B. s. Hof.

Schloß Neuhäusler. D. M. B. s. Neuhäusler.

Schmerbach. D. M. B. ein Dorf über der Kamp, hinter Rapotenstein.

Schmerbach. D. M. B. ein Dorf über der Kamp, gegen Neupölla. Diese Dörfer stehen unter den Herrschaften Krumau, Ottenstein und Waldreichs.

Schmiebach. D. W. W. vor Zeiten ein eigenes Gut über der Bielach, zwischen Ranzenbach und Kilb.
Friedrich von Schmiebach lebte A. 1265. (Hueber)

Schmieda. †. U. M. B. am Wasser gleiches Namens, Schloß und Herrschaft des gräflich Hardeckischen Hauses, mit Städteldorf verknüpft, oberhalb Stockerau, unweit Neuelgen. Gehörte vor Alters den Herren von Dosen, und fiel nach deren Abgange an Kaiser Friedrichen IV. der diese Herrschaft A. 1482. an die Freyherren Siegmund und Heinrich Prüschenken von Stattenberg, Innhaber der Grafschaft Forchtenstein, nachmalige Grafen von Hardeck verkaufte, bey deren Nachkommen sie bis jetzt geblieben ist. (Hoheneck)

Schmiedbach. U. M. B. Schmieda A. 1110. Schmidach (Hueber) ein kleiner Fluß, welcher oberhalb Ravelsbach entspringet, von Norden südwärts läuft, und unterhalb dem vorgemeldten Schlosse Schmieda in die Donau fällt.

Schmiedsdorf. U. W. W. ein Amt der Herrschaft Stüchsenstein.

Schnallendorf. U. M. B. nordostwärts hinter Oberholabrunn, bey Immendorf.

Schneeberg. U. W. W. ein großer hoher Berg, hinter Neunkirchen, rechts der Straße bey Glocknitz und dem Sömmering nordwärts gelegen, im Gebiete des Grafen von Hoyos zu Gutenstein. Er raget über alle umliegende hohe Gebirge so weit hervor, daß man ihn 8. Meilen davon, zu Wien, bey heiterem Wetter genau sehen kann. Ohngeachtet des ewigen Schnees, von dem er den Namen trägt, und welcher denselben auf allen Seiten bedecket, befinden sich zu oberst auf demselben die schönsten grünen, mit den besten Kräutern versehenen Alben, wohin die benachbarten Landleute aus Oesterreich und Steuermark, im Monat Julio ihre Pferde und Rinder zu treiben, und solche bis in den September daselbst auf der Weide zu lassen pflegen. Das Erdbeben am 27. Febr. 1768. früh um drey viertel auf drey Uhr, hat sich hier, und in dem umliegenden Gebirge heftiger als anderwärts spüren lassen, und in dem Berge einige neue Klüfte verursachet. Auch haben die benachbarten Landleute versichert, daß bey solcher Gelegenheit an unterschiedenen Orten Feuerflammen aus dem Berge hervorgebrochen wären; und daß sie schon ein paar Tage vorher, sowohl hier, als in den nahgelegenen Steinwänden, ein starkes unterirdisches Getös, und heulendes Sausen vernommen hätten.

Dieser Berg ist vor Zeiten als eine eigene Herrschaft betrachtet worden, und hat einer edlen Familie den Namen gegeben, aus welcher Udalrich von Sneeberch ums Jahr 1150. in einem Schenkungsbriefe

briefe Graf Bertholds von Andechs, der im Kloster Admont ein Mönch geworden, als Zeuge vorkommt. (Bern. Pez) Rudolph von Schneeberg lebte A. 1384. (Hoheneck)

Schneeberg. D. M. B. Dorf und Amt der Herrschaft Martinsberg, hinter Böckstall, bey Kirchschlag.

Schneidau. D. W. W. ein Dorf am westlichen Ufer der Erlauf, beym Einflusse derselben in die Donau, Großpechlarn gegen über.

Schnepfhof. U. W. W. zu Enzersdorf unterm Gebirge, ein Freyhof der Aebtissinn von Nunnberg, bey Salzburg.

Schnieau. D. W. W. ein Dorf über der kleinen Erlauf, zwischen Ulmerfeld und Euritzfeld.

Schoberbach. D. W. W. ein kleines Flüßchen südwärts von Gaming, gegen die Gränze von Steuermark, wo es sich bey Hammer, mit der Gößling vereinigt.

Schöffstraß. U. W. W. in den wienerischen Linien, insgemein bey Mariahülf genannt. (s. Mariahülf)

Schoges. D. M. B. ein Dorf der Herrschaft Weitra, gegen die böhmische Gränze.

Scholla. D. W. W. s. Schala und Schalaburg.

Schönau. †. U. W. W. Schloß und Herrschaft des Freyherrn. von Toussaint, an der Triesting, hinter Draßkirchen, bey Ginselsdorf, nächst der Poststraße nach Saalenau.

Schönau. U. W. W. ein dieser Herrschaft unterthäniges Dorf.

Chunrad von Schönowe, A. 1224. Zeuge in einem Docum. des St. Leopoldistifts von Herzog Heinrichen zu Medling. (Bern. Pez) Rudolph, genannt Hewrawez von Schönau, war A. 1360. Zeuge

Zeuge bey dem Vergleiche Erzherzog Rudolphs IV. von Oesterreich mit Kaiser Karln IV. im Lager bey Eßling. (Steyrer) Herzog Albert III. ließ A. 1388. alle Lehngüter allhier seinem Landmarschalle in Oesterreich, Heinrichen von Wallsee überantworten. (Steyrer) Im Jahre 1483. war Leonhard Halt Kaiser Friedrichs IV. Hauptmann allhier (Hanthaler) Gabriel, Vogt zu Schönau und sein Bruder Isaac lebten A. 1535. (Hueber) Salomon Vogt zu Schönau, genannt Wierand A. 1555. (Hoheneck)

Schönau. U. W. W. ein Pfarrdorf der Herrschaft Krumbach, hinter Stückelberg, bey Kirchschlag.

Schönau. U. M. B. ein Kirchdorf der Herrschaft Großenzersdorf, an der Donau, zwischen Sachsengang und Ort.

Schönau. O. M. B. ein Dorf des Stifts Zwettel, und theils nach Imbach gehörig, hinter Rastenberg, gegen die Kamp, bey Friedersbach.

Schönau. O. M. B. Großschönau, ein Dorf der Herrschaften Engelstein, Hirschbach und Litschau, über der Zwettel, hinter Engelstein.

Schönbach. †. O. M. B. ein Pfarrdorf und Amt der Herrschaft Rapotenstein, am Kampflusse, bey Trauenstein.

Das Kloster St. Hieronymi, von der Congregation des seligen Petrus von Pisa, der strengern Observanz, hat die Gräfinn von Strattmann, gebohrne Gräfinn von Abensberg und Traun A. 1697. für 20. Ordensgeistliche gestiftet. (Insprugger)

Schönberg. †. O. M. B. Schloß und Herrschaft der Gräfinn von Regas zu Grafeneck, mit dem Edelsitze Geldersdorf, und dem Gute Mülands vereint, zwischen dem Kampflusse, und dem Mannhardsberge, unterhalb Gars.

Zweyter Theil. 159

Schönberg. †. O. M. B. Markt und Pfarre, der jetzt benannten Herrschaft einverleibt.

Raffold von Sconeberch kömmt A. 1142. und Hadmar von Schöneberg A. 1254. als Zeuge vor (Hueber) Das Schloß ward nach Herzog Rudolphs IV. Tode ein Sammelplatz verarmter Edelleute, welche der gnädigen Regierung Alberts III. mißbrauchten, und die umliegenden Gegenden mit ihren Räubereyen belästigten. Als aber Alberts Bruder, Herzog Leopold III. nach Oesterreich zurück kam, belagerte er A. 1378. das Raubnest, zwang es zur Uebergabe, und ließ alle darinn gefangene Edle und Unedle, ohne Unterschied aufknüpfen.

Schönberger Neustift. O. M. B. (s. Neustift.)

Schönborn. U. M. B. Neuschönborn, Schloß und Herrschaft des gräflich Schönborn-Puchheimischen Hauses, bey der Poststraße hinter Sürndorf, eine viertel Stunde vom Markte Göllersdorf. Das prächtige Schloß hat Graf Friedrich Karl von Schönborn, damaliger Reichsvicekanzler, nachmals Bischof von Bamberg und Würzburg A. 1712. erbauet, und solches an die Stelle des alten kleinen Schlosses Mühlberg gesetzet, daß er dem Bischofe zu Neustadt, Grafen Franz Anton von Puchheim, dem letzten des Puchheimischen Hauses abgekauft gehabt.

Schönbrunn. U. W. W. ein k. k. Lustschloß, wo der Hof sich die meiste Zeit des Sommers hindurch, bis in den späten Herbst aufzuhalten pfleget, südwestwärts von Wien, eine viertel Stunde ausserhalb den Linien, vor dem Mariahülferthore, am Wienflusse, unter einer Anhöhe gelegen, welche sich vom Wienerberge, hier vorbey, bis nach Lainz hinziehet. Der Namen rühret von einem silberklaren Brunnquell her, welcher sich noch vor wenig Jahren hinter dem Schlosse,

linker

linker Hand, am Fuße des Berges befand, und mit einem Steine bezeichnet war, auf dem der Namen des Kaisers Mathias stund. Kaiser Leopold hat diesen Sommerpallast ums Jahr 1696. für den römischen König Joseph zuerst anlegen lassen, und pflegte sich der Hof damals allhier vornehmlich mit Turnieren, und allerhand Ritterspielen zu ergetzen. Unter Kaiser Karln VI. aber ward derselbe wenig, oder gar nicht besucht. Doch nachdem die große Theresia, beym Antritt ihrer Regierung, wegen des benachbarten Gnadenortes Mariahietzing, einen vorzüglich beliebten Aufenthalt allhier gefunden, hat sie demselben eine ganz andere Gestalt gegeben, und den sonst kleinen Lustort, in eine große, prächtige und ihrer Majestät würdige Residenz verwandelt. Der Anfang des neuen Baues ward A. 1744. gemacht, und derselbe A. 1749. meistens vollendet. Man hat den alten Pallast theils zum Hauptgebäude beybehalten, und an dasselbe zwey große hervorragende Flügel gehänget, in deren einem gegen Osten die nicht große aber schöne und herrliche Hofkirche befindlich ist. Diese Flügel, nebst denen daran stossenden, nur ein Stockwerk hohen Seitengebäuden, machen einen weiten und ansehnlichen Vorhof, dessen Eingang mit zwoen Pyramiden gezieret ist. Wir übergeben die innere Einrichtung des Schlosses, die an Pracht und Geschmacke das äußere Ansehen vielleicht noch übertrifft. Gedachte Nebengebäude erstrecken sich auf einer Seite gegen Hitzing, und auf der andern gegen das Dorf Meidling, in einer solchen Weite, daß viele namhafte Städte denenselben an Größe weichen müssen. Die hinter dem Schlosse angelegte Lustgarten, neben welchem sich auf der Anhöhe ein großer Thiergarten befindet, übertrifft mit seinem Umfange, das in seinen Wällen eingeschlossene Wien. Er pranget

mit

Zweyter Theil.

mit allem, was jemals die Gärtnerkunst schönes hervorgebracht, und ist vornehmlich wegen zweyer Seltenheiten sehenswürdig. Die eine ist der sogenannte holländische Garten, welchen dessen Urheber, der höchstseelige Kaiser Franz I. unter Aufsicht des Kunstgärtners, Adrian Steckhovens, mit allen ausländischen raren Gewächsen schmücken lassen: aus denen wir eines Palmbaums von besonderer Art erwähnen müssen, weil er der erste ist, der jemals in Europa geblühet hat. Er wird von dem berühmten Börhave die japonische Palme, von den Japanern aber Soteestsjoe genannt. Prinz Wilhelm III. von Oranien, nachmaliger König in England, kriegte ihn A. 1684. aus Indien; und schätzte man den Baum damals auf 30. Jahre. Im Jahre 1702. bekam ihn K. Friedrich I. von Preussen, und von dessen Nachfolger K. Friedrich Wilhelmen erhielt ihn A. 1739. gedachter Herr Steckhoven, der denselben A. 1753. in dem hiesigen kaiserlichen Hofgarten setzte, und es durch ämsige Wartung dahin brachte, daß er im Junio 1765. zu blühen, und sogar Früchte zu tragen anfieng. Die zweyte Seltenheit ist die Menagerie, welche von eben höchstgedachtem Kaiser Franz I. herrühret; der mit den größten Kosten, die rarsten Thiere und Geflügel, aus allen Theilen der Welt hieher geschaffet, allwo jede Gattung in einem eigenen abgesonderten Hofe, und artigen steinernen Hause aufbewahret und verpfleget wird. Mitten in dieser Menagerie ist ein ovalrunder schöner Saal, welchen die Kaiserinn Königinn A. 1767. mit der Bildsäule ihres theuersten Gemahls, als des Stifters so vieler Seltenheiten gezieret, und durch die dabey befindliche Innschrift die Einsicht, den Geschmack, die Auswahl, und die großen Gemüthsneigungen dieses ruhmwürdigen Monarchen verewiget hat.

So lange der Hof zu Schönbrunn sich aufhält, wird der ganze Weg von der Burg aus bis hieher des Abends mit vielfältigen Laternen beleuchtet; welche bey Nachtzeit dem Auge, besonders vom Weiten einen ungemein schönen Anblick verschaffen. Der Wienfluß, welcher sonst bey starken Regengüssen sich öfters unverhoft anzuschwellen, und aus seinen Ufern zu treten pflegte, ist durch geschickte Ableitung der Bergbäche im Wienerwalde dergestalt eingeschränkt, daß nun keine Ueberschwemmung mehr von demselben zu besorgen stehet. Eine schöne breite hölzerne Brücke über diesen Fluß hänget den Eingang zum Schlosse mit der oberösterreichischen Poststraße zusammen, welche nordwärts hier vorbey, nach Burkersdorf gehet.

Schönbühel. O. W. W. Langenschönbühel, Dorf und Amt der Herrschaft Zwentendorf, an der Donau, oberhalb Tulln, zwischen Reinau, und dem Ausflusse der Bärschling.

Schönbühel. O. W. W. Kleinschönbühel, der Stiftsherrschaft des Nonnenklosters zu Tulln unterworfen, oberhalb dem vorigen, bey der Donau, zwischen der Bärschling und Erdpreßdorf. Etwas gehört den Schottnern zu Wien. Es soll vor Zeiten das römische pirum tortum sich in dieser Gegend befunden haben.

Schönbühel. †. O. W. W. Schloß und Herrschaft des Starhenbergischen Hauses, mit den Edelsitzen Loitzendorf und Krummennußbaum verknüpft an der Donau, unterhalb Melk.

Schönbühel. †. O. W. W. Markt und Pfarre der vorbenannten Herrschaft einverleibt. Das Servitenkloster allhier hat Conrad Balthasar Graf von Starhenberg, niederösterreichischer Stadthalter, A. 1672. gestiftet. (Insprugger)

Zweyter Theil.

Chunrad von Schönpuch kömmt A. 1267. in Schriften vor (Hueber)

Schönbübel. O. M. B. Dorf und Amt der Herrschaft Arbesbach, hinter Trauenstein, zwischen der kleinen und großen Kamp.

Schöndachen. O. M. B. Dorf und Gut der Herrschaft Weissenbach, über der deutschen Thaya.

Schöneck. O. W. W. Schloß, Mayeren, Amt und Gut, nebst dem Sitze Edelbach, der Starhenbergischen Herrschaft Freydeck verbunden, bey der Ips.

During von Schönekke war A. 1190. Zeuge bey einer Pfandverschreibung an das Kloster Admont. (Bern. Petz) Otto von Schöneck lebte A. 1312. (Hueber)

Schönesbrunn. U. W. W. insgemein Schämesbrunn, ein Dorf der Herrschaft Rohrau, bey der Leitha, zwischen Hollern und Prellenkirchen. Schömbrun bey der Lytoha wird schon in einer Urkunde Kaiser Ludwigs I. A. 823. angeführt. (Calles)

Schönfeld. U. M. B. ein Dorf der Herrschaft Obersiebenbrunn, im Marchfelde, hinter dem Rußbach, A. 1262. Seveld genannt. (Hueber)

Schönfeld. O. M. B. ein Dorf der Herrschaften Arbesbach, Kirchberg an der Wild und Großsieghards, über dem Kampflusse, bey Kirchberg an der Wild.

Schönfeld. O. M. B. der Herrschaft Weikardschlag unterthäniges Dorf, an der böhmischen Gränze, bey Gilgenberg.

Schönfelderhof. U. M. B. südwärts von Schönfeld am Marchfelde, zur Herrschaft Obersiebenbrunn gehörig.

Schönfelderhof. O. M. B. ein gräflich Sinzendorfischer Freysitz, nebst einem Theile von Merkabrechts, hinter Altenburg.

Schöngraben. †. U. W. W. Schloß und Gut mit der Herrschaft Unterwaltersdorf verknüpft, hinter Ebergäßling, am Reisenbache.

Schöngrabern. †. U. M. B. Markt und Pfarre, der Herrschaft Guntersdorf unterthänig, bey der Poststraße hinter Oberhollabrunn. Unweit davon ist eine Kirchfahrt zum heiligen Brünnel, wie zu Bulkau.

Schönkirchen. †. U. M. B. Schloß und Herrschaft des Freyherrn von Wallhorn, A. 1056. Chirchle genannt (Calles) im Marchfelde, an der Straße nach Holitsch, unweit Bockflüß.

Schönkirchen. U. M. B. Markt und Pfarre unter vorbenannter Herrschaft.

Siegmund Schneidbeck zu Schönkirchen, aus einem alten adelichen Geschlechte, von welchem Simon Schneidbeck A. 1387. gewisse Ritterlehne zu Wildeck besaß, lebte A. 1506. (Hueber) Sein Sohn Johannes A. 1519. Kanzler von Niederösterreich, nannte sich zuerst Herr von Schönkirchen (Höhenneck) Joachim Herr von Schönkirchen A. 1563. war Erbthürhüter und Landmarschall in Niederösterreich.

Schönkirchen ward A. 1409. mitten in dem erstgeschlossenen Frieden durch einen gewissen Caspar Schwemmsdelch aus Ungarn überfallen und geplündert; und dieses wegen einer Summe Geldes, wel. K. Siegmund von Ungarn, nachmaliger Kaiser, bey seiner Gefangenschaft nach Wien in Sicherheit bringen lassen; deren sich aber Herzog Leopold IV. auf des Bischofs von Freysingen Rath, angemaßet hatte. (Haselbach)

Schönleithen. O. W. W. ein Dorf und vormals eigenes Gut hinter Blankenstein, bey Oberndorf, jetzt ein Amt des Nonnenklosters bey St. Jakob in Wien.

Bernhard und Wulfing von Schönleiten, verkauften A. 1316. dem Abte zu Melk gewisse Gilden zu Meinleinsberg, wobey Ulrich Schönleitner, ein Vetter der erstern, und sein Sohn Ludwig Zeugen waren. (Hueber)

Schottau. O. W. W. gehört zum Theil unter die Baron Hoheneckischen Lehnstücke, welche von St. Pantaleon herrühren, und feil geboten worden sind.

Schottenkloster. U. W. W. in der Stadt Wien, bey unsrer Frau zum Schotten genannt, eine Benedictinerabtey, Prälatur und Pfarre auf der Freyung, nächst dem Thore das von derselben benennet wird. Der Beynamen zum Schotten kömmt von seinen ehemaligen Bewohnern aus Schottland und Irrland, für welche das Kloster erbauet worden ist: wie denn die ersten Mönche aus dem Schottenkloster bey St. Jakob zu Regensburg, unter dem Prior Mathäus hier angelanget sind. Nach dem Abte Martin nahm es schon A. 1150. den Anfang; gelangte aber erst A. 1188. zur Vollkommenheit, da es Bischof Wolfker von Passau weihete. (Chron. Duc. Austr.) Es ward vornehmlich zum Behuf der damals häufig nach Jerusalem wallfahrtenden schottischen und irrländischen Pilgrime bestimmt. Herzog Heinrich II. Jasomirgott von Oesterreich ist der Stifter. Er fertigte A. 1158. den ersten Stiftsbrief aus, in dem er sagt: daß er die Abtey zum Lobe der heiligen Jungfrau Maria, und zum Gedächtniß des seligen Georgius, in seinem Eigenthume Favie, welches damals Wien genannt zu werden anfieng, mit Genehmhaltung Erzbischof Eberhards zu Salzburg, und Bischof Konrads zu Passau, für die Hyberner gegründet habe. (Bern. Pez) Er gab zu dieser Stiftung, welche ausser den Stadtmauern gelegen war, nebst gewissen Gütern, die vier Kapellen: St. Ma-

riß am Gestade, St. Peters, St. Ruprechts und
St. Pankraz in dem Städlein Wien (oppido);
ferner die Pfarren Pulkau und Eggendorf, nebst
den Kapellen St. Colomanns zu Lour (Laa) St.
Stephans zu Krems, und des heiligen Kreutzes zu
Tulln; erhob mit Einstimmung des Pfarrers zu Wien,
Herbergers, die Kirche zu einer Pfarre; erstreckte
den Sprengel derselben von dem Graben seiner Burg
(am Hof in der Stadt) bis zur Kirche St. Johann
in Als, und bis zum Ausflusse dieses Bachs in die
Donau; machte das Kloster zu einer sichern Frey-
städte für alle, welche dahin ihre Zuflucht nehmen
würden, und untergab es unmittelbar dem päbstlichen Stuhle. Weil aber die ausländischen Mönche
die Sprache des Landes nicht verstunden, verordnete
der Herzog einen deutschen weltlichen Priester in das
bey der Kapelle St. Pankratz befindliche Haus,
(jetzt die Nuntiatur) welchem die Selsorge, nebst
den pfarrherrlichen Verrichtungen oblag. (Fuhrmann)
Im Jahre 1161. ward diese Stiftung vom Herzoge
durch zwo neue Urkunden bestättiget, welche beyde
den 22. April gestellet sind. In diesen werden die
Mönche Schottner genannt, und die ersten Einkünfte
des Klosters durch neue Schenkungen gebessert (Bern.
Petz) Eben in diesem Jahre erhielten die Mönche
ihren ersten Abt, Namens Sanctinus. Der Herzog
starb A. 1177. und ward in seiner Stiftskirche beerdiget. An die Seite desselben ward A. 1184. seine
zweyte Gemahlinn Theodora aus Griechenland, und
nachmals auch seine Tochter Agnes K. Stephans III.
aus Ungarn Witwe beygesetzet. Das Stift feyert
jährlich am 13. Jäner seinen Sterbetag, und giebt
an demselben den Armen eine Spende von Brod und
Wein. Inngleichen werden den 14. Febr. und 10.
März zween Gedächtnißtage für den Ritter Christian

von

von Dachenstein und seine Gemahlinn Gerbirgis begangen; welche man wegen ihrer ansehnlichen Schenkungen, als die zweyten Stifter betrachtet. (Necrol. Scot.) die Schotten befanden sich bis A. 1418. im ruhigen Besitze des Klosters; in diesem Jahre aber änderte sich ihr Schicksal plötzlich. Denn weil sie sich der von Herzog Alberten V. veranlaßten, und vom Pabst Martin V. anbefohlnen Kirchenvisitation in Oesterreich widersetzten, auf ihre Unabhängigkeit trotzten, und eher das Kloster verlassen, als sich unterwerfen wollten, wurden sie gar aus dem Lande geschaft: und ihr damaliger Abt Thomas II. legte auf dem Concilio zu Costnitz seine Würde freywillig nieder. Hingegen wurden die deutschen Benedictiner hier eingesetzet, und ihnen Niklas von Reffitz aus Oesterreich zum ersten Abte gegeben; welcher bis A. 1421. aus Mangel der Priester seines Ordens, bey Verrichtung des Gottesdiensts, die Minoriten zu Hülfe nahm. Die entwichenen Schottner drungen zwar nachmals bey der Basler Kirchenversammlung auf die Zurückgabe des Klosters, und setzten ihr Ansuchen bis A. 1457. fort; wurden aber jedesmal, sowohl vom Pabste Nikolao V. als Kaiser Friedrichen IV. und K. Ladislao abgewiesen; die Deutschen aber bey dem Besitze geschützet, von aller ehemaligen Verbindung mit den andern Schottenklöstern in Deutschland losgezählet, und dem Bisthume Passau untergeben.

Das Stift hat bis auf sein jetziges hochwürdiges Haupt Benno, 58. Aebte gehabt, aus denen wir hier nur den bekannten Autor des Senatorii, Abt Martin vom Jahre 1446. bemerken. Der Abt ist ein niederösterreichischer Prälat, hat den Rang nach dem Abte zu Lilienfeld, und ist jedesmal zugleich Abt zu Telk in Ungarn. Er trägt die Inful und den

Krumm-

Krummstab, womit schon der achte Abt Philipp I. A. 1252. von Ulrichen zu Seckau gezieret worden ist. In Ansehung der geistlichen Gerichtsbarkeit erkennet er den Erzbischof zu Wien für sein Haupt. Die Pfarrherrlichkeit seiner Kirche erstreckt sich in der Stadt über das Schottenviertel, ausserhalb aber über die Rossau; und zugleich hangen die Pfarren im Beckenhäusel, Lazareth, und Armenhause, zu St. Ulrich, und Gumpendorf in den wienerischen Linien; über der Donau aber die Pfarren Bulkau, Eggendorf und Gaunersdorf, nebst einigen Filialkirchen von ihm ab. Zur Stiftsherrschaft hingegen gehören: der große Freyhof nächst dem Kloster, das obere und untere Gut St. Ulrichs, nebst dem Neudeckerhofe, und verschiedene Güter im Kreise U. M. B.

Das Kloster hat A. 1275. 1488. und 1683. durch Feuersbrünste, A. 1529. aber, bey der ersten türkischen Belagerung, durch die Unbändigkeit der hier einquartierten Kriegsleute unersetzlichen Schaden gelitten, und seine vornehmsten Urkunden eingebüßt. Die heutige Kirche ist A. 1590. zu bauen angefangen worden. (Fuhrmann. Fischer)

Schotterleh, ober- und Unterschotterleh. U. M. B. zwey Dörfer der Herrschaft Stransdorf, und theils nach Loßdorf dienstbar über dem Leisenberge, nordwärts hinter Gnadendorf. Zu Oberschotterleh hat die Pfarre Oberleiß, zu Unterschotterleh aber das Nonnenkloster St. Jakobs in Wien Unterthanen.

Schottwien. U. W. W. von einigen Scheidwien, auch Schutzwien genannt, ein Markt des Grafen von Walsegg, unter dem Gebiete des nächst gelegenen Felsenschlosses Klamm. Er liegt zwo Meilen hinter Neunkirchen in einer von hohen Felsenbergen eingeschränkten Klause, am Fusse des Sömmerings, wel-

welcher Oesterreich von Steuermark scheidet, und ist hier der letzte österreichische Postwechsel auf der Grätzer Straße. Die Kirche allhier wird von einem Beneficiaten versehen, und ist ein Filial von der Pfarre Klamm. Im Jahre 1485. ward Schottwien von dem ungarischen K. Mathias Corvin eingenommen. Das Erdbeben vom 27. Febr. 1768. ward hier besonders stark verspürt, und haben die erschrockenen Einwohner alle Augenblicke befürchtet, daß sie unter den erschütterten Steinwänden begraben werden würden.

Schranewand. U. W. W. A. 1120. Scranwat, Dorf und Gut mit einem alten Schlosse, zur Herrschaft Unterwaltersdorf gehörig, hinter Ebergäßling, am Reisenbache. Ulrich von Schranewaten lebte A. 1319. (Hueber) von ihm kam das Gut an Bernharden den Forstmeister, und fiel nach dessen Tode, als ein Mannlehn an Erzherzog Rudolphen IV. der es A. 1365. seiner neuen Probsten bey St. Stephan widmete. (Steyrer) Im Jahre 1463. nahm es der Hauptmann Hinko weg, um seine Bezahlung vom Kaiser Friedrichen IV. zu erzwingen. (Haselbach)

Schratenbach. U. W. W. ein Amt der Herrschaft Stüchsenstein.

Schratenberg. U. M. B. ein Pfarrdorf der Herrschaft Feldsberg, über der Zaya, hinter böhmisch Krutt; war vor Zeiten ein eigenes Gut. Chadiloh von Schratinberch verkaufte ums Jahr 1184. einige Grundstücke zu Hart an Bernharden von Pütten, der solche dem Kloster Admont schenkte. (Bern. Pez) Im 14. Jahrhunderte gehörte Schratenberg theils denen von Pottendorf, und theils den Härtlingern; der erste Antheil kam A. 1391. und der letztere A. 1466. an das Lichtensteinische Haus.

Schratenbruck. O. W. W. Schretenbruck, ein Dorf des Stifts Melk, über der Bielach bey Losdorf.

Schratenthal. †. U. M. B. Schloß und Herrschaft des gräflich Hartigischen Hauses, über der Bulka, hinter Dietmannsdorf, gegen Röz.

Schratenthal. †. U. M. B. Städtlein und Pfarre, der erstbenannten Herrschaft unterthänig.

Drussiger von Schretenthale, Herzog Friedrichs II. von Oesterreich Schenk, ward A. 1245. nebst einem ansehnlichen Kriegsvolke, dem deutschen Orden nach Preussen, wider den Herzog Svantopoluk zu Hilfe geschickt; hätte aber bey nahe durch unzeitige Uebereilung den Verlust der Schlacht veranlasset; wenn nicht durch Herrn Heinrichs von Lichtenstein Tapferkeit der Unordnung vorgebeuget, und der Sieg auf die Seite des deutschen Ordens gelenket worden wäre. (Calles) Im fünfzehnten Jahrhunderte gehörte Schratenthal dem mächtigen Geschlechte derer von Eyzing, welche durch viele böse und gute Handlungen, in der österreichischen Geschichte merkwürdig geworden sind. Kaiser Friedrich IV. überließ diese Herrschaft A. 1460. nebst Falkenstein, an Ulrichen von Eyzing; wogegen dieser den Markt Gars abtreten mußte. (Haselbach)

Schrems. †. O. M. B. Schloß und Herrschaft des Grafen von Falkenhayn, mit Rothingherrmanns vereint, über der deutschen Theya, hinter Kirchberg am Walde, oberhalb Gemünd.

Schrems. †. O. M. B. Markt und Pfarre, dem Gebiete jetzt gemeldter Herrschaft einverleibt. Es ist allhier eine k. k. Filialmaut.

Schrems. O. M. B. Niederschrems ein dieser Herrschaft unterthäniges Dorf.

Schrems

Schrems fiel nach Abgang der alten Burggrafen zu Magdeburg, Grafen von Hardeck, an Kaiser Maximil. I. welcher die Herrschaft A. 1494. den Freyherren von Prüschenk verkaufte; von denen solche nachmals an andere Besitzer gelanget ist.

Schrick. U. M. B. ein Pfarrdorf der Herrschaft Paasdorf, bey der Poststraße hinter Gaunersdorf. Die Pfarre ist dem Kloster der Barnabiten zu Mistelbach einverleibt.

Schroffa. O. M. B. ein Dorf der Herrschaft Rosenau, über der Zwettel, bey der Reichenau.

Schubertholz. O. M. B. ein Dorf der Herrschaft Gilgenberg, über der deutschen Theya, bey Dobersberg.

Am Schuß. O. M. B. ein der Herrschaft Artstädten, zum Amte Jaßeneck gehöriges Dorf.

Schwadorf. †. U. W. W. vor Zeiten Schwabdorf genannt, Schloß und Herrschaft des Bisthums Passau, südostwärts von Wien hinter Schwächat, und Rauchenwart, an der Fischa, die sich hier mit dem Reisenbache vereinigt.

Schwadorf. U. W. W. ein dieser Herrschaft dienstbares Pfarrdorf, dessen Kirche, als ein Gnadenort, von vielen Wallfahrten besucht wird.

Eberhard von Schwabedorf wird A. 1220. in Schriften angeführt. (Hueber) Herzog Leopold VII. von Oesterreich und Steuer, tratt Svadorf A. 1209. nebst einigen Stücken zu Vischamunde und Nuvesidelen an Bischof Wolfkern zu Passau, gegen Niedersulz ab. (Bern. Pez)

Schwadorf. O. W. W. der Herrschaft Friedau unterworfen.

Schwächa. U. W. W. ein Fluß, welcher im Wienerwalde entspringet, aus dem Thale hinter Baaden hervorkömmt, sodann auf Möllersdorf, und so weiter

ter von Süden gen Norden läuft, oberhalb dem Markte Schwächat den Kaltengang einnimmt, gleich darauf aber sich in zween Arme theilet, und bey Ebersdorf und Mannswerd in der Donau verlieret.

Schwächat. U. W. W. vor Zeiten Suechant, Markt und Pfarre der k. k. Stiftsherrschaft Ebersdorf einverleibt, anderthalb Meilen südostwärts von Wien, hinter dem Neugebäu, an der Preßburger Straße. Der Ort ist alt, und wird schon A. 1058. in einer Urkunde Kaiser Heinrichs IV. angeführt. (Calles) Er hatte vor Zeiten als ein besonderes Gut seine eigene Herren, aus denen Hadamar von Schwächandt bekannt ist, der A. 1299. starb, und bey den Minoriten zu Wien begraben liegt. (Necrol. Min. beym Hier. Pez) Der Schwächafluß, von dem der Ort den Namen hat, theilet denselben in die kleine und große Schwächat, welche beyde durch eine große hölzerne Brücke zusammen hangen. In der kleinen Schwächat ist das A. 1693. von Allmosen erbaute Capucinerkloster; in der großen Schwächat aber ist die Pfarre, imgleichen zween Freyhöfe, weiland des Freyherrn von Managetta, wie auch das Hauptcomtoir der Directoren von der Zeilenthalischen Cottonfabrik, welche sich unweit von hier gegen Ebersdorf in der sogenannten Thurnmühle befindet. Die Pfarrkirche ist vornehmlich auf Kosten des Herrn Wolfs von Ehrenbrunn, eines deren Directoren von besagter Fabrik neu und prächtig erbauet, und A. 1765. den 11. Juny, von Sr. Emin. dem Cardinal Migazzi, Erzbischofe zu Wien geweihet worden. Das Schottenkloster zu Wien, das deutsche Haus, und der Johanniterorden besitzen hier einen Theil der Grundherrlichkeit. Das südwärts nächst der großen Schwächat, an der Zeil gelegene Schloß Kettenhof, ist ein besonderes Gut des Grafen von Blümegen.

Es

Es befindet sich im Markte eine k. k. Landmaut, imgleichen eine handgräfliche Obercollection. Die türkischen Großbothschafter, welche die ottomannische Pforte an den kaiserlichen Hof sendet, haben gewöhnlich hieselbst ihr letztes Nachtquartier, ehe sie ihren Einzug zu Wien halten. Ostwärts hinter Schwechat, wo das pohlnische Heer, nach dem Entsatze von Wien das Lager schlug, ist eine 14. Schuh hohe Gedächtnißsäule aufgerichtet, zum Angedenken der persönlichen Zusammenkunft Kaiser Leopolds und K. Johannes III. von Polen, welche einander auf dieser Stelle umarmten.

Schwallenbach. O. M. B. Schloß, Markt und Landgut, oberhalb Spitz, an der Donau, mit der Herrschaft Spitz verbunden. Auch ist Schwallenbach ein Amt der Pauliner zu Ranna, davon die Grundherrlichkeit dem Kloster, die Gerichtsbarkeit der Herrschaft Spitz, und die Vogtey der Herrschaft Oberranna zustehet. Die Kirche zu Schwallenbach hanget als ein Filial von der Pfarre Aggsbach ab.
Der Ritter Henrich von Swelapach wird A. 1280. und 1288. in Schriften benannt. (Hueber) Anna von Polheim, Andreas Wolf Polheims von Parz Gemahlinn, die A. 1617. verstorben, hat das Schloß Schwallenbach erneuert. (Hoheneck)

Schwarza. U. W. W. in der Schwarza, ein Pfarrdorf der Herrschaft Gutenstein, imgleichen ein Amt der Herrschaft Feistritz, zwischen dem Schneeberge, und der Gränze vom O. W. W.

Schwarza. O. M. B. Langschwarza, ein Kirchdorf und Gut der Herrschaft Schrems.

Schwarza. O. M. B. Kurzschwarza, ein Dorf der Herrschaft Hirschbach. Beyde Oerter liegen zwischen der deutschen Theya, und der Lainitz.

Schwarzach. D. M. B. ein Amt der Herrschaft Artstädten, mit Au, und Oberndorf vereinigt.

Schwarzau, Ober- und Unterschwarzau. U. W. W. zwey Dörfer hinter Neustadt an der Schwarza, zwischen Breitenau und Linzberg; eins davon ist ein Amt der Herrschaft Froschdorf; das andre ist ein Landgut, die Neudecker Gild genannt mit einer Pfarre, bey St. Johann in der Wüste genannt, und dem Dorfe Guntrams, der Herrschaft Stückelberg einverleibt. Beyde gehörten vor Zeiten unter dem Namen Suarzaha zu den Gütern welche Pfalzgraf Cuno, mit Bewilligung Kaiser Heinrichs IV. A. 1073. dem bayrischen Kloster Rott am Inn schenkte. (Meichelbeck)

Schwarzbach. †. D. W. W. am Bache gleiches Namens, ein Kirchdorf hinter Weissenburg und Kirchberg an der Bielach.

Schwarzbach. D. M. B. ein Dorf der Herrschaft Heidenreichstein.

Schwarzenau. †. D. M. B. Schloß und Herrschaft des Grafen von Polheim, mit der Herrschaft Mayers verbunden, hinter Großpopen, zwischen den Herrschaften Alentsteig und Waidhofen, am westlichen Ufer der deutschen Theya.

Albero von Schwarzenowe, lebte A. 1229. Pilgrin von Swarzenaw lebte ums Jahr 1254. Ludewig Rel. MS.) Ein anderer Albero A. 1290. (Hanthaler) Er war aus dem Hause Streun, oder Strun, aus welchem Ulrich Strun, Herzog Leopolds VII. Marschall, und sein Bruder Bernhard in den Jahren 1204. und 1212. als Zeugen, in alten Documenten angeführet werden. (Huever) Der wegen seiner Gelehrsamkeit berühmte Protestant Baron Reichard
Strein

Streln von Schwarzenau, zu Hörnsteln und Dürrensteln, lebte A. 1591. (von Khauz Gesch. öster. Gelehrten)

Schwarzenbach. †. U. W. W. Schloß und Herrschaft des Fürsten Esterhasy ostwärts von Sebenstein, an der ungarischen Gränze, bey Wiesmatt.

Schwarzenbach. †. U. W. W. Markt und Pfarre, zu dieser Herrschaft gehörig.

In den alten Kriegen mit Ungarn hatten die Oesterreicher das Schloß Anchenstein, oder Bornyl und die Ungarn das Schloß Swerczenpach weggenommen. Kraft des Friedens zu Preßburg A. 1337. sollte Anchenstein an Ungarn, und Swerczenpach an Oesterreich zurück gestellet werden. Das erste geschah, das letzte aber nicht; weswegen es beständige Händel, absonderlich mit den Neustädtern setzte, von denen die ungarische Besatzung des hiesigen Schlosses die Verpflegung verlangte, die aber jene stäts verweigerten. Endlich machte K. Ludwig in Ungarn durch den Frieden zu Ofen A. 1362. den Mißhälligkeiten ein Ende; indem er Schwarzenbach zurück gab, und allen Ansprüchen entsagte. (Steyrer) In der brüderlichen Ländertheilung Herzog Alberts III. und Leopolds III. A. 1330. ward u. a. Schwarzenbach von dem steurischen Antheile ausgenommen, und bey Oesterreich behalten. (Hafelbach)

Schwarzenbach. O. W. W. ein Kirchdorf des Stifts Herzogburg, südwärts von Kreisbach, bey St. Veit. Etwas gehört nach Gaming.

Hertneid der Totzenbeck, und Jans seines Bruders Sohn verkauften A. 1335. ihren Hof, und die Mühle zu Schwarzenbach, landsfürstliche Lehn, Herzog Alberten II. der solche seinem Stifte Gaming schenkte. (Steyrer)

Schwar-

Schwarzenbach. O. M. B. ein Dorf hinter Zwettel, bey Engelstein.

Schwarzenberg. U. W. W. ein Dorf hinter Wiesmatt im Gebirge, an der ungarischen Gränze, Landsee gegen über.

Schwarzenreut. O. M. B. den Herrschaften Ottenstein und Waldreichs unterthänig, über der Kamp, hinter Neupölla.

Schwarzensee. U. W. W. ein Dorf und Filial von der Pfarre Allach.

Schweigers. † O. M. B. ein Markt der Stiftsherrschaft Zwettel, bey der deutschen Theya, zwischen Engelstein und Limbach. Die Herrschaft Weitra, und das Kloster Imbach haben Theil daran.

Schweighof. O. W. W. am Steinfelde, eine herrschaftliche Mayerey des Stifts St. Pölten, oberhalb dem Kloster, bey der Trasen.

Schweinbart. s. Schweinwart.

Schweinburg. U. M. B. ein Bauernmarkt der Herrschaft Asparn an der Zaya, theils nach Poysbrunn und Steinabrunn dienstbar, links der Poststraße hinter Poysdorf, an der mährischen Gränze. Es ist hier eine k. k. Filialmaut. Die gräflich Fünfkirchischen Lehne allhier hangen von dem Regierer des Hauses Lichtenstein ab.

Schweinburg. O. M. B. ein Dorf der Herrschaft Kolmitz, hinter der Satz, gegen Raps.

Schweining. O. W. W. Schweinz, ein Dorf des Stifts Melk, im Gerichte Aigen, an der Mänk, bey Kälberhart.

Schweinsteig. U. M. B. s. Weinsteig.

Schweinwart. U. M. B. Großschweinwart, Schloß und Herrschaft des Grafen von Abensberg und Traun, hinter Bockflüß, an der östlichen Seite der Hochletthen, oberhalb Auersthal.

Schwein-

Schweinwart. U. M. B. Großschweinwart, ein Markt mit einer landesfürstlichen Pfarre, die mit Matzen vereinigt ist. Heinrich von Sweinwart lebte A. 1251. (Hueber)

Als der berüchtigte Frohnauer A. 1460. durch Kaiser Friedrichen IV. aus Ort vertrieben war, flüchtete er nach Schweinwart, bevestigte die Kirche und beraubte die umliegenden Gegenden. Der Kaiser schickte daher seine Völker, welche die Kirche 4. Wochen vergebens belagerten, und das arme Land eben so aussaugten; worauf Frohnauer ärger als vorher wüthete. Im Jahre 1462. ward Podensky, ein Räuber aus Sklavonien, von seinem Schwager Ankelreiter, Herzog Alberts VI. Hauptmann hieher gesandt, welcher keines Alters, Standes, noch Geschlechts schonte, Geistliche und Weltliche in Ketten schloß, und die Kirchen wie die Bauern- und Bürgerhäuser beraubte; bis ihm Heinrich von Lichtenstein A. 1463. das Handwerk legte, die Schanze eroberte, und der Erde gleich machte. (Haselbach)

Schweinwart. U. M. B. ein Dorf der Fünfkirchischen Herrschaft Steinabrunn.

Schweinwart. O. M. B. ein Dorf des Stifts Berneck.

Schwerthof. U. W. W. im Markte Himberg, ein adelicher Freyhof des Grafen von Kleenau.

Sciesdorf. O. W. W. ein völlig verödeter Ort an der Melk, welcher A. 1314. noch vorhanden war. (Hueber)

Seb, Ober-Müterseb, und Unterseb. O. M. B. drey Dörfer zwischen der großen Krems und dem Kampflusse, woran die Carthaus Aggsbach, und die Herrschaft Grafeneck wegen Schönberg Theil haben.

Sebar. U. W. W. s. Zebersdorf.

Sebar. U. W. W. Sebern, ein Pfarrdorf zwischen Thomasberg, und Ilgersberg.

Sebenstein. U. W. W. Bergveste, Pfarre und Herrschaft des Grafen von Pergen, hinter Neustadt, im Gebirge, an der Trasen, zwischen Pitten und Steuersberg; hat meistens im Gebirge zerstreute Unterthanen, welche in die Aemter, Sebenstein, Sautern, Wolpersbach, Schildern, Breitenau, Höflein, Neunkirchen und Brückleins getheilet sind. Die Pfarre ist dem Minoritenkloster zu Neunkirchen einverleibt. Es befindet sich hier eine k. k. Filialmaut.

Sebern. U. M. B. Sebar, Dorf und Landgut der Herrschaft Kreuzenstein, westwärts von Ulrichskirchen, bey Städten.

Sebern. U. M. B. Obersebern Schloß und Landgut der Gräfinn von Regas, gebohrner Gräfinn von Rotal, mit der Herrschaft Grafeneck verknüpft, bey der Donau, unterhalb Grafenwerd; ward A. 1458. von K. Georgen in Böhmen eingenommen. (Haselbach)

Sebern. U. M. B. Untersebern, nächst vorigem, ein Dorf der Herrschaft Grafeneck.

Es ist zu Sebern eine k. k. Salzversilberung.

Sebin. O. W. W. Seben ein Dorf über der Bielach, zwischen Haindorf und Schalaburg.

Sechs Häusel. U. W. W. zur gräflich Molartischen Herrschaft Gumpendorf gehörig, nächst den wienerischen Linien, vor dem Schönbrunnerthore.

Sedlitzerhof. U. W. W. oder der Baumingerische, ein Freyhof zu Klosterneuburg.

Seebach. O. W. W. Niederseebach, ein Kirchdorf und Filial von Anzbach, vormals ein eignes Gut, jetzt der Herrschaft Neulengbach einverleibt.

Richere von Sebach, wird A. 1141. In einer Urkunde des Klosters Reichersberg, von Herzog Leopolden V. als Zeuge angeführt (Hohenegg) Wolfhard und Ulrich kommen A. 1286. Dietrich A. 1330. Niklas A. 1412. Tibold Landgerichtsverweser in Oesterreich. A. 1448. in Schriften vor. (Hueber)

Seebach. O. W. W. bey Kilb, ein ehemaliges picedomisches Gut.

Seefeld. †. U. M. B. Schloß, Bauernmarkt, Pfarre, und Gut des gräflich Hardeckischen Hauses, an der Bulka, zwischen Hadres und Radolz. Das alte Schloß hat Graf Konrad von Hardeck zu Anfange dieses Jahrhunderts neu erbauet.

Wichard von Sevelden, und sein Bruder Chabold, lebten A. 1178. Henrich A. 1254. (Hueber) Johann von Chunring zu Seefeld, starb A. 1349. und hinterließ zween Söhne, Aza, und Nizo II. Albert von Chunring ward allhier A. 1336. von dem böhmischen K. Johann vier Wochen lang belagert, und endlich gezwungen sich zu ergeben. (Chron. Zwettl) Im Jahre 1360. kamen Kaiser Karl IV. und Erzherzog Rudolph IV. dessen Eidam, um Himmelfahrt allhier zusammen, legten alle Irrungen bey; und Rudolph empfieng vom Kaiser für sich und seine Brüder Friedrich, Albert und Leopold die Lehn über alle österreichische Provinzen. Weil auch einige sonst gewöhnliche Solemnitäten bey dieser Belehnung unterblieben waren, gab der Kaiser einen Revers, daß solches dem österreichischen Prinzen zu keinem Nachtheile gereichen sollte. Die bald darauf wegen Würtenberg aufs neue entstandene Mißhelligkeiten zwischen K. Karln IV. und Rudolphen IV. wurden im Lager bey Eßling, um Mariä Geburt durch den

Markgrafen Johann von Mähren vermittelt. (Steyrer.)

Seehof. O. W. W. eine herrschaftliche Mayerey des Stifts Gaming, am Lunzersee.

Seggau. O. W. W. ein adelicher Freysitz der Baronesse von Pernay bey Amstädten.

Stibersdorf. U. W. W. Säubersdorf, Schloß und Landgut des Grafen von Cavriani, zur Herrschaft Unterwaltersdorf gehörig, hinter Ebergäßling, zwischen dem Reisenbache und der Leitha.

Seibersdorf. U. W. W. Markt und Filial von Reisenberg, der erstgedachten Herrschaft unterworfen.

Seifrieds. † O. M. B. ein Dorf der Probstey Eisgarn, über der deutschen Theya, hinter Fides.

Seilingsberg. O. M. B. s. Salingberg.

Seilingstadt. O. M. B. s. Salingstadt.

Seimannsbach. O. W. W. Simonsbach, ein Dorf über der Melk, südwärts hinter Ruprechtshofen.

Seiseneck. O. W. W. s. Säuseneck.

Seisenstein. O. W. W. s. Säusenstein.

Seiserrott. O. W. W. ein Amt der Herrschaft Rabenstein, von zerstreuten Unterthanen im Gebirge, über der Bielach.

Seitenstädten. O. W. W. vor Zeiten Sytanstetten, Kloster, Pfarre und Abtey des Benedictinerordens, über der obern Ips, an der Urla, unweit St. Peter in der Au. Der Abt ist ein niederösterreichischer Prälat, und hat als der eilfte dieses ersten Standes, den Rang nach dem Prälaten zu Altenburg. Udalschalc von Stille, ein edler und freyer Herr hatte Anfangs bey St. Veit in der Au ein Kloster für regulirte Chorherren gestiftet. Nachdem aber dieselben den Gottesdienst nicht mit dem seinem Verlangen gemässen Eifer abgewartet; hat er diese Stiftung aufgehoben,

solche

solche in ein Kloster für schwarze Mönche verwandelt, daßelbe in seinem Erbgute Jytanskteen zu Ehren St. Mariä erbauet, ihm alle von seinen Voreltern erlangte Güter an der Urla, und bey Gränenbach, imgleichen Stille und Heft in Oberösterreich, nebst denen an diesen Orten befindlichen Kirchen und Kapellen einverleibt, seine Stiftung von allem weltlichen Vogteyrechte befreyet, und sie dem Schutze der Bischöffe zu Passau untergeben. Das Kloster ward A. 1112. zu bauen angefangen, A. 1116. vollendet, und von Bischof Ulrichen zu Passau, einem Bruder des Stifters von der Mutter her, nebst der Kirche unsrer Frau geweihet; welcher bey solcher Einweihung die Pfarre Aßbach samt ihren Filialen Adalhartesberg, Biberbach, und Crebestetten, und allen sowohl bischöflichen als pfarrherrlichen Zehenten, an beyden Ufern der Ips, bis zur karintischen Helde, der neuen Kirche zu Seitenstätten übergab. Udalschalk hat dabey selbst den Harnisch mit dem geistlichen Hablte vertauschet, und ist in seiner Stiftung ein Benedictinermönch geworden. Welchem Beyspiele nach der Hand sein Schwager, Graf Reinbert von Hagnow und Haide gefolget, und nach vielen tapfern Thaten, nebst seiner Gemahlinn Helena, und Tochter Richarde zu Seitenstädten geistlich geworden ist. Ermeldte Helena, des Stifters Schwester, war Anfangs an einem edlen Herrn, Namens Lanzo vermählt, der aber nach eilf Wochen bey St. Pölten erschlagen ward. Sie schritt hierauf zur zweyten Ehe mit gedachtem Grafen Reinbert, und zeugte mit demselben die angeführte Tochter Richarde, und drey Söhne: Wernharden, Reinberten, und Hartwichen, von denen Reinbert Probst zu St. Pölten, u. A. 1141. Bischof zu Passau geworden ist. Zu Zeiten des fünften Abts Chunrads der A. 1175. erwählet ward, schenkte Erzbischof Wichmann zu Magdeburg, gebohrner Graf von Seeburg aus Bayern, dem Kloster das Gut Ipsitz mit allen Gerechtigkeiten, Eisengruben, und Salzwerken, und ließ diese Schenkung durch Kaiser Friedrichen I. zu Nürnberg bestättigen. Der 29. Abt Benedict, der A. 1441. starb, hat die Kapelle auf dem Sonntagberge zu œst erbauet. Unter dem 32. Abte Kilian kamen die ungarischen Truppen K. Mathiä hieher, und brandschatzten das Kloster um 24000. Ducaten. Unter dem 34. Abte Heinrich haben die Türken A. 1529. die Klostergüter zu Lanzendorf verbrannt; und da sie A. 1532. bis an die Ens vorgedrungen, ist der Markt Ipsitz, nebst 40. Dörfern von ihnen in die Asche geleget worden. Sie haben damals bis zum Kloster gestreift, und den größten Theil der Stiftsunterthanen ermordet, oder in die Sklaverey geführet. Der 44. Abt Bernhard, und sein Nachfolger Gaspar haben endlich die Klostergebäude und Einkünfte gebessert; und vornehmlich hat die letztere die Andacht auf dem Sonntagberge vermehret, und der Kirche daselbst ein herrliches Ansehen verschaffet.

Seiterndorf. O. M. B. Dorf und Gut des Stifts Aggsbach, woher das Dorf Rabenzann, nebst verschiedenen Unterthanen zu Seb, und im Amte Kirchbach gehöret. Wolfram von Seyterndorf wird A. 1300. in Schriften benannt. (Hueber)

Seitmarsbach. O. W. W. A. 1311. ein Kloster melkerisches, jetzt aber völlig verödetes Dorf. (Hueber)

Seizerhof. U. W. W. zu Wien nächst den Tuchlauben, ein Freyhof, nebst einer Kapelle des heiligen Nikolaus, dem Stifte Mauerbach gehörig.

Der

Zweyter Theil.

Der Hof hat den Namen von denen aus dem Kloster Seitz beruffenen Carthäusern, denen man hier ihre Wohnung angewiesen, ehe sie zu Mauerbach eingesetzet worden.

Seitzersdorf. U. M. B. der Herrschaft Städtelsdorf unterworfen hinter Stockerau, bey Unterhauzenthal.

Der Semering. U. W. W. Semianus Mons, ein bekanntes großes und hohes Gebirge, welches sich gleich ausserhalb des Marktes Schottwien erhebt, und Oesterreich von Steuermark scheidet. Man kann aus einem dieser Länder in das andere nicht gelangen, ohne dasselbe zu übersteigen. Deswegen hat Kaiser Karl VI. A. 1728. mit großen Kosten eine ganz neue und bequeme Straße darüber anlegen lassen; daß man nun fast unvermerkt, in einer Stunde die Höhe des Berges erreichen kann; da man sonst drey und vier Stunden, auch bey üblem Wetter mehr als einen halben Tag dazu brauchte. Das merkwürdigste bey diesem Wege ist, daß derselbe in 48. Tagen verfertiget worden; ungeachtet man zween, durch ungeheure Klüfte von einander getrennte Berge mit einer großen steinernen Brücke zusammenhenken müssen. An Fuße des Berges, seitwärts, liegt eine berühmte Kirchfahrt, Mariaschutz genannt: auf der Spitze aber, wo sich die Gränzen scheiden, ist ein schönes Denkmal von Stein aufgerichtet. Sowohl dieses, als die Brücke haben lateinische Aufschriften. Die an der Brücke deutet nur kürzlich an: daß das Werk A. 1728. im 17. Regierungsjahre Kaiser Karls VI. erbauet worden sey. Die Innschrift des Denkmals aber ist ausführlicher, und bemerket: daß man diese Straße zur Beförderung der Handelschaft nach dem adriatischen Meere, unter der Oberaufsicht des österreichischen geheimen Hofkanzlers, Grafen Philipps von Sinzendorf, und der beyden

Häupter der steurischen Stände, Grafen Ernsts von Herberstein, und Grafen Siegmunds von Wagensperg, auf gemeine Kosten anzuleget habe; und daß die innerösterreichischen Landstände, dieses Denkmal aus Dankbarkeit aufrichten lassen. (Fuhrmann)

In einer melkerischen Chronick wird das Gebirge, von dem hier die Rede ist, Semtririch, vom Horneck aber Seminig genannt; (Hier. Pez) und diese Benennung von dem alten Worte Seem, oder Seem abgeleitet, welches im holländischen üblich ist, und eine Gemse anzeiget; wovon das deutsche Sämisch, d. i. welches Leder herkömmt. Der Name Semering bedeutet also so viel als: Gemsenstrich, oder ein Aufenthalt der Gemsen. (von Khautz Beobachtung über das Wort Oesterreich. Wien 1760. 1. Bogen 8.)

Seminaria und Schulen in Niederösterreich. (s. Akademien, Jesuiter, und Piaristen.)

Senging. U. M. B. Sönning, Pfarrdorf und Gut der Herrschaft Streitdorf, nordwärts von Stockerau, hinter Sürndorf.

Gilg der Senginger lebte A. 1318. (Hueber)

Serviten, oder Diener unsrer Frau, haben in Niederösterreich fünf Klöster, zu

1) Gutenstein, von dem Grafen Johann Balthasar von Hoyos nach dem Jahre 1661. erbauet.

2) Jaitendorf A. 1694. von dem Herrn von Sala gestiftet.

3) Langeck durch den kaiserlichen Hauptmann Niklas Eiber von Hartenbach, zu Ferdinands III. Zeit, A. 1644. gegründet.

4) Schön-

4) **Schönbübel,** A. 1672. von dem Grafen Konrad Balthasar von Stahrenberg aufgeführet.

5) **Wien, in der Roſſau, bey Mariäverkündigung,** hat unter der Regierung Kaiſer Ferdinands III. den Urſprung genommen, da A. 1638. das Quarinische Haus zum Kloſter eingerichtet, ein ehemaliger Stall in eine Kapelle verwandelt, und A. 1639. von dem päbſtlichen Nuntius geweihet worden. Die Mildthätigkeit freygebiger Herzen, vornehmlich des Fürſten Octavius Piccolomini, der Fürſtinn Dorothea von Lichtenſtein, Doct. Elias Schillers, und Johannes Thury, hat nach der Zeit die Ordensbrüder in den Stand geſetzet A. 1651. ein neues Kloſtergebäude zu unternehmen, welches Biſchof Wildreich von Wallendorf A. 1670. nebſt der Kirche geweihet hat. Es blieb bey der letzten türkiſchen Belagerung unbeſchädiget, weil der Hoſpodar aus der Wallachen allhier ſein Quartier hatte: und pranget ſeit 1767. mit einer ſchönen neuen marmorſteinernen Kapelle des heiligen Peregrinus, welcher die vormalige Kapelle dieſes Heiligen zur Vorhalle dienet.

Sich dich für. U. M. B. vor Zeiten eine volkreicher Markt, jetzt ein Dorf im Marchfelde, hinter Markgrafenneuſiedel, nebſt einer Mayerey der Herrſchaft Dürrenkrut unterthänig.

Der **Schäferhof** gehört der Herrſchaft Wolkersdorf.

Sichtenberg. O. W. W. ein altes Schloß und Gut der Herrſchaft Schalaburg, ein Feldweges ſüdwärts von Melk entlegen.

Heinrich von Sichtenberg lebte zwiſchen 1204. und 1212. Ulrich A. 1229. Friedrich A. 1282. bis 1291. nachmals ſind die Rädler Herren von Sichtenberg geworden.

Siebenberg. O. M. B. ein Dorf hinter Rapotenstein, über der großen Kamp.

Siebenbrunn. †. U. M. B. Obersiebenbrunn, Pfarrdorf, Schloß und Herrschaft des Grafen von Colonitsch, am Marchfelde, auf dem Wagram, hinter Loipersdorf. Etwas vom Dorfe besitzt das Stift zu Kloster Neuburg. Das schöne Schloß hat der Cardinal Colonitsch, Erzbischof zu Wien, ums Jahr 1749. erbauet.

Siebenbrunn. U. M. B. Untersiebenbrunn, ein Kirchdorf und Filial von Obersiebenbrunn, wohin es unterthänig ist. In beyden Oertern haben die Dominikaner zu Wien Grundholden.

Siebenbrünn. O. W. W. ein Ort von sieben Bergsquellen so genannt, mit einer Kapelle, Einsiedlerey, und Glashütte, im lilienfelder Gebiete an der Mariazellerstraße, zwischen Dürrnitz und St. Annaberg.

Siebenbrunnerwiese. U. W. W. in den wienerischen Linien zu Mikelsdorf, hat den Namen von sieben Brunnstuben, aus denen das Rohrwasser in verschiedene Gegenden von Wien geleitet wird.

Siebenhaus. U. W. W. Dorf und Filial von Leobersdorf, hinter diesem Markte.

Siebenhirten. U. W. W. Schloß, Kirchdorf und Gut in der Pfarre Atzgersdorf, mit der Herrschaft Rabaun verbunden, hinter dem Wienerberge, rechts der Poststraße nach Draßkirchen, bey Schellhof.

Dietrich von Gerung von Siebenhirten A. 1224. Zeugen in einem Docum. des Stifts zu Kloster Neuburg, von Herzog Henrichen von Medling. (Bern. Pez) Ulrich von Siebenhirten zu Sieghartsdorf, lebte A. 1332. (Hueber) Johann Siebenhirter erster Großmeister des vom Kaiser Friedrich IV. A. 1468. gestifteten St. Georgenordens, und Fürst

zu

Zweyter Theil. 187

zu Millstadt, der A. 1508. starb, erhielt von gedachtem Kaiser das ehemalige Nonnenkloster bey St. Niklas in der Singerstraße. (Fischer)

Siebenhirten. O. W. W. ein Dorf südwärts hinter Bärschling, oberhalb Böheimkirchen.

Siebenhirten. U. M. B. ein ehemalig viecdomisches Gut, der Herrschaft Staats eigen, an der Zaya, zwischen Hüttendorf und Mistelbach. Etwas gehört der Pfarre Hörersdorf, und den Barnabiten zu Mistelbach.

Siechenals. U. W. W. in den wienerischen Linien, vor dem Schottenthore, in alten Zeiten ein Dorf am Alserbache, wovon jetzt der Thury, und die Pfarrkirche St. Johann im Lazareth Theile sind. (Fuhrmann)

Siegendorf. U. W. W. s. Sittendorf bey Heiligkreuz.

Siegenfeld. U. W. W. ein Dorf und Gut in der Stiftsherrschaft von Heiligkreuz, nächst Gaden.

Ulrich von Sigenvelde kömmt A. 1136. im Stiftsbriefe des Klosters Heiligkreuz als Zeuge vor. (Bern, Pez)

Siegersdorf. U. W. W. ein Dorf der Herrschaft Ebenfurt, an der Piesting, ostwärts von Saalenau.

Siegersdorf. O. W. W. der Herrschaft Neulengbach unterworfen, westsüdwärts von Sieghardskirchen, bey Asperhofen.

Sieghards. † O. M. B. Großsieghards, Schloß, Markt, Pfarre und Herrschaft mit einem freyen Landgerichte, dem Herrn von Waldstädten zu Kirchberg an der Wild gehörig, hinter Horn, zwischen Kirchberg an der Wild, und Dietmanns. Es befinden sich hier sehr viele sogenannte Bändelkramer.

Siegbards. O. M. B. ein Dorf der Herrschaft Rapotenstein über der kleinen Kamp, hinter Trauenstein.

Siege-

Sieghardskirchen. O. W. W. vom Pöbel Sitzerskirchen genannt, vier Meilen westwärts von Wien, Markt, Pfarre und Landgut des Grafen von Kuefstein, mit der Herrschaft Rapotenstein vereinigt; Postwechsel auf der Linzerstraße, zwischen Burkersdorf und Bärschling. Ulrich von Sighartschirchen ward A. 1321. ein Mönch zu Lilienfeld. (Hanthaler)

Bey dem Einbruche der bayrisch-französischen Armee A. 1741. war hier im September und October der Sammelplatz der österreichischen Völker.

Siegharsreut. O. M. B. ein Dorf den Stiftern Geräß und Berneck, und den Herrschaften Drosendorf und Wildberg dienstbar, hinter Berneck, gegen die große Theya.

Siegmundsherberg. O. M. B. auch Simonsherberg, ein Dorf der Pfarre Maigen, von der es ein Filial ist, hinter Egenburg bey Kuenring.

Siegmundsherberg. O. M. B. Simonsherberg, hinter Horn, ein Dorf des Stifts Geräß, und der Herrschaft Walkenstein.

Sierendorf. †. U. M. B. Sürndorf, Schloß und Herrschaft an der böhmischen Poststraße, zwischen Stockerau und Göllersdorf.

Sierendorf. †. U. M. B. Sürndorf, Markt und Pfarre, dieser Herrschaft einverleibt. Jans von Syrndorf lebte A. 1312. (Hueber)

Sierendorf. U. M. B. Kleinsierendorf nordwärts von Großmugel und Steinabrunn, bey Weyerburg, der Herrschaft Kadolz, und theils nach Gaming gehörig.

Sierendorf. U. M. B. der Herrschaft Jätensbolgen dienstbar, bey der March, oberhalb Dürrenkrut.

Sierning. U. W. W. vor Zeiten Sirnich, Markt und Amt der Herrschaft Stüchsenstein westwärts von

Neun-

Neunkirchen, im Gebirge, hinter St. Johanns am Steinfelde. Chunrad und sein Bruder Karl von Sirnich, waren ums Jahr 1190. Zeugen in einer Urkunde des Klosters Admont, von dem Herrn von Pekab. (Bern. Pez)

Sierning. O. W. W. auch Suening und Sirnich, theils zum mauerbachischen Kastenamte Losdorf gehörig, über der Bielach, bey Markersdorf. Eufemia Gräfinn von Pilstein schenket einen Hof und drey Lehn zu Sirnich dem Kloster Lilienfeld, welche Schenkung Herzog Friedrich II. A. 1230. bestättiget. (Hansthaler)

Sierning. O. W. W. ein Dorf in der Pfarre Kilb, zum Gerichte Aigen, dem Kloster Melk unterworfen.

Im Sigeth. U. W. W. eine Freymühle zu Himberg, sonst auch die Preifische genannt.

Silbergrube. O. M. B. ein ehemaliges Bergwerk, unweit Krems, welches seit 300. Jahren verfallen ist. Jetzt befindet sich die Alaunraffinirung daselbst; imgleichen wird unweit davon die Erde gegraben, aus welcher man das Kremserweiß verfertiget.

Simoning. U. W. W. insgemein Simmering, Pfarrdorf und Gut des Nonnenklosters zur Himmelporte, wohin der Thurmhof daselbst gehört, unweit den wienerischen Linien, vor dem St. Marxerthore, an der preßburger Straße. Das Pfarrgut allhier stehet unter dem erzbischöflich wienerischen Hofmeisteramte. Der Graf von Salaburg besitzet einen Freyhof; etwas vom Dorfe hat das Bürgerspital.

Auf der unweit von hier, gegen Ebersdorf gelegenen Ebene, pflegen die türkischen Großbotschafter, von dem kaiserlichen obersten Hofmarschall, und dem entgegen geschickten prächtigen Gefolge empfangen, und beym Einzuge in Wien begleitet zu werden.

Sot-

Gottschalk, ein edler Herr, und seine Gemahlinn Halica schenken A. 1028. dem Kloster St. Emmeran ihr Eigenthum Simaningen in finibus orientalis regni, zur Zeit des römischen K. Henrichs, des Sohnes Kaisers Chunradi. Rudolph von Simmaningen, Kämmerer Herzog Leopolds VII. war A. 1201. Zeuge bey einer Schenkung, welche gedachter Herzog dem Kloster Admont machte. Henrich, A. 1136. wird im Stiftungsbriefe des Klosters zu Neuburg, und Albert von Symaningen A. 1265. in einem Docum. des Schottenklosters benannt. (Bern. Pez)

Simonsbach. D. W. W. s. Seimannsbach.

Simonsfeld. U. W. W. s. Siegenfeld.

Simonsfeld. U. M. B. Simafeld, ein Pfarrdorf der Herrschaft Ernstbrunn, nordwärts von Korneuburg, hinter Karnabrunn. Die Pfarre ist landesfürstlich.

Simonsherberg. D. M. B. s. Siegmundsherberg.

Singerhof. U. M. B. zu Poysdorf, ein Freyhof des Marktraths allda.

Singermühle. U. M. B. zu Poysdorf, der dasigen Pfarrkirche eigen.

Sinzendorfs. U. M. B. ein längst verfallener Burgstall, und verödetes Dorf, wovon nur eine Kirche übrig ist, bey welcher jährlich Markt gehalten wird, unweit von Weinsteig. Es soll das Stammhaus des uralten österreichischen Geschlechts der Herren und Grafen von Sinzendorf, Burggrafen zu Reineck gewesen seyn, welches jederzeit mit den höchsten Ehrenstellen geprangt hat, und bis auf den heutigen Tag blühet.

Sinzeneck. D. M. B. Schloß und Gut nächst dem Markte Würmsdorf, mit der Herrschaft Rogendorf im Böckstall vereinigt.

Sinzenhof. D. W. W. ein adeliches Freysitz, weiland des Baron Locherers von Lindenheim, mit der Herrschaft Zwerbach verknüpft, unweit Melk.

Sirafeld. D. M. B. zum Gute Schickenhof gehörig, hinter Zwettel, bey Großglobnitz.

Sirnau. D. M. B. ein Dorf, welches die Vorstadt von der Stadt Zwettel ist, und theils nacher Rastenberg, theils zum Schickenhofe gehört.

Sittendorf. U. W. W. eigentlich Siegendorf, welches der alte Name ist, ein Pfarrvicariat und Gut des Stifts Heiligkreutz, unweit vom Kloster, im Gebirge, hatte ehemals seine eigene Herren.

Rudger, und sein Bruder Ruopert von Sigchendorf, werden A. 1136. im Stiftungsbriefe des Klosters Heiligkreutz als Zeugen bemerket. (Bern. Pez)

Sittendorf. U. M. B. bey Weinsteig.

Sittendorf. U. M. B. am Kamp, unterhalb Markt Hadersdorf, der Herrschaft Grafeneck, und theils nach Droß dienstbar.

Sittendorf. O. M. B. hinter St. Bernhard, bey Wildberg.

Sitzenberg. O. W. W. Schloß, Markt und Gut des Grafen von Aichbühel, mit Thalern vereinbart, nordwärts über der Bärschling, gegen Traßmauer; gehörte A. 1610. Hanns Wilhelm Greyssen, Freyherrn von Wald, welcher eine österreichische Geschichte geschrieben hat, davon das MS. in der Bibliothek S. J. zu Krems befindlich ist. (Steyrer)

Sitzendorf. †. U. M. B. Schloß und Herrschaft des Grafen von Dietrichstein zu Sonnberg, mit der Herrschaft Groß verknüpft, an der Schmida, westwärts von Oberhollabrunn, oberhalb Wetzdorf, bey Brandhardsberg; soll ehemals den Tempelherren gehöret haben.

Sitzendorf. †. U. M. B. Markt und Pfarre, der vorbemeldten Herrschaft einverleibt. Rapoto von Sizenisdorf war A. 1144. Zeuge bey Stiftung des Klosters Altenburg. (Hier. Petz) Der Ritter Chunrad von Sitzendorf wird A. 1280. angeführt, Paul, Otto und Cholmann Gebrüder kommen A. 1309. in Schriften vor. (Hueber)

Sitzendorf. O. M. B. den Herrschaften St. Bernhard und Wildberg unterworfen.

Sitzenhard. U. M. B. ein Dorf der Herrschaft Mittergrabern westwärts von Oberholabrunn, zwischen Groß und Sockendorf.

Sitzenthal. †. O. W. W. Schloß, Dorf und Gut der Gräfinn Johanna Sidonia von Aueroberg, zu Ehreneck, mit Zeilern verbunden, an der Bielach, unterhalb Osterburg, bey Albrechtsberg.

Ulrich der Waser zu Sitzenthal, lebte A. 1320. Thomas Hager A. 1419. Hans der Holzer A. 1453. Wolfgang Peisser zu Sitzenthal A. 1508. (Hueber)

Sitzmanns. O. M. B. ein Dorf der Herrschaft Rapotenstein, woran das Stift Imbach Theil hat, über der Zwettel, bey Gerungs.

Sivering. U. W. W. Obersivering, Pfarrdorf und Gut des Camaldulenserklosters Montis Coronä am Josephsberge, nordwestwärts von Wien, am Gebirge, hinter Gründsing. Der Name kömmt von der dem heiligen Severin geweiheten Pfarrkirche, welcher der Noriker Apostel war, von A. 454. an in diesen Gegenden geprediget hat, und den 2. Jan. 482. in seinem Kloster zu Heiligenstadt gestorben ist. Er soll auch allhier ein Kloster, oder wenigstens eine Kirche gebauet haben. (Fuhrmann. Eugippius) Die Pfarre re gehört dem Stifte zu Klosterneuburg. Das Burgerspital zu Wien, und das Kloster Gaming sind hier begütert.

Sivering. U. W. W. Untersivering, Kirchdorf und Gut des Stifts Gaming, nächst vorigem gelegen, von dem es ein Filial ist. Etwas gehört dem Kloster Mauerbach und dem St. Leopoldistifte, wegen der Pfarre Obersivering.

Slaet. O. W. W. Slåten, ein Gut an der Trasen, welches Marquard von Zinzendorf, mit seiner Gemahlinn und Kindern A. 1282. für ihr Begräbniß nach Lilienfeld gestiftet haben. Gedachtes Stift kaufte A. 1299. auch die Wiese Slåt von Ulrichen am Wasser. (Hanthaler) Otto von Slåt stiftete A. 1321. sein Begräbniß in eben gedachtem Kloster. (s. Schlatten)

Söllitz. O. M. B. ein Dorf der Herrschaft Ottenstein, über der Kamp, bey Töllersheim.

Söllwitz. O. M. B. zwischen der großen und kleinen Kamp, hinter Arbesbach, an der Gränze von Oberösterreich.

Sommerau. O. W. W. bey der Donau, über der Ips, hinter Zeilern, zwischen Niederwallsee und Ardacker, vor Zeiten ein merkwürdiger Ort, das Stammhaus, eines alten edlen niederösterreichischen Geschlechts der Herren von Sommerau, welche unter die mächtigsten und hartnäckigsten Widersacher Alberts I. von Habsburg gehörten; wie denn Konrad von Sommerau A. 1296. eher gar aus Oesterreich entwich, ehe er sich unterwarf.

Sömmering. U. W. W. s. Semering.

Sonnberg. †. U. M. B. Schloß und Herrschaft des Grafen von Dietrichstein mit Sizendorf und Groß vereinbart, hinter Göllersdorf, an der Poststraße nach Oberhollabrunn, welcher Markt dieser Herrschaft unterworfen ist.

Sonnberg. U. M. B. ein gedachter Herrschaft dienstbares Kirchdorf.

Lutwin von Sanninberch wird in einem Priolegio des Klosters Admont von Kaiser Friedrichen I. A. 1184. benannt. (Bern. Peẓ) Hadmar von Sunnenberch war A. 1237. Zeuge in Kaiser Friedrichs II. wienerischen Freyheitsbriefe; und ein anderer Hadmar eben dergleichen A. 1281. in der Niederlagsordnung, und A. 1296. in der wienerischen Handveste Herzog Alberts I. (Hoheneck) Leutwin lebte A. 1322. (Hueber) Johanna, Witwe Reinperts Türso von Sunnberg, die A. 1347. starb, und Katharina, Gemahlinn Krafts von Sunnberg, die größte Wohlthäterinn der Minoriten zu Wien, welche A. 1360. mit Tode abgieng, liegen beyde im Minoritenkloster begraben. (Necrol. Min. beym Hier. Peẓ)

Sonndorf. D. M. B. der Herrschaft Meissau unterthänig, südwärts von Egenburg, bey Burgschleiniẓ. Die Herrschaften Horn und Wisent, und das Stift Altenburg haben Theil daran.

Sonntagsberg. D. M. W. eine Kirche und Residenz des Benedictinerordens, vom Kloster Seitenstädten abhängig, nicht weit von dem östlichen Ufer der Jps entfernet, im Gebiete, und unter dem Landgerichte der Herrschaft Gleiß; wird als ein hochberühmter Gnadenort der allerheiligsten Dreyfaltigkeit von vielfältigen Wallfahrtern besucht. Die Andacht hat ihren Anfang mit einer Kapelle genommen, die der 29. Abt zu Seitenstädten, Benedict A. 1440. hier erbauet; welche bald darauf vergrößert, und vor

drittedritthalbhundert Jahren in eine geraume, der allerheiligsten Dreyfaltigkeit geweihte Kirche verwandelt ward. Das Gotteshaus bekam A. 1677. eine noch ansehnlichere Gestalt; als die Abbildung des dreyeinigen Gottes, welche seit 60. Jahren ausserhalb der Kirchenmauer, an dem sogenannten Wunder- und Zeichensteine bevestiget gewesen, auf den Hochaltar übersetzet ward. Die Kirche hat an Pracht und Kostbarkeit wenig ihres gleichen in Oesterreich. Sie ist von dem berühmten Gran gemalt, und ihre innere Ausschmückung hat über sechzig tausend Gulden gekostet. Eine viertel Stunde von hier ist ein Brunn, der türkische genannt, weil die Türken A. 1532., welche bey ihrem Einbruche in diese Gegend die Kirche berauben wollen, nur bis dahin vorgedrungen, aber durch göttliche Schickung nicht weiter kommen können, sondern von jäher Furcht überfallen, schleunig zurück geflohen sind. (Insprugger)

Sonntagberg ist auch ein Amt der Herrschaft Wolfpassing.

Soß. U. W. W. A. 1216. Sasse (Hueber) ein Kirchdorf und Filial von Baaden, südwärts hinter dieser Stadt, am Gebirge, gegen Gainfahren, dem Stifte Kleinmariazell zuständig.

Soß. D. W. W. vor Zeiten Sozze, Schloß und Landgut des Grafen von Rindsmaul, über der Bielach, gegen die Mänk, unweit Schalaburg gelegen.

Soß. D. W. W. ein dieser Herrschaft unterworfenes Dorf. Chunrad von Sozze wird A. 1319. Otto A. 1320. ein anderer Otto der Sosstr A. 1358. in Documenten benannt. (Hueber)

Soß. U. M. B. ein vor Zeiten vestes Schloß, der ehemalige Sitz der alten Herren von Sonnberg, zur gräflich Dietrichsteinischen Herrschaft Sonnberg gehörig.

Spachmühle. U. W. W. zu Bertholtsdorf, ein vormaliges Eigenthum des dasigen Spitals; ist feil geboten worden.

Spanberg. U. M. B. Markt und Pfarre des Stifts Heiligkreutz, unter der Herrschaft Niederleiß, nordwärts hinter dem Matznergebirge, zwischen Hohenrupersdorf, und Felling. Die hiesige Pfarre des deutschen Ordens, das Domkapitel zu Wien, und das wienerische Bürgerspital haben Theil daran.

Der Kronhof ist ein besonderes Gut.

Sparbach. U. W. W. Dorf und Gut des Herrn von Siedendap, mit dem Schlosse Johannsstein verbunden, westwärts hinter Mödling, bey Wildeck; ward A. 1732. vom Prälaten zu Heiligkreutz verkauft.

Heinrich Stark von Sparbach, lebte A. 1402. (Hueber)

Speisendorf. O. M. B. ein Pfarrdorf bey der deutschen Theya, unterhalb Karlstein; war vor Zeiten ein eigenes Gut. Die Pfarre ist von Grünbach abhangend.

Alnar von Speisendorf war A. 1299. Zeuge bey einem Kaufe des Nonnenklosters St. Bernhard. (Bern. Petz)

Speising. U. W. W. ein Kirchdorf und Filial von Penzing, der Herrschaft Mauer unterworfen, westwärts von Wien, über der Anhöhe hinter Schönbrunn. Das Kirchenlehn allhier ward A. 1365. der neuen Probstey bey St. Stephan zugedacht. (Steyrer)

Spiegelberg. † D. W. W. auch Spiegelfeld, ein Dorf, südwestwärts hinter Amstädten, am westlichen Ufer der Jps, Ulmerfeld gegen über.

Spielleuten. O. M. B. ein Dorf der Herrschaft Brandhof, unter dem Amte Gotthardschlag, ward A. 1765. feil geboten.

Spiel.

Spielberg. O. W. W. ein Dorf des Stifts Melk, bey der Bielach, unweit von gedachtem Kloster.

Spielberg. O. M. B. der Herrschaft Ottenschlag dienstbar, hinter Martinsberg, am Kremssee.

Spillern. U. M. B. ein Dorf der Herrschaft Sürndorf, hinter Korneuburg, bey der Poststraße nach Stockerau. Etwas gehört nach Klosterneuburg, und Niederfellabrunn.

Spital. O. W. W. ein Dorf rechts der Poststraße hinter Sieghardskirchen, bey Streithofen.

Spital. O. M. B. Pfarrdorf hinter Zwettel, zwischen Engelstein und Weitra.

Spitäler, und Krankenhäuser zu Wien.

1) Das Bürgerspital nächst dem Kärntnerthore in der Stadt.
2) Das kaiserliche Hofspital, vor dem Kärntnerthore am Rennwege.
3) Das Spital St. Johannis von Nepomuck auf der Landstraße.
4) Das große Krankenhaus zu St. Marx.
5) Das große Armenhaus, in der Alsergasse.
6) Das spanische Spital in der Währingergasse, mit dem ehemaligen heiligen Dreyfaltigkeitsspitale am Rennwege vereinigt.
7) Das Spital im Strudelhofe.
8) Das Beckenhäusel.
9) Das Lazareth.
10) Beym Klagbaum.
11) Das Spital bey den Kreuzherren mit dem rothen Sterne.

Hierzu kommen die Krankenhäuser.

12) Bey den Barmherzigen in der Leopoldstadt.
13) Das Reconvalescentenhaus auf der Landstraße.
14) Bey den Elisabethinerinnen, für kranke Weibspersonen.

Folgende werden von der Armencassa unterhalten:

15) Das neue Irrenhaus am Alserbache (303. Personen)
16) Der Contumazhof. (816. Personen)
17) Der erzbischöfliche Garten in der Leopoldstadt. (255. Personen)
18) Der Sonnenhof. (209. Personen)
19) Der lange Keller bey St. Ulrich obern Gutes. (153. Personen)
20) Das Waisenhaus am Rennwege. (311. Personen)

Grundspitäler, werden gleichfalls von der Armencasse verpflegt.

21) zu Mariahülf.
22) zu St. Ulrich untern Gutes.
23) im alten Lerchenfelde.
24) im Lichtenthale.
25) zu Guntendorf.
26) am Hundsthurm. (zusammen 193. Personen)

endlich

27) das Judenspital in der Rossau.

Spitalberg. U. W. W. in den wienerischen Linien, ein Freygrund und Gut des Bürgerspitals zu Wien, von dem der Namen herrühret; ward vor Zeiten das

Croa-

Croatendörfel genannt. Der Ort ist nicht groß, aber wohlbewohnt, und liegt vor dem Burgthore, zwischen der Laimgrube, und St. Ulrich, wo er eingepfarret ist. Es gehöret ein Theil von Reinprechtsdorf, oder Rampersdorf an der Wien hieher.

Spitalberg. O. M. B. der nordliche Theil des Mannhardsberges, welcher sich von Egenburg, bis zur böhmischen Gränze hinauf ziehet.

Spithalmühle. O. M. B. bey Krems, ein Mühlhof, dem gemeinschaftlichen Spitale der Städte Krems und Stein gehörig.

Spiz. †. O. M. B. Schloß und Herrschaft des Grafen von Dietrichstein mit den Gütern, Schwallenbach, Jeising und Heinrichschlag verknüpft, an der Donau, unterhalb Schwallenbach. Das alte Schloß heißt Untermhaus, ist ganz verfallen und unbewohnt.

Spiz. O. M. B. Markt und Pfarre der vorgedachten Herrschaft einverleibet. Die Pfarre St. Moritz allhier, nebst dem Kirchenlehn, dem völligen Eigenthume, und dem Erlachhofe hanget von dem bayrischen Kloster Niederaltach ab. Der freye Aggsteinerhof gehört zur Starhenbergischen Herrschaft Aggstein. Hadmar von Spiz lebte A. 1318. (Hueber)

Im Jahre 1225. machte der Probst von St. Florian Anspruch auf die hiesige Pfarre, weil Spiz in den Gränzen seiner Pfarrherrlichkeit in der Wachau gelegen wäre; und berief sich auf Briefe Bischof Konrads von Passau, vor dem Jahre 1164. gegeben. Doch Bischof Gebhard zu Passau entschied den Streit für Niederaltach, in Ansehung der ältern Privilegien, und des beständigen Besitzers. Diesen Ausspruch haben Bischof Rüdiger A. 1238. und

und verschiedene seiner Nachfolger, imgleichen Pabst Alexander VI. A. 1501. bestättiget. (Bern. Pez)

Spizhof. U. W. W. im Markte Hof, unter der Herrschaft Scharfeneck.

Spörkenbühel. U. W. W. in den wienkrischen Linien, ein Freygrund und Gut des Nonnenklosters zur Himmelsporte, aus 43. Häusern bestehend, nächst dem Lichtenthale, wo der Ort eingepfarret ist.

Spörkenthal. O. M. B. ein Dorf der Herrschaft Rastenberg, zwischen der großen Krems und Kamp, bey Rastbach.

Spräting. O. W. M. Sprätzern zur fürstlich Trautsohnischen Herrschaft St. Pölten gehörig, oberhalb dieser Stadt, an der Trasen.

Sprätzeck. U. W. W. vor Zeiten Spiratza der Herrschaft Stückelberg eigen, von dem dasigen Bache gleiches Namens so genannt, hinter Wiesmat, gegen Glaibach, bey der ungarischen Gränze.

Der erwähnte Bach allhier ist darum merkwürdig, weil er A. 829. von K. Ludwigen dem Deutschen zur Gränzscheidung zwischen den salzburgischen und passauischen Diöcesen bestimmet ward.

Springermühle. U. W. W. an der Schwacha, bey Rännersdorf, nebst der dabey gelegenen Papiermühle, der Stadt Wien zuständig.

Sprinz. O. M. B. Sprengniz ein Dorf des Stifts Zwettel, über dem Kampflusse, bey Plöbach.

Staaz. U. M. B. A. 1271. Stewz (Hanthaler) Schloß und Herrschaft des Fürsten von Colloredo, acht Meilen nordwärts von Wien, über der Zaya, hinter Asparn, Falkenstein gegen Westen im Amtzthale gelegen.

Staaz. U. M. B. Markt und Pfarre, der vorgenannten Herrschaften unterworfen.

Zweyter Theil.

Staats ist wegen der betrübten Niederlage merkwürdig, welche die Brüder Otto und Konrad, Grafen von Hardeck und Pleyen, und Letzten ihres berühmten Geschlechts, die 26. Juny 1260. von dem ungarischen Heere erlitten. Dieses hatte sich 40000. Mann stark allhier gelagert, und schickte seinen Vortrapp gegen Laa, wo er von gedachten Grafen tapfer zurückgeschlagen ward. Indem sie aber den fliehenden Feinden allzuhitzig nachsetzten; wurden sie hier von dem ganzen Heere umringet, und nach einer tapfern Gegenwehr, mit allen den Ihrigen, 500. an der Zahl erleget. Doch rächte K. Ottokar diese Niederlage noch desselben Jahres an den Ungarn; indem er den K. Bela und seinen Sohn Stephan, den 20. July, am Tage Margarethä, zwischen Marcheck und Stapfenreut auf das Haupt schlug. (Chron. Kl. Meob. Hagen) Im Jahre 1407. schickte der mährische Räuber Söckol aus Laa eine Parthey hieher, welche den Ort unversehens erstiegen, plünderten und verbrannten. (Haselbach) Der junge K. Ladislaus hatte dem Druchseß Niklas von Staats und seinem Sohne, das hiesige Schloß auf Lebenszeit verschrieben: weil aber Kaiser Friedrich IV. damit nicht zu frieden war, und Staats A. 1460. zurück forderte; ward Niklas ein heftiger Widersacher des Kaisers (Haselbach)

Hieronymus, Druchseß von Staats lebte A. 1499. und war nebst Veit Fünfkirchern, Vormund über Ulrichs von Dechsenbeck hinterlassene Kinder. (Hoheneck)

Stadelau. U. M. B. ein Pfarrdorf und Gut des deutschen Hauses zu Wien, an der Donau, unterhalb der wienerischen großen Donaubrücke, bey Kagaran.

Im Jahre 1234. in der Osterwoche, ward das Beylager Markgraf Heinrichs von Meissen, mit der Prinzessinn Constantia von Oesterreich, von ihrem und Stahrenberg-Jischau geschieden; und nach dieser Abtheilung werden die beyden Linien der Grafen von Heissenstein benennet.

Marquard von Starkinberch ein Vasall Markgraf Otagers von Steuer wird, in zwey Docum. des Klosters Admont, ums Jahr 1160. angeführt.

Magan von Starchenperch ein Dienstmann Herzog Heinrichs II. von Oesterreich, schenkte vor dem Jahre 1172. durch die Hand Marquards, eines edlen Herrn von Url, dem Kloster Admont ein Grundstück bey Starchenperch in oriente. (Bern. Petz)

Als Herzog Friedrich II. A. 1235. wegen der schönen Brunhild von Wien fliehen mußte, fand er hier Sicherheit vor seinen Verfolgern. (Tab. Cl. Neob.) In der brüderlichen Ländertheilung Herzog Alberts und Herzog Leopolds III. A. 1230. blieb Stahrenberg als ein landsfürstliches Kammergut, bey Oesterreich. Bey der gefährlichen Seuche, welche A. 1410. zu Wien und Neustadt wütete, führten Reinbrecht von Wallsee, und Leopold von Eckardsau, den jungen Herzog Albert V. wegen der gesunden Luft hieher, und besorgten seine Erziehung, bis er im folgenden Jahre die Regierung selbst antrat. (Haselbach) Diese alte Burg muß mit einem andern uralten Schlosse in Oberösterreich nicht verwechselt werden, von dem das fürstlich und gräfliche Haus Starbenberg (eigentlich Starkenberg) den Namen führet; welches von den ehemaligen Markgrafen zu Steuer abstammet, unter die ersten und ältesten Geschlechter von Oesterreich gehört; diesem Lande viele berühmte Helden und große Staatsmänner gegeben hat, und noch jetzt im höchsten Ansehen blühet.

Stallersdorf. O. W. W. s. Städtersdorf.

Stal-

Stalling. U. M. B. auch Stallern, A. 1291. ein Dorf im Marchfelde, das nun ganz verödet ist. (Hueber)

Stammersdorf. U. M. B. vor Zeiten Strämersdorf, ein Pfarrdorf und Gut des Prälaten zum Schotten in Wien, mit Enzesfeld und Breitenleh vereiniget, gleich ausserhalb den wienerischen Donaubrücken, hinter Jätelsdorf, bey der Poststraße nacher Wolkersdorf. Der kaiserliche Hof pfleget sich hier öfters mit der par force Jagd zu erlustigen.

Der Ort ist wegen des Sieges merkwürdig, welchen der Nachzug des Herzogs von Lotbringen, und der Vortrapp des pohlnischen Heeres, den 23. Aug. 1683. an eben dem Tage, da er nebst andern benachbarten Dörfern von den Türken in die Asche geleget worden war, über den Bassa von Warabein allhier erfochte, wodurch das Marchfeld von den türkischen Verheerungen errettet ward. (Fuhrmann)

Stampf. O. W. W. ein Dorf und ehemaliger Edelsitz an der Erla, südwärts von Strengberg, bey Salaberg.

Salome von Stampf lebte A. 1572. (Hoheneck)

Stang. U. W. W. Stangern, Dorf und Amt der Herrschaft Kirchschlag, im Gebirge zwischen Gleichenbach, und Lembach, an der ungarischen Gränze.

Stangenthal. O. W. W. ein Hof des Stifts Lilienfeld, welcher demselben, nebst dem Gute im Holze A. 1219. von Herzog Leopolden VII. geschenket worden. (Hanthaler)

Stanglitz. O. M. B. ein Dorf am Ipserthale, oberhalb Altenmarkt.

Stapfenreut. U. M. B. A. 1056. Stöpperich (Hueber) ein Markt mit einem alten Schlosse, unter dem Gebiete der k. k. Herrschaft Schloßhof, an der Donau,

nau, dem ungarischen Schloße Theben gegen über; hatte vor Zeiten adeliche Besitzer, die sich von Stöpperich genannt.

Starein. †. O. M. B. Schloß und Landgut des Fürsten von Khevenhüller-Metsch, mit der Herrschaft Hardeck vereint, am Walde oberhalb Bulkau, links der alten Poststraße nach Langau.

Stareneck. U. M. B. s. Straneck.

Starenwerd. U. M. B. ein Dorf und Gut der Herrschaft Neueigen, oberhalb Stockerau, bey Städteldorf.

Starzing. O. W. W. Dorf, hinter dem Wienerwalde, südwärts von Sieghardskirchen, bey Kögel.

Staßdorf. O. W. W. am Tullnerfelde, nordwärts hinter Sieghardskirchen, nächst Freyndorf; theils dem Nonnenkloster zu Tulln, und theils dem paßauischen Kastenamte Stein unterworfen.

Stätzendorf. O. W. W. der Herrschaft Karlstädten gehörig, über der Trasen, zwischen Walpersdorf, und Meidling.

Steckau. O. W. W. ehemals ein freyherrlich Hoheneckisches Lehnstück, von St. Pantaleon herrührend.

Stegersbach. O. M. B. ein Dorf der Herrschaft Heinreichs, hinter Alentsteig, bey U. Fr. Raffings.

Stein. O. W. W. ein Dorf über der Trasen, bey Hoheneck.

Stein. O. W. W. ein Dorf zwischen der Erla und Ens, an der Donau, bey St. Pantaleon.

Stein. O. M. B. eine landsfürstliche mitleidende Stadt an der Donau, eine viertel Stunde oberhalb Krems, mit einer alten landsfürstlichen Burg, auf einem Berge, nächst dem Brückenthore; die aber völlig zerfällt, und seit dem schwedischen Kriege unbewohnt geblie-

geblieben ist. Die Stadt bestehet bloß aus zween ziemlich langen Gassen, und begreift in ihren Mauern 143. Bürgerhäuser, nebst 5. Freyhöfen, und 7. Freyhäusern. Die Pfarre bey St. Niklas ist passauisch, und stehet diesem Hochstifte das Patronatrecht darüber zu. Das Minoritenkloster mit seiner Kirche soll dem ungarischen König Andreas, ums Jahr 1224. zum Stifter gehabt haben. (Insprugger) Des Kapuzinerklosters zwischen Krems und Stein haben wir bey Krems erwähnet. Bey der St. Marienkirche auf dem Frauenberge befand sich sonst das A. 1558. erbaute Bürgerspital. Nachdem aber dieses A. 1725. durch eine Feuersbrunst in die Asche geleget worden; hat man A. 1760. ein Armenhaus an dessen Stelle gesetzet: die Stadt Stein aber hat nun ihr Bürgerspital gemeinschaftlich mit der Stadt Krems. Die Freyhöfe heissen, der passauische, göttweihische, Gleinicker, kremsmünsterische, und höpplische. Von dem ersten hanget das Kastenamt Stein ab, welches eine besondere Herrschaft des Bisthums Passau ausmachet. Imgleichen führet der Göttweiherhof mit seiner Kapelle, den Titel der Herrschaft Stein, die als ein eigenes Gut, mit der Probstey Unternalb verbunden ist. Das Stein mit Krems unter einem gemeinschaftlichen Magistrate stehet, und beyde Städte den Bürgermeister und Stadtrichter mit einander wechseln, ist oben bey Krems schon angemerket worden. Die Stadt hänget mit dem am jenseitigen Donaufer, gerade gegen über liegenden Städtchen Mautern, durch eine 800. Schritte lange hölzerne Brücke zusammen. Es befindet sich eine k. k. Salzversilberung, eine Wassermaut, und eine handgräfliche Obercollection allhier. Die allgemeine Schifflände derer auf der Donau herunter kommenden Zillen und Flösse schaffet

der

der Stadt einigen Nutzen; auch bauet man allhier viel Wein, der zwar nicht unter die besten österreichischen Gewächse gehört, aber doch, wegen seiner Dauerhaftigkeit häufig gesucht wird.

Stein hat zu jeder Zeit mit Krems fast gleiche Schicksale gehabt. Im Jahre 1231. als sich die Brüder Hademar und Heinrich von Kuenring wider Herzog Friedrichen II. empörten, ward es von erwähntem Heinrich eingenommen, geplündert, und bis auf den Grund verbrannt. (Arenpeck) Bey dem mörderischen Tumulte wider die Juden zu Krems A. 1347. legte man viele Kremser Bürger hieher ins Gefängniß, worinnen die meisten elendiglich umkommen mußten. (Anon. Leob) Der ungarische K. Mathias Corvin zwang am Feste Mariäheimsuchung, A. 1486. Stein zur Unterwerfung. (Chron. Rotensee) Im Jahre 1645. den 26. März haben die Schweden, unter dem General Torstensohn die Stadt mit Sturm erobert, und die größten Grausamkeiten verübet, so, daß nur fünf Bürger ihr Leben davon gebracht. Bey dem Uebergange der französisch-bayrischen Armee den 24. Oct. 1741. über die Donau, hat Stein gleichfalls das Seinige erlitten.

Stein. O. M. B. das Kastenamt Stein, zu welchem das Amt Stein zu Ips gehöret, ist ein Gut des Hochstifts Passau.

Stein. O. M. B. Herrschaft Stein, hat den Namen von dem adelichen Freyhofe des Stifts Göttweih in der Stadt Stein, und ist mit der Probstey Unternalb verknüpft.

Stein. O. M. B. ein Dorf der Herrschaft Rapotenstein.

Steinabrückel. U. W. B. ein Dorf und Filial von Leobersdorf der Herrschaft Stahrenberg-Piesting unterworterworfen, oberhalb Saalenau, an der Piesting. Es ist hier eine k. k. Filiallandmaut.

Steinabrückel. U. M. B. eine Brücke auf der Poststraße hinter Kornneuburg.

Steinabruckmühl. U. M. B. ein Freygut zu Wilfersdorf, das Freyhoferische genannt; ist 1762. feil geboten worden.

Steinabrunn. U. W. W. ein ehemaliges Dorf zwischen Hundsheim und Deutschaltenburg, welches die Türken A. 1529. zerstöhret haben, und wovon nur noch der alte Kirchthurm übrig ist.

Steinabrunn. †. U. M. B. Schloß, Dorf und Gut des Grafen von Sinzendorf, nordwärts von Stockerau, hinter Sierndorf bey Großmugel. Das alte Rittergeschlecht derer von Steinabrunn ist vor 200. Jahren schon ausgestorben gewesen. (Laz)

Steinabrunn. U. M. B. Obersteinabrunn, ein Dorf hinter Oberhollabrunn, bey der alten Poststraße nach Bulkau, woran die Herrschaften Immendorf, Guntersdorf, Mittergrabern und Wullersdorf Theil haben.

Steinabrunn. †. U. M. B. Schloß und Herrschaft des Grafen von Fünfkirchen, mit dem Schlosse Fünfkirchen verbunden, ostwärts der Poststraße hinter Poysdorf, gegen Feldsberg. Das Schloß Steinabrunn, und die Mühle sind zwey besondere Ritterlehne, welche vom Fürsten von Lichtenstein verliehen werden.

Steinabrunn. U. M. B. ein der vorgenannten Herrschaft dienstbares Dorf.

Die Veste Steinabrunn gehörte A. 1458. dem Ritter Wolfgang von Missingdorf, da sie von dem böhmischen Könige George vergebens belagert ward. (Haselbach)

Steinakirchen. †. O. W. W. Steinenkirchen am Forst A. 979. Steininachiricha, Markt, Pfarre und Amt des Grafen von Schönborn, mit der Herrschaft Mautern vereinbart, imgleichen ein Amt der Herrschaft Ehreneck, am westlichen Ufer der kleinen Erlauf, nächst Wolfpassing; hat den Ursprung von dem Bischof Wolfgang zu Regensburg, welcher ein Pflanzvolk aus Bayern hieher führte, und diesen Ort, nachdem er viele Jahre wüste gelegen, A. 979. wieder erbaute; wie die Urkunde Kaiser Ottens II. von diesem Jahre bezeuget, der diesen Ort in Terra Avarorum gedachtem Bischoffe schenkte. (Gewold. Hanstz) Die Pfarrkirche St. Michaelis hat Bischof Rüdiger von Passau dem Kloster Mondsee in Oberösterreich einverleibt.

Adalbero von Steinchirche war ums Jahr 1160. Zeuge bey einem Vergleiche Abt Adalberts von St. Emmeran mit dem Grafen Chuno von Megil. (Bern. Pez)

Steinbach. U. W. W. ein Dorf der passauischen Herrschaft Königstädten.

Steinbach. O. W. W. ein Bach westwärts hinter Dürrnitz, welcher sich mit dem Dürrnitzbache vereinigt.

Steinbach. O. W. W. ein Dorf des Stifts Lilienfeld, hinter diesem Kloster am Traisenbache, ist binnen den Jahren 1287. und 1292. von denen von Schönleuten, Altenburg und Gneussen zu Totzenbach, nach und nach an gedachtes Kloster gelanget. (Hanthaler)

Steinbach. O. W. W. Schloß und Gut des Freyherrn von Hobeneck, mit Brunnhof und Tröstelberg verbunden, hinter Seitenstädten, an der Erla, gegen die oberösterreichische Gränze; ist im vorigen Jahrhunderte durch Hans Trajan von Hobeneck erbauet, und zu einem Landgute erhoben worden. (Hobeneck)

Steinbach. U. M. B. ein Dorf der Herrschaft Ernstbrunn, gegen Niederleiß.

Steinbach. O. M. B. den Herrschaften Alentsteig und Großpopen unterworfen; bey Alentsteig.

Steinbach. O. M. B. den Herrschaften Heidenreichstein, Weitra und Litschau dienstbar, hinter Gemünd, bey Laugeck.

Steinberg. O. W. W. A. 1333. ein Dorf des Stifs Melk, im Gerichte Aigen. (Hueber).

Steinbruch. O. M. B. ein Ort hinter Egenburg, zwischen Kucuring und Stockern.

Steinfeld. U. W. W. der südliche Theil der großen Ebene bey Neustadt, welcher sich von dieser Stadt mittagwärts bis Neunkirchen und Abendwärts zum Gebirge hinziehet.

Steinfeld. U. W. W. diesen Namen führte sonst der Platz in der Stadt Wien, jetzt die Freyung genannt, wovon die Benennung der Steinfeldstraße herrührte, die jetzt die Einfalt= oder Teinfaltstraße heißt. (Fischer)

Steinfeld. O. W. W. eine sandigte Ebene südwestwärts bey St. Pölten, wo die Pfarre St. Georgens befindlich ist.

Steingersdorf. D. M. B. Steiningersdorf, dem Stifte Berneck unterthänig, zwischen diesem Kloster und der Wild.

Steinhäusel. O. W. W. ein Dorf zur Herrschaft Neulengbach und theils dem Fürsten von Trautsohn gehörig, passauisch Lehn, hinter Siegharbskirchen, oberhalb Dietersdorf.

Steinhof. U. W. W. herrschaftlicher Mühlhof, und freyer Edelsitz dem Probhause S. J. bey St. Anna, als ein Pfandschilling von dem bayrischen Grafen von

Wahl gehörig, hinter dem Wienerberge, rechts der Poststraße nacher Draßkirchen.

Steinhof. U. W. W. zu Gainfahren, ein Freyhof des Herrn von Lackenau.

Steinhof. U. M. B. ein adelicher Landsitz des Herrn von Sulzberg, zwischen Rübenthal, und Unterrötzbach.

Steinkammeramt. O. W. W. dem Freyherrn von Grechtlern, zur Herrschaft Rabenstein dienstbar.

Steinriegel. O. W. W. ein Amt und Gut der Fräule von Albrechtsburg, bey Königstädten, mit dem Gute Kirchbach vereinigt.

Stelzendorf. U. M. B. Groß- oder Niederstelzendorf ein Pfarrdorf der Herrschaft Sonnberg, wo die Herrschaften Schönborn, und Freyseck, und die Pfarre Weikersdorf auch begütert sind, bey der Poststraße hinter Göllersdorf.

Stelzendorf. U. M. B. Klein- oder Oberstelzendorf, westwärts von Oberhollabrunn, bey Groß, zu dieser Herrschaft, und theils nach Sitzendorf, imgleichen den Schottnern gehörig.

Stephanshart. O. W. W. ein Pfarrdorf der Probstey Ardagger, über der Ips, zwischen Zellern und Niederwallsee.

Steuersberg. U. W. W. Steyersberg, Bergschloß, Mayerey und Herrschaft des Grafen von Wurmbrand, mit dem Hofamte, Forstamte, und noch sechs andern Aemtern von zerstreuten Unterthanen im Gebirge, südwärts hinter Neunkirchen, zwischen Ebenstein und Kranichberg; hat den Namen von den alten Grafen und Markgrafen zu Steuer, deren Gebiet hier gränzte, als Pitten in orientali plaga noch seine eigene freye Grafen hatte.

Stickel-

Stickelberg. †. U. W. W. Stückelberg, Bergveste und Herrschaft des Grafen von Wurmbrand mit der Veste Hochwolkersdorf, und dem Gute Schwarzau verknüpft, südwärts hinter Sebenstein, zwischen Dörnberg und Wiesmatt; war das Stammhaus der Stickelberger, eines edlen Geschlechts, das vorlängst ausgestorben ist.

Stickelberg. U. W. W. ein zu dieser Herrschaft dienstbares Dorf.

Stiegeramt. O. M. B. im Jsperthale, der Herrschaft Rohreck unterworfen.

Stierendorf. O. M. B. hinter Markt Wesendorf, an der kleinen Krems.

Stierberg. O. M. B. ein Dorf der Herrschaft Weitra.

Stifting. O. M. B. Stiftern, auch Stüfern, ein Pfarrdorf und Gut des Stifts Aggsbach, mit Thurnneustift verknüpft, zwischen dem Mannhardsberge und der Kamp, unterhalb Gars. Das Kirchenlehn hanget vom Kloster Altenburg ab.

Stillfried. U. M. B. Markt, Pfarre und Gut des Stifts Mauerbach, am Ende des Marchfeldes, zwischen Grub, und der March; hat ein Gesundbaad, welches besonders für alte offene Schäden trefflich seyn soll.

An diesem Orte schlug K. Rudolph I. den 25. Sept. 1278. verschiedene Herren seines Heeres zu Rittern, nachdem er unweit von hier den berühmten Sieg über K. Ottokarn erfochten hatte.

Stinkenbrunn. U. M. B. Oberstinkenbrunn, Markt und Gut des Stifts Gaming, mit Kleinsierendorf vereinigt, nordostwärts von Holabrunn, bey Immendorf. Die Kirche ist ein Filial von Aspersdorf. Der Ort gehörte ehemals den Winklern, kam aber K. 1338.

1338. durch Kauf an Herzog Alberten II. der es seinem Stifte Gaming schenkte. (Steyrer)

Stinkenbrunn. U. M. B. Unterstinkenbrunn, Schloß und Gut des Grafen von Sinzendorf, der Herrschaft Hagenberg einverleibt, hinter dem Leissenberge, bey Gaubitsch.

Sirenstein. U. W. W. s. Stüchsenstein.

Stockerau. U. M. B. ein k. k. freyer ansehnlicher Markt, Pfarre und Postwechsel auf der böhmischen Straße, zwischen Langenzersdorf und Mallebern, ist wegen seiner Kornmärkte berühmt, und dienet das hiesige Maas nunmehro dem ganzen Niederösterreich zur Richtschnure. Das Franciskanerkloster ist A. 1643. von Allmosen aufgebauet worden. Das Hochstift Passau hat allhier ein Kelleramt, ingleichen ein Kastenamt, welches mit Triebensee vereinbart, von einem adelichen Pfleger verwaltet wird. Das Schloß Freyseck allhier ist ein besonderes Gut, und gehörte vor Zeiten einem adelichen Geschlechte, das sich von Stockerau nannte: wie denn Sebastian von Stockerau ums Jahr 1570. mit Anna Maria, Christophs von Aristädten Tochter vermählet war. (Hoheneck)

Im Jahre 1212. ist der heilige Colomann allhier für einen Spion angehalten, und aufgehenkt, A. 1214. aber mit großem Gepränge nacher Melk überbracht worden. (Chron. Mellic.)

Stockern. O. M. B. Schloß und Landgut des gräflich Lamberg-Sprinzensteinischen Hauses, hinter Egenburg, zwischen Kuenring und Horn.

Stockern. O. M. B. ein dazu gehöriges Pfarrdorf. Das Gut ist seit A. 1762. feil geboten worden.

Stocksthal. U. M. B. Schloß und Herrschaft des Domstifts zu Passau, nordwestwärts hinter Städteldorf, zwischen Kirchberg am Wagram, welcher Markt hieher unterthänig ist, und Winkelberg.

Stocksthal. U. M. B. Oberstocksthal ein Dorf des vorgemeldten Schlosses, woran die Herrschaft Dürrenthal, und das Stift Gerds Theil haben.

Stocksthal. U. M. B. Mitterstocksthal ein Dorf unter dem Gebiete der Herrschaft Stocksthal.

Stocksthal. U. M. B. Unterstocksthal den Herrschaften Grafeneck, und Dürrenthal unterworfen.

Chunigunda von Stocksthal stiftete sich A. 1296. einen Jahrtag zu Lilienfeld. (Hanthaler)

Stollberg. O. W. W. altes Schloß, Dorf und Gut des Grafen von Locatelli, mit dem freyen Sitze Anzenhof vereinbart, hinter Neulengbach, zwischen Stössing und Michelbach.

Stolleck. O. M. B. ein altes Bergschloß und Gut, der Herrschaft Rosenberg einverleibt, am Kampflusse, Komecken gegen über, unterhalb Rosenberg.

Stollhof. U. W. W. ein Dorf der Herrschaft Stahrenberg Fischau, theils nach Emmerberg unterthan, westwärts von Neustadt, im Gebirge zwischen Emmerberg und Scheuenstein.

Stollhofen. O. W. W. ein Dorf über der Bärschling, bey Traßmauer und Frauenberg.

Stolzenaar. U. M. B. ein altes Schloß und Dorf, hinter Röschitz, am Spittelberge.

Stolzendorf. U. M. B. insgemein Stoizendorf, Schloß, Dorf und Gut des Stifts zu Klosterneuburg, wovon Kleinrnbrechtsdorf und Aigen abhangen, unweit Egenburg.

Stolzenwerd. U. W. W. ein Amt der Herrschaft Stüchsenstein.

Stolzleß. O. M. B. ein Dorf der Herrschaft Hirschbach, unweit von diesem Schlosse, über der deutschen Theya.

Stössing. D. W. W. ein Dorf südwärts hinter Reinpoldenbach, an der Bärschling, bey Stollberg.

Stoyes. O. M. B. Stoß, vor Zeiten Stauze, ein eigenes Gut, jetzt ein Dorf der Herrschaft Heinreichs, über der deutschen Theya, bey Waidhofen.

Udalric von Stauze, wird A. 1178. in einer Urkunde Herzog Leopolds, und Otto der Stoffer A. 1322. als Zeuge angeführt. (Hueber)

Stralbach. O. M. B. Oberstralbach ein Dorf der Herrschaften Zwettel und Rosenau, hinter Zwettel, bey Großglobnitz.

Stralbach. O. M. B. Niederstralbach, dem Gute Schickenhof unterworfen, an der Zwettel, bey Merzensteln.

Straming. U. M. B. vor Zeiten Strench, ein eigenes Gut, jetzt ein Dorf mit einer landesfürstlichen Pfarre, woran die Herrschaften Deinzendorf, Horn, Unterdürrenthal, und Sitzendorf, und die hiesige Pfarre, nebst der Pfarre Egenburg Theil haben, unweit Limberg, hinter Röschitz, bey der Gränze von O. M. B.

Straneck. U. M. B. auch Stareneck ein Dorf der Herrschaft und Pfarre Stransdorf eigen, hinter dem Leissenberge, gegen Stinkenbrunn.

Stranes. O. M. B. ein Dorf und Baad, der Herrschaft Waldreichs unterworfen, über der Kamp, bey Franzen.

Straning. O. M. B. ein Dorf der Pfarre Litschau.

Strannersdorf. O. W. W. zwischen der Trasen und Bielach, bey der Poststraße hinter St. Pölten.

Strannersdorf. O. W. W. über der Bielach, an der Mänk, hinter Ranzenbach, Schloß, Dorf und Gut des Herrn von Albrechtsburg, mit Kälberhart verbunden; stehet unter dem Landgerichte der Herrschaft Friedau.

Stransdorf. U. M. B. Schloß und Gut des Grafen von Sinzendorf, unweit der Stadt Laa, bey Stintenbrunn.

Stransdorf. U. M. B. Markt und Pfarre, der erstgenannten Herrschaft einverleibt, theils den Herrschaften Harras und Kadolz, und der hiesigen Pfarre unterthänig, welche Pfarre vom Kloster Säusenstein abhängig ist.

Stranzen. O. M. B. s. Stratzing.

Stranzendorf. U. M. B. Pfarrdorf, Landgut, Mayerhof, und Schäferen der Herrschaft Schönborn, hinter Stockerau, westwärts der Poststraße, bey Unterpaschenbrunn. Etwas hat die Pfarre Hausleuten.

Stranzendorf ward A. 1230. den 30. November von Herzog Friedrichen II. denen von Altenburg überlassen, gegen eine ewige Verzicht aller Ansprüche an Lilienfeld. (Hanthaler)

Straß. U. M. B. Markt und Pfarre der Herrschaft Grafeneck, bey der Gränze von O. M. B. nächst dem Schlosse Kammern.

Straß. U. M. B. ein Dorf und Filial von der Pfarre Weikendorf, am Marchfelde, bey Sich dich für; ward A. 1584. bis auf den Grund zerstöhret. (Hueber)

Straßenreut. O. M. B. ein Amt der Herrschaft Mollenburg.

Straßhofen. U. W. W. ein Dorf, südwärts von Neunkirchen, hinter St. Oswald im Gebirge.

Strätzing. O. M. B. Stränzen, Markt, Pfarre, Herrenhof und Gut des Stifts Lilienfeld, der Herrschaft Unterdürrenbach verbunden, hinter Gobelsburg, zwischen Langenlois und Sänftenberg.

Der Dechant Irrenfried zu Krems, erregte dem Kloster Lilienfeld Streit, wegen der hiesigen Pfarrherrlichkeit, der aber A. 1259. beygeleget ward. Leutold von Chunring schenkte A. 1289. seinen freyen Erbhof allhier diesem Stifte; und Heinrich von Seefeld verkaufte eben demselben A. 1295. sein hiesiges Gut. (Hanthaler)

Straudorf. U. M. B. der Herrschaft Eßling dienstbar, hinter Lolpersdorf, bey Pframa.

Streifing. U. M. B. ein Dorf der Herrschaft Niederkreuzenstädten, hinter Ulrichskirchen, bey Pellendorf.

Streimhof. U. M. B. der gräflich Sinzendorfischen Herrschaft Stransdorf zum Theil unterworfen.

Strein. O. M. B. Strewn, auch Strun, ein altes verödtes Schloß über der Theya, unweit Schwarzenau, an der Böhmischen Gränze; das Stammhaus des alten edlen Geschlechts der Streune, welches der gelehrte Baron Reichard Strein von Schwarzenau im 16. Jahrhunderte berühmt gemacht hat. Ulrich Strewn verkaufte A. 1355. Herzog Alberten II. verschiedene Güter zu seinem Stifte Gaming. Piligrin und Hans die Strewne waren Zeugen in Erzherzog Rudolphs IV. Handveste über die Universität Wien A. 1365. Dieses Geschlecht ist mit dem Freyherrn Johann Georg Strein, kaiserlichen General und Commendanten zu Philippsburg, einem Enkel des obgedachten Reichards A. 1679. ausgegangen. (v. Khaus Gesch. öster. Gelehrten)

Streit. O. M. B. ein Dorf in der Gegend Weitra, zwischen Münzbach und Brudernorf.

Streitbach. O. M. B. ein Dorf der Herrschaft Kirchberg am Wald, unweit diesem Schlosse, über der deutschen Theya.

Streitdorf. U. M. B. Schloß, Dorf und Gut des Grafen von Sinzendorf, mit Seinabrunn vereinbart, nordwärts von Korneuburg, zwischen Roseldorf und Unterholabrunn.

Streitdorf. D. M. B. nächst Krems, bey Rabendorf und Teiß.

Streithofen. D. W. W. ein dorfmäßiger Markt des Stifts Herzogburg, hinter Sieghardskirchen, über der Tulln, bey Blankenberg.

Streitwiesen. †. D. M. B. ein Schloß, Dorf und Landgut des Freyherrn von Seldern der Herrschaft Rogendorf im Böckstall einverleibt, am Weidenflusse, oberhalb Mollenburg. Die Schloßkirche ist ein Filial von der Pfarre Weiden.

Chunrad von Striwisen, wird von Herzog Leopolden VII. A. 1199. und 1203. angeführt. Heinrich von Streitwesen kommt zwischen den Jahren 1204. und 1212. vor. Erchinbert A. 1231. Hainrich Ministerialis Austriæ A. 1282. Chunrad und sein Bruder Albero A. 1306. (Hueber)

Streitwiesenöd. D. M. B. eine herrschaftliche Mayerey zu vorbenanntem Gute gehörig.

Strench. U. M. B. s. Straning.

Strengberg. D. W. W. ein Gebirge über der Ips, zwischen Sündelburg und Markt Strengberg, an der Poststraße.

Strengberg. D. W. W. ein Markt, welcher von vorgedachtem Berge den Namen hat, mit dem Schlosse Achleithen des Stifts Tegernsee vereinigt, Postwechsel hinter Amstädten auf der Straße nach Ens. Die gedachtem Kloster gehörige Kirche allhier, sonst Zell beym Chrewnpach genannt, hat Bischof Penno (Berngee) von Passau A. 1031. geweihet, und zur Pfarre erhoben. (Bern. Pez) Strengberg ist auch ein Amt, zur Herrschaft Rothenhaus gehörig.

Stretzelhof. U. W. W. Streitshof, dem Prälaten des Cisterzienserklosters in Neustadt zuständig, westwärts von Neustadt, im Gebirge, zwischen Dachenstein und Rothengrub.

Ströbersdorf. U. M. B. ein Gut des Herrn von Füllenbaum, theils dem Collegio der Barnabiten bey St. Michael in Wien, theils dem Schottenkloster dienstbar, ausserhalb den wienerischen Donaubrücken, zwischen Jetzelsdorf und Langenzersdorf.

Strödorf. O. W. W. ein Amt des Stifts Aggsbach.

Strogen, O. M. B. ein Pfarrdorf der Herrschaft Horn, theils der hiesigen Pfarre unterthänig, welche vom Stifte Altenburg abhanget, hinter Altenburg bey St. Bernhard.

Strößdorf. U. M. B. der Herrschaft Asparn an der Zaya zum Theil gehörig.

Strozische Grund. U. W. W. in den wienerischen Linien, hat den Namen von dem Grafen Strozzi, welcher gegen das Ende des abgewichenen Jahrhunderts, einen Palast hier anlegte, und den dazu gehörigen Grund unter diejenigen, welche Häuser bauen wollten, austheilte. Er wird auch der Valenzische genannt, von weiland dem Erzbischoffe von Valenza, welcher Kaiser Karln VI. aus Spanien nach Wien gefolget war, und das Strozzische Gut erkaufet hatte. Jetzt gehört dieser Grund dem Magistrate der Stadt. Er liegt zwischen der Josephsstadt, und dem Altenlerchenfelde, und wird zu den eilf Dörfern oder Gütern der Stadt gerechnet.

Strüpfing. U. M. B. ein Dorf der Herrschaft Dürrenkrut, A. 1146. dem Stifte zu Klosterneuburg unterworfen (Bern. Petz) im Marchfelde, am Weidenbache, unterhalb Markt Weikendorf.

Stüchsendorf. O. M. B. Stixendorf, ein Dorf der Stachenbergischen Herrschaft Dürrenstein.

Stüch-

Zweyter Theil. 221

Stuchsenstein. U. W. W. alte Bergveste und Herrschaft des Grafen von Hoyos zu Froschdorf, mit Rothengrub und Vestenhof vereinbart, westwärts von Neunkirchen, im Gebirge, hinter St. Johanns am Steinfelde; hat den Titel einer Baronie.

Der Name kömmt von dem alten edlen Geschlechte der Stuchse, die dieses Schloß erbauet, nachmals aber auch Trautmannsdorf an sich gebracht haben, und daher die Stuchse von Trautmannsdorf genannt worden sind. Ulric von Stauze kommt A. 1182. in einem Briefe des Leopoldistifts als Zeuge vor. Hugo und Ditrich Stuchssen werden A. 1214. ebenfalls in einer Urkunde von Klosterneuburg und zwey andere Herren Hugo und Dietrich Stohsen A. 1269. in einem Documente eben dieses Stifts benannt. (Bern. Petz) Albert Stuchs von Trautmannsdorf heißt in einem Patente Herzog Alberts I. A. 1292. Strenuus vir. Ein anderer Albert, Mertens Sun, verkaufte A. 1346. seine Güter im Eusthal Herzog Alberten II. der sie nach Gaming schenkte. (Steyer) Hadmar und Martin, Brüder überließen A. 1347. einige Güter an Stephan Wurmbranden zu Stuppach. (Hoheneck)

Stuchsneusiedel. U. W. W. s. Neusiedel.

Stuppach. U. W. W. Schloß, Pfarre und Landgut des Grafen von Wallsegg, mit Pottschach verknüpft, rechts der neunkirchner Poststraße nach Glocknitz, am Gebirge, hinter dem Dorfe Kettla; war ehemals ein Eigenthum des Wurmbrandischen Hauses. Heinrich Wurmbrand, Herr zu Stuppach starb A. 1265. und liegt in der Probstey Glocknitz begraben. (Hoheneck)

Stützenhofen. †. U. M. B. Stützenhofen, ein Pfarrdorf und Gut der Fünfkirchischen Herrschaft Steinabrunn, theils nach Poysbrunn unterworfen; nächst

der

der mährischen Gränze, bey Trasenhofen: hänget als ein Ritterlehn vom fürstlich Lichtensteinischen Hause ab.

Sulz. U. W. W. ein Dorf des Stifts Heiligkreuz, im Wienerwalde, hinter Lichtenstein.

Sulz. †. U. M. B. Obersulz, Markt und Pfarre der fürstlich Lichtensteinischen Herrschaft Wälfersdorf, ostwärts von Gaunersdorf, am Sulzbache, bey Blumenthal. Die Pfarre hanget von dem bayrischen Kloster Michelbayern ab, und hat nebst der Herrschaft Niederleiß Theil an dem Markte.

Sulz. U. M. B. Niedersulz, ein Pfarrdorf des Stifts Heiligkreuz, zur Herrschaft Niederleiß gehörig, unterhalb vorbenanntem Markte, gegen Hochrupersdorf.

Sulz. O. M. B. ein Dorf der Herrschaft Weitra.

Sumarein. U. W. W. Schloß, Markt, Pfarre und Gut der k. k. Herrschaft Scharfeneck einverleibt, hinter Trautmannsdorf, über der Leitha, ostwärts von Männersdorf. Es ist hier eine k. k. Wegmaut.

Sündelburg. O. W. W. ein Pfarrdorf der Herrschaft Niederwallsee, welcher auch die Vogtey über die Pfarré zustehet, bey der Poststraße nach Strengberg, hinter Markt Oed.

Sunnleithen. O. W. W. ein Dorf des Stifts Melk, im Gerichte Aigen.

Süssenbach. O. M. B. ein Dorf der Herrschaft Kirchberg am Wald, an der deutschen Theya, bey Limbach.

Süssenbach. O. M. B. der Herrschaft Grossau vereinbartes Dorf und Gut, weiland des Grafen von Andlau, über der großen Theya, hinter Raps.

Süssenbrunn. U. M. B. schönes Schloß, Kirchdorf, und Landgut des Grafen von Grundemann im Marchfelde, hinter Leopoldau, bey Atterkla.

Suttenbrunn. U. M. B. ein Dorf der Herrschaft Sonnberg, A. 1108. Musenbrunne genannt, (Hueber) in der Pfarre Wullersdorf, bey der Poststraße hinter Oberholabrunn. Etwas besitzt allhier die Herrschaft Mittergrabern.

T.

Tabach. O. M. B. Dorf und Gut des Stifts Altenburg, mit der Herrschaft St. Marein verbunden, bey Atzelsdorf, gegen die Wild.

Tabormühle. U. W. W. zu Fischamend, ehemals dem deutschen Orden, seit A. 1768. aber dem Fürsten von Bathiany gehörig.

Tannberg. O. W. W. vor Zeiten ein Edelsitz, nun eine Residenz vom Stifte Lilienfeld, an der Mariazellerstraße, St. Annaberg genannt. Pilgrin von Tannenberch wird A. 1222. in einem Vergleiche des Schottenklosters, von Bischof Gebharden zu Passau benannt, (Bern. Petz) und Walter von Tannberg A. 1225. in einer passauischen Urkunde, als Zeuge angeführt. (Hansitz)

Tänneberg. U. W. W. ein Amt der Stiftsherrschaft von Kleinmariazell.

Tanneck, Ober- und Untertanneck. U. W. W. zwey Dörfer, westwärts hinter Glocknitz bey Wartenstein.

Tannerinn. U. W. W. ein Ort von Waldhüttlern, im Wienerwalde, hinter Burkersdorf, unter dem k. k. Waldamte. Der Name kommt von einem Bache, der ehemals zu einer Holzschwemme eingerichtet war.

Tarafeld. O. W. W. ein Dorf hinter Kasten, bey Michelbach.

Tattendorf. U. W. W. A. 1312. Tetendorf, ein Kirchdorf und Gut des Stifts zu Klosterneuburg, hinter

Draß-

Draßkirchen, links der Poststraße nach Einselsdorf, bey Oberwaltersdorf. Die Kirche, welche sonst von Draßkirchen abhieng, ist dem Leopoldistifte gleichfalls eigen.

Täubelhof. O. M. B. zu Krems, ein Freyhof des bayrischen Klosters St. Veit.

Taubitz. O. M. B. ein Dorf der Herrschaft Hohenstein, an der Krems, unterhalb Lichtenau.

Taures. O. M. B. ein Dorf des Stifts Zwettel, hinter diesem Kloster, Rosenau gegen über.

Taures. O. M. B. der Herrschaft Heidenreichstein dienstbares Dorf, hinter Gemünd, gegen Eisgarn.

Taures. O. M. B. Dorf, Mayerhof und Schäferey der Herrschaft Waldreichs, woran die Herrschaften Ottenstein, Alentsteig, und die Pfarre Altpölla auch Theil haben, über der Kamp, hinter Schauenstein, bey Neupölla.

Tautendorf. O. W. W. auch Trautendorf, der klosterneuburgischen Herrschaft Atzenbruck zum Theil unterthänig, rechts der Poststraße hinter Siegharskirchen, zwischen Diendorf und Reishof.

Tautendorf. O. M. B. dem Kloster Altenburg theils zuständig, über der Kamp, bey St. Marein.

Tautendorf. O. M. B. unter die Herrschaften Gars und Buchberg getheilt, auch als ein Waldamt der Herrschaft Gföll unterworfen, über der Kamp, zwischen Buchberg und Kronseck.

Tautendorf. O. M. B. über der Kamp, bey Altpölla, ein Dorf der Herrschaft Greulenstein.

Taxen. O. M. B. Dachsen, Schloß und Landgut des Freyherrn von Poiger, über der deutschen Theya, hinter Dobersberg.

Taxen, Ober- und Untertaxen. O. M. B. zwey Dörfer zur vorbenannten Herrschaft gehörig.

Friedrich Wilhelm Dachsner, ward A. 1454. als Präceptor des Johanniterordens, über die Häuser Marberch und Loch (Malberg und Laa) von dem Ordensprior Jodocus von Rosenberg bestättiget. (Beru. Pez)

Teiß. O. M. B. ein Kirchdorf und Gut der Herrschaft Holenburg, theils der Herrschaft Grafeneck, nach Schönberg dienstbar unterhalb Krems, bey Weinzierl an der Lehnerzell.

Teisselbof. O. W. B. zu Hötzelsdorf, der Herrschaft Hoheneck eigen, über der Trasen, hinter St. Pölten.

Temenau. U. M. B. Untertemenau, ein Pfarrdorf, nächst Bischofswart, mit einer k. k. Filialgränzmaut.

Temenau. U. M. B. Obertemenau, ein Filial vom Vorigen; beyde der Herrschaft Feldsberg unterthan, an der Theya gelegen.

Teraß. O. M. B. ein Pfarrdorf, mit dem Edelsitze Freyenthurm, der Herrschaft Teraßburg einverleibt, bey der Gränze von U. M. B. nächst Prutzendorf. Die Herrschaften Oberhöflein, und Primmersdorf, und das Schottenkloster zu Wien, sind hier auch begütert. Der Ort scheinet von den ersten österreichischen Markgrafen angelegt und benennet worden zu seyn, zum Andenken des Stammschlosses Teraß in Franken, welches ihr Anherr, Graf Adalbert von Babenberg vor seiner Hinrichtung, zu einem Benedictinerkloster widmete.

Teraßburg. O. M. B. Schloß und Gut des Grafen von Sillels, mit der Herrschaft Kattau vereinbart, an der Bulka, bey Missingdorf.

Tering. O. W. W. Markt, beym Ursprunge der Mänk, hinter Kilb, zwischen Kührenberg und St. Gotthard.

Tern.

Tern. U. M. B. Obertern, ein Kirchdorf der Probstey Unternalb, nordwestwärts hinter Göllersdorf, bey Kleedorf.

Tern. U. M. B. Unterntern, in einiger Entfernung vom Vorigen, ein Dorf der Herrschaft Mittergrabern, bey Großwetzdorf.

Der Terzbach. O. W. W. welcher von dem nächstgelegenen hohen Berge, und Passe nach Steuermark Terz, den Namen hat, fliesset vom Sömmering westwärts bey der Höllenfaich in die Salza, und bestimmet die Gränze zwischen Oesterreich und Steuermark, gegen Klosterneuberg.

Teufelhof. O. W. W. über der Trasen, unweit St. Pölten, unter das Landgericht der Herrschaft Friedau gehörig.

Teufelsmühle. U. W. W. ein Mühlhof und Wirtshaus der Herrschaft Siebenhirten, hinter dem Wienerberge, an der Poststraße nach Draßkirchen, zwischen Inzersdorf und Neudorf.

Teufelsmühle. O. W. W. bey der Mariazellerstraße, hinter dem Josephsberge, an dem Ammesbache, welcher hier die Gränze zwischen Niederösterreich und Steuermark scheidet.

Teufenbach. O. W. W. Tiefenbach, ein Dorf woran die fürstlich Trautsohnische Herrschaft St. Pölten Antheil hat, südwärts hinter Bärschling, bey Böheimkirchen.

Teufenbach. D. M. B. Tiefenbach, der Herrschaft Illmau zum Theil gehörig, über der deutschen Theya gegen die böhmische Gränze.

Es lebte vor Zeiten ein adeliches Geschlecht von Teufenbach in Niederösterreich, welches aus Steuermark entsprossen war. Christian von Teufenbach be-
gleite-

Zweyter Theil.

gleitete Herzog Friedrichen von Oesterreich, nachmaligen Kaiser A. 1436. nach Jerusalem. (Hoheneck) David, Freyherr von Teufenbach lebte A. 1582. (Hueber)

Teufendorf. O. W. W. Tiefendorf, an der Blelach, unterhalb dem Schlosse Wasen.

Texing. O. W. W. s. Tering.

Thal. U. W. W. ein Dorf und Gütel bey Neunkirchen, kam den 12. July 1765. durch Kauf, von der Herrschaft Emmenberg an das Erzbisthum Wien.

Thal. O. W. W. Veste Thal, ein Schloß und Gut, dessen Besitzer sich Schmiedauer von Oberwallsee nennet, zwischen der Erla und Ens, bey Habersbofen.

Thalein. O. M. B. ein Dorf der Herrschaft Oberhöflein, links der alten Poststraße nach Böhmen, hinter Starein.

Thalern. U. W. W. A. 1142. Talarn, insgemein die große Presse genannt, ein Gut des Stifts Heiligkreuz, dem es A. 1142. von Herzog Leopolden V. geschenket worden. (Necrol. St. Crucis) Es bestehet in einem Herrenhause, Mayerhofe mit einer Kapelle, Preßhäusern und einigen Hauerwohnungen, und liegt dem Markte Guntramsdorf gegen über, am Gebirge, zwischen Mödling und Gumpoltskirchen, rechts der braßkirchner Poststraße.

Thalern. D. W. W. Dorf und Gut des Grafen von Aichbühel, mit der Herrschaft Sizenberg verbunden, gegen die Trasen, bey Kloster St. Andrä.

Otto der Taller lebte A. 1320. (Hueber)

Thalern. O. W. W. ein Dorf bey der Donau, unterhalb Mautern.

Thalesbrunn. U. M. B. auch Telesbrunn, ein Dorf im Marchfelde, zwischen Welkendorf und Strüpfing;

P 2

vor Zeiten ein adeliches Haus und Gut, Talinsprunn, auch Tuleisbrunnen genannt.

Bernold von Telesbrunn wird A. 1298. von Herzog Alberten I. in einer Urkunde, unter den österreichischen Herren angeführet, und Strenuus Vir genannt. (Hoheneck)

Thalheim. O. W. W. Schloß und Gut des Grafen von Kuefstein zu Raffing und Bärschling, mit dem Amte Pira, und der freyen Schimmelmühle verbunden, südwärts von Bärschling, bey Murstädten.

Thalheim. O. M. B. Dorf und Amt der Herrschaft Artstädten, wovon das Stift Melk, und die Herrschaften Leiben und Weissenberg auch etwas besitzen, hinter der Wachau, bey Fahnsdorf.

Thalheim, Ober-und Unterthalheim. O. M. B. zwey Dörfer an der Wachau, bey Mollenburg, deren eines der Probstey zu Dürrenstein, und das andere der Herrschaft Großpechlarn unterworfen ist.

Thaling. U. W. W. s. Thalern.

Thaling. O. W. W. ein Dorf über der Ips, zwischen Karlsbach und Säuseneck.

Theil. O. M. B. Dorf und Amt der Herrschaft Reichenau, an der Zwettel, unterhalb Langschlag.

St. Thekla. U. W. W. in den wienerischen Linien, Kirche und Noviziathaus der Piaristen auf der Wieden. (s Piaristen)

St. Theobaldsgrand. U. W. W. s. Windmühle.

Theresianum. U. W. W. s. Akademien, imgleichen Jesuitencollegia.

Theresienfeld. U. W. W. mitten auf der Neustädterhaide, zwischen Salenau und Neustadt, an der Poststraße, ein ganz neues Pfarrdorf, das von seiner Stifterinn, der großen Theresia den Namen hat,

welche

welche solches seit 1763. auf ihre Kosten vom Grunde aus erbauen, und mit Ackerleuten aus Tirol besetzen lassen, um den Versuch von Urbarmachung des sonst unfruchtbaren Steinfeldes zu unterstützen. Der Grundstein zur neuen Pfarrkirche des heiligen Kreuzes ward den 4. Octobr. 1767. durch Ihre kön. Hoheit die beyden Erzherzoginnen Marianna und Amalia, im Namen ihrer durchlauchtigsten Frau Schwester, der damaligen kön. sicilianischen Braut, Maria Josepha geleget, und der Gottesdienst von dem Bischoffe zu Neustadt, Grafen von Hallweil, in einer von Holz inzwischen erbauten Kapelle verrichtet. Diese Feyerlichkeit sollte schon den 29. Septembr. vor sich gehen; allein die Krankheit höchstgedachter kön. Braut, welche von den Kinderblattern befallen wurde, woran sie auch gestorben, verursachte den Aufschub. Die in die Hölung des Grundsteins beygelegte vergoldete Kupferplatte enthält das Bildniß Ihrer k. k. apostolischen Majestät, und folgende Innschrift.

M. THERESIA P. F. Aug.
Agrum hunc Theresianum
Ad culturam promovendam
Vocatis e Tyroli cultoribus diſtribuit;
Sacras has ædes paroeciales S. Cruci dicatas
Munificentia Aug. erexit, fundavit;
Ac JOSEPHO II. Rom Imp.
Aug. & JOSEPHA Archiduce Auſt.
FERDINANDO V. utriusque Siciliæ
Regi desponsata
Præsentibus,

Sacrosque Ritus peragente
FERDINANDO ex Comit. de HALLWEIL
Episcopo Neostadiensi,
Primum hunc lapidem posuit XXIX. Sept.
MDCCLXVII.

Nachdem das Kirchengebäude in Jahr und Tag zu Stande gekommen, ist das Gotteshaus den 22. Oct. 1768. in Gegenwart I. K. K. apostol. Maj. und beyder Erzherzoginnen Marianna und Amalia, von eben vorerwähntem Bischoffe geweihet, und über die Kirchthüre folgendes Denkmal gesetzet worden:

M. THERESIA P. F. Aug. Patriæ Parens
Ecclesiam hanc Christo Redemptori,
Coloniam vero suo nomini immortali
sacram fecit.
Dum desertum hunc Campum
Munificentia Augusta
ad Culturam promovit, Domos erexit,
Hancque diem
Sua cum Augustis prolibus præsentia
Ac templi consecratione
Nostræ felicitatis posteritati
Testem esse voluit XXII. Oct. MDCCLXVIII.

Theya. O. M. B. einer der grössern Flüsse in Niederösterreich, welcher im nördlichen Theile des Kreises O. M. B. von Westen gen Osten fliesset. Er entstehet aus zween kleinern Flüssen, davon einer die deutsche, der andere aber die böhmische Theya genannt wird. Die deutsche Theya kömmt aus den Wäldern bey Engelstein hervor; die böhmische aber entspringet hinter Rapolds, an der böhmischen Gränzc. Beyde vereinigen sich bey dem Schlosse Raps; und die große Theya macht sodann bey den Städten Hardeck und Laa die Gränze zwischen Mähren und Oesterreich. Unfern der letztern Stadt aber tritt sie in Mähren ein, und vereinigt sich allda mit der March.

Theya. O. M. B. Schloß, Markt, Pfarre und Landgut des Freyherrn von Gudenus, nebst dem Sitze Obtredlitz, und dem Amte Hollenbach der Herrschaft Waidhofen einverleibt, an der deutschen Theya, unterhalb Waidhofen.

Thierenbach. U. M. B. s. Dürrenbach.

Thierenstein. O. M. B. s. Dürrenstein.

Thiergarten. U. M. B. eine herrschaftliche Mayerey nächst Marcheck.

Thiergarten. O. M. B. ein Dorf der Herrschaft Weitra.

Thiernau. O. M. B. ein Dorf der Herrschaft Litschau.

Thiernau, Ober- und Unterthiernau. O. M. B. auch Thürnau, zwey Dörfer der Herrschaft Drosendorf, links der alten Poststraße von Langau nach Frating, an der mährischen Gränze. Unterthiernau hat eine k. k. Maut.

Einer von diesen drey Oertern hieß vor Zeiten Tirna, oder Tyerna, war ein eigenes Gut, und das Stammhaus eines alten adelichen Geschlechts, aus welchem Wechard von Tyerna A. 1256. in einer Urkunde des Klosters Melk, von K. Ottokarn als Zeuge angeführet wird. (Hueber) Ulrich von Tirna vergrösserte A. 1326. die St. Stephanskirche, durch Erbauung einer Kapelle, jetzt die Kreutzkapelle genannt (Fischer Fuhrmann) Jans von Tyrnach war A. 1358. Huebmeister in Oesterreich, und Münzmeister zu Wien. Hans von Tyrna lebte A. 1385. Rudolff von Tierna und sein Bruder Ludwig A. 1397. (Hueber)

Thiernütz. D. W. W. s. Dürrnitz.

Thilla. D. M. B. ein Dorf und Amt der Herrschaft Artstädten, unter dem Amte Pöbering.

Thomasberg. U. W. W. Schloß und Herrschaft des Grafen von Pergen, über zerstreute Unterthanen, die in vier Aemter getheilet sind, mit der Herrschaft Feistritz verbunden, unweit Aspang, im Gebirge, zwischen Edlitz und Sebar. Das alte edle Geschlecht derer von Thomasberg, ist vorlängst ausgestorben.

Thomassel. U. M. B. ein Dorf der Herrschaft Ernstbrunn, zwischen diesem Schlosse und Ladendorf.

Thorwarting. D. W. W. der Herrschaft Wolfpassing unterthan.

Thränberg. U. W. W. s. Dörnberg.

Thränick. D. M. B. Dorf der Herrschaft Artstädten, unter dem Amte Pöbering.

Thumritz. D. M. B. Oberthumritz, ein Dorf und Gut des Stifts Geräß.

Thumritz. D. M. B. Niederthumritz, ein Dorf der Herrschaft Drosendorf, woran Geräß, und Meissau Theil haben.

Beyde Oerter liegen am Thumritzbache zwischen Geräß und der großen Theya gegen Primmersdorf.

Thurm. D. W. W. Schloß und Gut, mit der fürstlich Lubomirskyschen Herrschaft Neulengbach verbunden, ausserhalb des Wienerwaldes, hinter Heiligkreutz.

Ulricus de Turri wird A. 1264. in einem Patente Bischof Ottens von Passau für das Stift St. Pölten, als Zeuge angeführt. (Duellius)

Zum Thurm. U. M. B. also wird die Pfarre im Markte Oberhollabrunn genannt.

Zweyter Theil. 233

Thurmhof. U. W. W. zu Brunn am Gebirge, ein Edelsitz des Freyherrn von Waffenberg zu Lichtenstein.

Thurmhof. U. W. W. zu Gumpoldskirchen, oder das Walterische Grundbuch.

Thurmhof. U. W. W. zu Simoning, ein Herrenhof des Nonnenklosters zur Himmelpforte.

Thurmhof. U. W. W. zu Mannswerd, s. Freyenthurm.

Thurmhof. U. W. W. im Markte Hof am Leithaberge, unter der k. k. Herrschaft Scharfeneck.

Thurmhof. U. W. W. bey Kranichberg, A. 1424. ein Edelsitz der Wurmbrande von Stuppach.

Thurmhof. U. W. W. zu Linzberg, ein adelicher Landsitz des Freyherrn von Schilsohn.

Thurmhof. O. M. B. zu Horn, ein Freyhof des Stifts St. Nikolai bey Passau.

Thürnau. O. M. B. s. Thiernau.

Thürnelhof. U. W. W. oder Schlägelhof zu Ebersdorf an der Schwächa, ein freyer Landsitz des Grafen Korzensky von Thieretschau.

Thurnneustift. O. M. B. s. Dürrneusdorf.

Thurnhöfen. O. W. W. ein Dorf in der Pfarre Hirm, zwischen Hainberg und Mänk.

Thurnmühle. U. W. W. zwischen Ebersdorf und Schwächat, ein Mühlhof und Wirtshaus der Herrschaft Ebersdorf gehörig; wo sich die Zeilenthalische Cottonfabrike befindet.

Thurnmühle. O. M. B. ein Mühlhof des Grafen von Hoyos, unter der Herrschaft Rosenberg.

Thurnsdorf. O. W. W. bey Kothing, an der Ens, südwärts der strengberger Poststraße hinter Renns.

Thury. U. W. W. in den wienerischen Linien, ein Freygrund und Gut hinter der Roßau am Alserbache, dem Chorherrenstifte bey St. Dorothea meistens unterworfen; ward vor Zeiten Siechenthal oder Siechenals, und theils der Gries am Alserbache genannt. Der jetzige Namen kommt von einem Edelmanne Johannes Thury, Kaiser Ferdinands III. Hofbedienten, der diesen Grund erkauft, und A. 1646. das erste Haus hier erbauet hat. (Fuhrmann)

Tiefenbach. D. M. B. ein Dorf der Herrschaften Dobra und Brunn, über der Kamp, zwischen Krumau und Altpölla.

Tiefenfuga. D. W. W. s. Fuga.

Tiefenthal. U. M. B. ein Dorf der Herrschaften Grafeneck, Neueigen, Herrmannsdorf, und der Pfarre Niederrußbach, oberhalb Stockerau, hinter Städtelsdorf.

Tiersdorf. D. W. W. A. 1385. ein Dorf unweit Melk, das nun gänzlich vertilget ist. (Hueber)

Tilbholz. U. M. B. s. Diepolds.

Tobernäßdorf. U. M. B. s. Dobermannsdorf.

Tollbach. D. W. W. ein Dorf des Stifts Melk, im Gerichte Aigen.

Töllersheim. D. M. B. Markt, und Pfarre der Lambergischen Herrschaft Ottenstein, zwischen der Kamp, und der deutschen Theya. Die Pfarre ist landsfürstlich, und mit derselben das St. Nikolaistift zu Ottenstein verknüpft.

Toppel. D. W. W. s. Doppel.

Tornau. U. W. W. s. Dornau.

Tortenbach. D. W. W. A. 1385. ein Dorf im Gerichte Lampelstädten, das dem Kloster Melk eigen war. (Hueber)

Tößdorf. U. W. W. A. 1364. Teesdorf, dem Stifte Melk, zur Herrschaft Lebesdorf dienstbar, an der Triesting, links der Poststraße nach Ginselsdorf.

Totzenbach. †. O. W. W. Schloß und Herrschaft des Grafen von Trautmannsdorf, mit dem Gute Böheimkirchen verbunden, über der Tulln, südwärts von Bärschling, hinter Murstädten.

Totzenbach. O. W. W. ein dahin gehöriges Kirchdorf.

Alber Gneuß von Totzenbach verkaufte A. 1292. Dorf, Mühle und Wald zu Steinbach und Grub, dem Kloster Lilienfeld. (Hanthaler) Rudolff von Totzenbach, und sein Bruder Chunrad zu Pillichdorf, lebten A. 1300. Otto und sein Bruder Hertel A. 1320. (Hueber) Hans war der letzte seines Geschlechts, dessen Tochter und Erbinn Dorothea Wikards von Polheim Gemahlinn A. 1418. Totzenbach an die von Ringersdorf verkaufte. (Honeneck.)

Trabenreut. O. M. B. Dorf und Gut des Stifts Berneck, zwischen diesem Kloster und der großen Theya. Etwas besitzt die Herrschaft Drosendorf.

Trabersdorf. O. M. B. der Herrschaft Drosendorf zum Theil unterthan.

Tradigist. O. W. W. ein Edelsitz und Amt des Freyherrn von Grechtlern, der Herrschaft Weißenburg einverleibt, am Bache gleiches Namens, der sich hier in der Bielach verliert.

Tradigist, Ober- und Untertradigist. O. W. W. zwey Dörfer des erstbenannten Gutes, zwischen Rabenstein und Kirchberg. Das Gut kam mit Meinburg, von der Frau von Albrechtsburg an Fürst Hans Adams von Lichtenstein Witwe, und von dieser durch Erbschaft an die Herzoginn von Holstein, deren Tochter die Fürstinn von Löwenstein es dem jetzigen Besitzer verkaufte.

Tramingho f. D. M. B. ein freyer Landsitz, der Wäglerische genannt, mit einer Mayerey und Mühle, eine viertel Stunde von Brandhof, gegen Oberranna.

Trandorf. D. M. B. ein Amt der göttwehischen Herrschaft Brandhof. Die Kirche ist ein Fillal von der Pfarre Niederranna.

Trasdorf. D. W. W. Amt und Dorf des Stifts Herzogburg und der Herrschaft Zwentendorf, nordwärts über der Bärschling, zwischen Heiligeneich und Sitzenberg.

Trasen. D. W. W. Trigisamus, Trasma, Trasena, einer der grössern Flüsse, welcher zwischen der Bärschling und Bielach, von Süden gen Norden läuft, und einen Ueberfluß an Forellen, Aschen und andern guten Fischen hat. Er kömmt aus dem Gebirge das Gescheid, hinter Hohenberg, nach Lilienfeld; fließt sodann nach Trasen, Wilhelmsburg, St. Pölten, Herzogburg, St. Andrä, und Traßmauer, und bey Frauendorf, und St. Görgen in die Donau.

Die alten Grafen von Trasma, Advocaten zu Regensburg, und Herren zu Lengbach, haben von ihm den Namen, und fast die ganze Gegend seines Laufs unter ihrem Gebiete gehabt. (Hanthaler)

Trasen. D. W. W. Treisma, am vorgedachten Fluße, ein Dorf des Stifts Lilienfeld, vor Zeiten ein berühmter Herrensitz, oberhalb Wilhelmsburg.

Aribo von Treisma wird vor dem Jahre 1075, von Markgraf Ernsten, Heinrich von Traisen, in einem Briefe des Klosters Garsten A. 1158. und Mainhard von Traisme in einer Urkunde des Stifts St. Pölten A. 1260. angeführt. (Hueber. Hoheneck. Ducellus)

Trasen. U. W. W. ein kleiner Fluß südwärts von Neustadt im Gebirge, welcher Sebenstein und Pitten vorbey läuft, und sich oberhalb Lanzenkirchen in die Schwarza ergießet.

Trasenbach. O. W. W. Traisenbach, kömmt theils von Hohenberg, theils aus der Weitenau, nimmt oberhalb dem Markte Dürrnitz, den Dürrnitzbach, unterhalb aber den Moosbach ein, und fließt sodann bey Dörfel in die Trasen.

Trasenbach. U. M. B. ein kleines Flüßchen, welches von Fünfkirchen und Trasenhofen, nordwärts nach Mähren in die Theya läuft.

Trasenhofen. U. M. B. am vorgedachten Bache, ein Pfarrdorf der fünfkirchlschen Herrschaft Steinabrunn, an der Poststraße hinter Poysdorf, bey Fünfkirchen, gegen die mährische Gränze. Die Pfarre ist mit Walterskirchen verknüpft. Es ist hier eine k. k. Gränzmaut, Wegmaut, und Revision.

Traskirchen. U. W. W. s. Draskirchen.

Trasmauer. O. W. W. Schloß und Herrschaft des Erzstifts Salzburg, mit der Herrschaft Arnsdorf, und dem Gute Oberwölbling verbunden, am östlichen Ufer des Trasenflusses, zwischen Einöd, und der Donau, Rittersfelden gegen über; ward A. 1483. von den Völkern des ungarischen K. Mathias Corvin eingenommen. (Chron. Salisb.)

Trasmauer. O. W. W. Markt und Pfarre, unter dem Gebiete der vorgenannten Herrschaft. P. Calles (Annal. Austr.) hält diesen Ort für das alte Treisma, und wenn er recht hat, so ist hier der Sitz der oben bey Trasen angeführten Herren von Treisme gewesen.

Trasmühle. O. M. B. an der böhmischen Theya.

Trauenstein. †. O. M. B. Markt und Pfarre der Herrschaft Ottenschlag, theils ein Amt der Herrschaft
Raps-

Rapotenstein, hinter dem Ursprunge der großen Krems, an der kleinen Kamp, bey einem meilenlangen Steinfelsen, von dem der Name des Orts herrühret.

Traunfeld. U. M. B. ein Kirchdorf der Herrschaft Wolkersdorf, theils der Domcantoren zu Wien, und der Herrschaft Niederkreutzenstädten dienstbar, hinter Ulrichskirchen, bey Matzbrunn.

Traunhof. U. W. W. ein Freyhof im Markte Guntramsdorf, sonst auch der Gözische genannt.

Trautendorf. O. W. W. s. Tautendorf.

Trantingerhof. O. M. B. ein adelicher Freyhof des Grafen von Locatelli, zu Meixendorf bey Krems, mit dem freyen Wasserhofe daselbst vereinigt.

Trautmannsdorf. †. U. W. W. Schloß und Herrschaft des Feldmarschalls Fürsten Karl von Bathiany, der sie von dem gräflich Windischgrätzischen Hause, durch Kauf an sich gebracht, und einen ganz neuen Weg von Schwächat bis hieher angeleget hat. Sie liegt drey Meilen ostsüdwärts von Wien, hinter Markt Schwächat und Schwandorf, und ist mit dem Gute Gözendorf vereinbart. Das alte ansehnliche Schloß, ist mit doppelten Wällen und Gräben umgeben, mit einem Fasangarten, schöner Orangerie, kostbaren Wasserleitungen, einer Menagerie, einem prächtigen chinesischen Cabinette, und mehreren seines Eigenthümers würdigen Dingen verschönert; und galt vor Zeiten für eine wichtige Vestung.

Trautmannsdorf. †. U. W. W. Markt und Pfarre, unter dem Gebiete der erstgemeldten Herrschaft, welchen vor hochgedachter Fürst von Batthyan A. 1769. auf holländische Ziegelart durchaus gleichförmig herstellen lassen. Es ist hier eine k. k. Filialmaut.

Trautmannsdorf war ein altes Erbgut der berühmten Stuchse, welche unter den vornehmsten Adel von Oesterreich gehörten. Albert Stuchs von Trautmannsdorf wird in einer Urkunde Herzog Alberts I. von A. 1292. Strenuus vir genannt. (Hoheneck) Ein anderer Albert war A. 1362. Zeuge bey dem Vergleiche Herzog Rudolphs IV. mit den Königen Ludwig und Casimir von Ungarn und Polen; und Mert Stuchs von Trautmannsdorf, wird in eben diesem Jahre, in einem Freyheitsbriefe des Stifts St. Pölten von gedachtem Herzog Rudolphen IV. angeführt. (Steyrer) Von A. 1424. bis 1443. war Trautmannsdorf nebst den Herrschaften Steuer und Weldeneck, der K. Elisabeth, Kaiser Alberts II. Gemahlinn, zum Witthume bestimmet. (Preuenhueber) A. 1463. ist die Herrschaft Trautmannsdorf an den Ritterorden St. Georgii zu dem Stifte Mühlstadt in Kärnten gekommen; endlich aber A. 1576. von diesem Ritterorden an Pongraz von Windischgrätz käuflich überlassen, und so fort von ihm und seinen Stammfolgern bis ins Jahr 1756. besessen worden. A. 1477. In den hungarischen Kriegen mit König Mathias Corvinus, wird Trautmannsdorf den Städten und Vestungen des Kaiser Friderichs beygezählet, ist auch von obgesagtem Könige Mathias, nach hartnäckigster Gegenwehr, und großer den Hungarn zugefügter Niederlage, doch endlich mit List erstiegen worden. Das Jahr 1515. hat diesen Ort merkwürdig gemacht, indem den 16. July drey gekrönte Häupter, nämlich Kaiser Maximilian I. K. Uladislaus aus Ungarn, und K. Sigmund aus Polen unweit von hier zusammen kamen, und von da ihren Einzug nach Wien hielten. (Ehrenspiegel) Im September 1529. ward Trautmannsdorf durch Accord vom Sultan Solymann II. eingenommen.

Trautmannsdorf. D. M. B. der Herrschaft Oberhöflein unterworfen, links der alten Poststraße nach Langau, zwischen Prutzendorf und Teraß.

Trebins. D. M. B. ein Dorf der Herrschaft Drößledel, hinter der Saß, gegen die deutsche Theya, bey Pfaffenschlag; vor Zeiten Trevina genannt, ein Gut, welches Bischof Christian von Passau, Kaiser Heinrichen II. zurück gab, und dafür Albern und Ensdorf erhielt. (Hund)

Triebensee. U. M. B. A. 823. Trebensee (Hanstz) Dorf und Gut des Bisthums Passau, dem es von Kaiser Karln dem Großen und seinem Sohne Kaiser Ludwigen I. geschenkt worden. (Lazius Migrat. Gent) an der Donau, oberhalb Stockerau, bey Neueigen. Das fürstliche Kastenamt allhier, ist mit dem Kastenamte zu Stockerau vereinigt, und wird von einem adelichen Pfleger verwaltet.

Im Jahre 1460. machte der berüchtigte Frohnauer Kaiser Fridrichen IV. die ungarischen Brüder abspänstig, zog dieselben an sich, nahm den Markt und Hof Triebensee ein, bevestigte den Ort, und beraubte die vorbey fahrenden Schiffe. Trat aber, auf Unterhandlung K. Georgens in Böhmen, A. 1461. das Raubnest Herzog Alberten VI. ab. (Haselbach)

Triesting. U. W. W. ein mittelmäßiger Fluß, vor Zeiten Tristnicht genannt, fließt von Kaumberg auf Pottenstein, Loibersdorf, Ginselsdorf, Oberwaltersdorf, und bey Himberg in den kalten Gang.

Triesting. D. W. W. in der Triesting, ein Ort von Waldbauern, hinter Kaumberg, beym Ursprunge des Triestingflusses

Trigisamo. D. W. W. vor Zeiten ein römischer Ort, aus dessen verkürzter Benennung, die Namen Trasen,

sen, Traysma, und Trasmauer entstanden sind. Nach der theodosischen Karte lag Trigisamo 8000. Schritte oberhalb piro torto, wo das heutige Trasmauer befindlich ist.

Triglas. O. M. B. ein Dorf der Herrschaft Dobersberg, und Amt des Gutes Beygarten, über der deutschen Theya, bey Gilgenberg.

Trinitarier, des Ordens von Erlösung gefangener Christen,

haben ein Kloster zu

Wien, in der Alsergasse, insgemein bey den Weisspaniern genannt, weil die ersten Ordensgeistlichen des Klosters aus Spanien hier angelanget; nahm A. 1688. durch Vorschub des Grafen von Harrach den Anfang, da man das Adlersburgische Gartenhaus, zu einer Kapelle und Priesterwohnung eingerichtet. Im Jahre 1690. aber, ward den 24. May durch den Bischof zu Wien, Grafen von Trautsohn, zum Kloster, und den 18. April 1695. von Kaiser Leopolden zur Kirche der Grundstein geleget.

Troß. O. M. B. s. Droß.

Troßstädten. U. W. W. s. Dreystädten.

Tröstall. O. M. B. ein Amt der Herrschaft Oberranna.

Tröstelberg. O. W. W. ein Edelsitz des Freyherrn von Hoheneck zu Steinbach und Brunnhof, bey der Erla, hinter Seitenstädten.

Trübeswinkel. †. U. W. W. A. 1136. Tribanswinchele, Schloß, Pfarrdorf und Gut des Grafen von Wallsegg, an der Schwächa, westwärts der Poststraße hinter Draßkirchen, bey Windsdorf, welches hieher gehörig ist.

Leubort von Tribanswinchele A. 1136. Zeuge in dem Stiftsbriefe des Klosters Heiligkreuz; imgleichen Udalric A. 1158. und 1161. in beyden Stiftsbriefen des Schottenklosters. (Bern. Pez) Henrich von Tribanswinchel vor dem Jahre 1212. in einer Urkunde Herzog Leopolds VII. (Hueber) wie auch A. 1231. in einem Privilegio des Stifts Klosterneuburg von Herzog Friedrichen II. (Bern. Pez)

Trumau. U. W. W. A. 1142. Drumawe, Schloß, Pfarrdorf und Gut des Stifts Heiligkreuz, dem es Herzog Leopold V. A. 1142. geschenket hat (Necrol. St. Crucis) an der Triesting, ostwärts der Poststraße hinter Draßkirchen, bey Oberwaltersdorf, mit welcher Herrschaft dieses Gut vereinbart ist. Die ungarischen Brüder, welche bald dem Kaiser Friedrich IV. bald der Gegenpart gedient, und das Land gewaltig geplagt hatten, wurden A. 1462. abgeschaft: weil man sie aber nicht so, wie sie verlangten, bezahlen konnte, setzten sie sich zu Trumau vest, und raubten alles, was ihnen vorkam. (Haselbach)

Trummelhof. U. W. W. zu Gründsing, ein Managettischer Freyhof.

Tulbing. O. W. W. hinter Kloster Mauerbach, zwischen Königstädten und Chorherren, Markt, Pfarre und Gut, dem fürstlich passauischen Rentamte Königstädten einverleibt.

Chalboch von Tulbing und seine Brüder Alber und Jrenfried sind A. 1158. und 1161. in den beyden Stiftsbriefen des Schottenklosters, unter den Ministerialen von Oesterreich benennet. (Bern. Pez) Ein anderer Chalboch von Tulbing wird A. 1255. als Zeuge in K. Ottokars Judenbriefe. (Hobeneck) Hadmar von Tulbing aber A. 1323. und Wolfhardt 1327. angeführt. (Hueber)

Der Ort hat sich von der Verwüstung noch nicht erho-

erholen können, welche er von den Völkern Sultan Solymanns A. 1532. erlitten. Der Donaustrohm, der vor hundert Jahren ganz nahe hier vorbey floß, ist anjetzo mit seinen Ufern eine ziemliche Strecke davon entfernt.

Das Tulbinger Forstamt, nebst dem hiesigen dazu gehörigen Forsthofe, stehet unter dem k. k. Waldamte zu Burkersdorf.

Tulln. O. W. W. Tulna, Tullana, eine landsfürstliche mitleidende Stadt von 189. Bürgerhäusern, 4. Meilen westwärts von Wien, und 6. Meilen unterhalb Krems, an einem kleinen Flusse gleiches Namens gelegen. Die dabey befindliche fruchtbare Ebene, das Tullnerfeld, oder der Tullnerboden genannt, ist nicht nur wegen des Getraides und Weinbaues, sondern auch der beständigen gesunden Luft halber, besonders belobt. Der Bischof zu Passau hat hier einen Vicarium, welcher aus den Capitularherren des Domstifts genommen ist, die Inful trägt, und die Verleihung der geistlichen Würden des passauischen Kirchensprengels in Niederösterreich zu besorgen hat. Sein Sitz ist im Pfarrhause, welches daher der Bischofhof genannt wird. Nebst der Pfarrkirche sind noch drey Klosterkirchen allhier, nämlich: der Minoriten, Capuziner, und der Nonnen des heiligen Dominikus. Die erstern hat Kaiser Ferdinand A. 1635. die Capuziner, der Graf von Werdenberg A. 1644. und das Nonnenkloster zum heiligen Kreuz Kaiser Rudolph I. von Habsburg A. 1280. wegen des über K. Ottokarn erfochtenen Sieges gestiftet. Es ist von des Kaisers Prinzen Hartmann vollendet worden, welcher nebst seinem Bruder Friedrich allhier begraben liegt. (Granelli)

Hagen machet Tulln zur Hauptstadt von Oesterreich, ehe Wien gebauet worden. (Chron. Austr.)

Die Stadt ist alt, und gehöret zu denjenigen Oertern, die sich unter den Avaren erhalten hatten, und die Kaiser Karl der Große, ums Jahr 803. Bischof Walderichen zu Passau schenkte; welche Schenkung Kaiser Ludwig I. A. 823. bestättigte. (Laz. Migrat. gent.) K. Ludwig in Ostfranken, oder der Deutsche, gab die Hälfte des königlichen Fiscus zu Tullina, Graf Ratpotten, einem seiner vornehmsten Hofherren, (ex primatibus) welcher A. 837. auf seinen erblosen Sterbefall, das Kloster St. Emmeran in Regensburg zum Erben einsetzte: als nun gedachter Ratpott an dem Könige treubrüchig ward, schenkte Ludwig diese Güter A. 860. gedachtem Kloster (Bern. Petz) Nachdem Leopold der erste Markgraf vom Babenbergischen Stamme A. 984. die Ungarn aus Oesterreich, bis über den Wienerwald vertrieben, soll im folgenden Jahre ein großer Landtag zu Tulln gehalten, auf solchem die Bevölkerung des wiedereroberten Landes eingerichtet, und dem Bischoffe zu Passau das Zollrecht zu Trasmauer, St. Pölten, und Zeiselmauer, nebst dem Hausenfange in der Donau zugesprochen worden seyn; welches letztern sich die Einwohner zu Tulln, währender ungarischen Obergewalt angemaßt gehabt. (Aventin) So viel ist gewiß, daß Kaiser Otto III. den zwischen Markgraf Leopolden, und Bischof Pilgrinen zu Passau, wegen der Landesanlagen entstandenen Zwist, A. 985. zum Vortheile des Bischofs entschieden, und die Colonisten in den passauischen Gütern von allen kaiserlichen Forderungen freygesprochen hat. (Gewold) Kaiser Heinrich II. wies Bischof Berngern allhier gewisse Grundstücke zu Unterhaltung des Gottesdienstes an. (Hund) Zu Kaiser Heinrichs III. Zeit hat der ungarische K. Ovo (Abu) Tulln in der Fastnacht überfallen, alles, was sich

zur

zur Wehre gesetzet, niedergehauen, die Stadt verbrannt, und die übrigen Einwohner gefangen nach Ungarn geführet. Als K. Rudolph I. A. 1277. in Oesterreich einrückte, hielt Tulln K. Ottokars Parthey, und versperrte dem Kaiser die Thore, bequemte sich aber nachmals zur Unterwerfung. Im Jahre 1461. stund Tulln auf Kaiser Friedrichs IV. Seite, ward aber von Herzog Alberten VI. erobert, und von Sigmund Elzingern besetzt. (Haselbach) Der ungarische König Mathias Corvin hat in den Mißhälligkeiten mit gedachtem Kaiser Friedrich IV. Tulln zweymal, nämlich A. 1477. und 1483. eingenommen. (Chron. Salisb.)

Es befindet sich zu Tulln eine k. k. Mautrevision, und Salzversilberung.

Das k. k. Tullnerbacher Forstamt, welches von dem Flusse Tulln den Namen hat, nebst dem Forsthause, hanget von dem k. k. Waldamte ab.

Tuma. O. M. B. Dorf und Landgut, mit der gräflich Corbualschen Herrschaft Karlstein vereint, oberhalb Raps; vor Zeiten Tumus genannt, ein Ort, welcher unter andern die Gränzen des passauer Gebiets bestimmete. (Calles P. I. p. 180.)

Tumenich. O. M. B. ein kleiner Fluß in der Wachau.

Tures. O. M. B. ein Dorf über der Zwettel, hinter Gerungs.

Tures. O. M. B. ein Dorf der Herrschaft Karlstein, zwischen der deutschen und böhmischen Theya.

Türr. O. M. B in der Rannapfarre, ein Ritterlehn, welches durch die von Starhenberg, A. 1380. aber durch die Meissauer vergeben ward, und damals Herr Reinharden von Ranna zustund.

Tyemdorf. U. M. B. A. 1388. ein Gut im Marchfelde, das jetzt verödet ist. (Hueber)

Tröbensunsdorf. D. W. W. ein ehemaliges Dorf in der nieder Pfarre, das A. 1214. vorhanden war, aber nun gänzlich vertilget ist. (Hueber)

U.

Udissenbach. D. M. B. ein Dorf der Herrschaft Reichenbach, an der Zwettel, bey Mutrams.

Ullersdorf. D. W. W. f. Ollersdorf.

Ulmerfeld. D. W. W. Schloß und Herrschaft des Bischofs von Freysing, am Ipserfelde, oberhalb Freydeck; ward A. 995. von Kaiser Otten III. auf Unterhandlung Herzog Heinrichs von Bayern, nachmaligen Kaisers, Bischof Gottscalcen von Freysing mit 6. königlichen Huben übergeben; wogegen der Bischof dem Kaiser ein kleines Gütchen bey der Stadt Krems abtrat. (Hund. Meichelbeck)

Ulmerfeld. D. W. W. Markt und Pfarre, unter dem Gebiete der vorbenannten Herrschaft, an der Ips, zwischen Eiritzfeld, und Hausmanning; hieß zu Kaiser Ottens III. Zeit Judamaresfeld. Das Schloß allhier, Konradsheim genannt, in welchem Bischof Konrad IV. von Freysing A. 1337. sein Leben Beschloß, hat Bischof Otten II. zu Freysing, binnen den Jahren 1180. und 1218. viele Verdrüßlichkeiten verursachet, indem die Grafen von Beilstein, und deren Erben die Grafen von Moren dasselbe in Anspruch genommen, und dessen Besitz mit Gewalt behaupten wollen. Der Markt hat ein Spital, das begütert ist.

St. Ulrich. U. M. B. ein Kirchdorf, nach Hauskirchen, und theils nach Rabensburg dienstbar, hinter Städtel Zistersdorf, über der Zaya.

S.

St. Ulrich. O. M. B. ein Dorf der Herrschaften Kirchberg am Walde, und Weitra, hinter Zwettel, Rosenau gegen über.

St. Ulrich. U. W. W. am Steinfelde, eine Kirche hinter Wollersdorf bey Fischau.

St. Ulrich. U. W. W. an der Schwarza, eine Kirche hinter Neustadt, zwischen Erla und Schwarzau.

St. Ulrich. U. W. W. untern Guts, in den wienerischen Linien, nächst vor dem Burgthore, zwischen der Josephstadt und dem Spitalberge, ein Freygrund und Gut des Prälaten zum Schotten. Der Name kömmt von der uralten, dem heiligen Ulrich geweiheten Pfarrkirche dieses ehemaligen Dorfes, welche Kirche jetzt schön erneuert, und gleichfalls dem Schottenkloster eigen ist. Sie wird auch von einer daselbst befindlichen Kapelle Mariä Trost genannt. Das Dorf aber hieß vor Zeiten Jatsmannesprunnen, oder Jaismannsbrunn. Das Capuzinerkloster allhier ist A. 1600. von dem Freyherrn Ernst von Mollart gegründet, und nach A. 1683. von dem Grafen Karl Sereni hergestellet worden. Bey der letzten Türkenbelagerung hatte der Großvezier Kara Mustapha in dieser Gegend sein Hauptquartier, und geschahe von hier aus der stärkste Angriff auf die Stadt. (Fischer, Fuhrmann)

St. Ulrich. U. W. W. obern Guts, hinter Vorigem und dem Neudeckerhofe, gleichfalls ein Gut und Freygrund des Schottenklosters, welcher stark bewohnet ist, sich gegen die Linien hinaus erstrecket, und sechs Abtheilungen hat, nämlich: Schottenhof, Neubau, Neustift, Wendelstadt, Penzingerstraße und Oberneustift. Es ist hier der Freythof von St. Ulrichspfarre, mit der Kirche des heil. Johannes.

St. Ulrichsdorf. U. W. W. zwischen den vorbenannten beyden Freygründen. s. Neudeckerhof.

St. Ulrichsdorf. U. W. W. Ulringsdorf, hinter Zlgersberg, beym Geschaid, an der steurischen Gränze.

Ulrichskirchen. U. M. B. eine gräflich Dietrichsteinische Herrschaft, mit einem schönen, vor Zeiten sehr vesten Schlosse, westwärts bey Wolkersdorf hinter Ebersdorf. König Georg aus Böhmen hat diese Veste A. 1458. vergebens belagert. (Haselbach)

Ulrichskirchen. U. M. B. Markt und Pfarre, der nur gemeldten Herrschaft gehörig, wo die Herrschaften Wolkersdorf und Kreutzenstein auch begütert sind. Es befindet sich hier ein k. k. Landschrank, oder Wegmaut.

Ulrichschlag. O. M. B. Dorf und Amt der Herrschaft Martinsberg.

Ulrichschlag. O. M. B. dem Kloster Altenburg unterworfen, hinter Kirchberg an der Wild, nächst der deutschen Theya, bey Mayers.

Ulrichschlag. O. M. B. ein Dorf der Herrschaft Dröststel, und des Stifts Geräß, hinter der Saß, gegen Pfaffenschlag.

Umbach. O. W. W. ein Dorf unterhalb Melk, zwischen Mauer und Wolfstein.

Umsee. O. W. W. ein Dorf über der Tulln, hinter Neulengbach; vor Zeiten Uccinessewe genannt; wo Kaiser Heinrich II. Bischof Berngern von Passau Grundstücke, zu Erbauung einer Kirche schenkte. (Hund. Calles)

Ungerbach. U. W. W. hinter Kirchschlag, im Gebirge, an der ungarischen Gränze, gegen das Günsthal.

Ungerndorf. U. M. B. der Herrschaft Loßdorf unterthänig, hinter Staats, bey Fallbach, gegen die Gränze von Mähren. Etwas gehört der Stadtpfarre zu Laa.

Universität. U. W. W. zu Wien, s. Akademien.

Unser Frau. O. M. B. Dorf und Amt der Herrschaften Engelstein, und Weitra, hinter dieser Stadt an der Lainsitz. Die Kirche wird als ein bekannter Gnadenort, von vielen Wallfahrtern besucht.

Unsrer Frau am Berg. O. M. B. eine Kirchfahrt zwischen Walkenstein und dem Kloster Berneck.

Unsre Frau zum Schotten. U. W. W. Pfarrkirche und Kloster der Benedictiner in Wien. (s. Benedictiner)

Unsrer Frauen Pforte. O. W. W. Kirche und Carthäuserkloster zu Aggsbach. (s. Carthäuser)

Unsre Frau am Tafelberge. O. M. B. s. Maria Taferl.

Unsre Frau am Sand. O. M. B. s. Unterweitra.

Unsrer Frauen Brünnlein. O. M. B. Kirchfahrt bey den Capuzinern zwischen Krems und Stein.

Unsrer Frauen Raffings. O. M. B. s. Räffling.

Unsre Frau zum drey Eichen. O. M. B. bey Horn am Molterberge. s. Horn.

Unterhard. O. M. B. Dorf der Herrschaft Artstädten, unter dem Amte Pöbering.

Untermberge. O. W. W. ein Dorf bey dem Markte Losdorf.

Untermhaus. O. M. B. der Name des alten Schlosses zu Spitz.

Unternälb. U. M. B. s. Nälb.

Unternstein. O. W. W. ein frey eigenes adeliches Gut bey Windhagen, welches Hartneid der Jeßnitzer A. 1339. Herzog Alberten II. verkaufte, und dieser seiner Carthaus Gaming schenkte. (Steyrer)

Unterthanick. U. W. W. s. Tauneck.

Ursach,

Urach. O. M. B. Ureich, ein ehemaliges Gut hinter Weltra, bey Wolfgers.

Popo, Otto und Engelschalk, Brüder von Urach, werden A. 1174. als Zeugen angeführt. (Hueber)

Urfahr. U. M. B. bey Klosterneuburg, vor Zeiten ein Ritterlehn und eigenes Gut, den alten Grafen von Bielstein gehörig, ward nachmals den Preußeln verliehen. (Enenkel)

Rapoto von Urfar, verkaufte A. 1310. einen Weinberg zu Klosterneuburg an das Stift Lilienfeld. (Hanthaler)

Urfahr. U. M. B. an der Donau, zwischen Sachsengang und Schönau, der Herrschaft Großenzersdorf eigen.

Urfahr. O. M. B. an der Donau, zwischen Krummennußbaum, und Altpechlarn, zur Herrschaft Weideneck gehörig.

Urla. O. W. W. Urula, insgemein Orly, ein kleiner Fluß, welcher sich in die Yps ergiesset, und vor Zeiten einer ansehnlichen Herrschaft den Namen gegeben hat.

Adelram, ein freyer Herr von Url schenkte sein Gut in oriente, bey Stoccharen (Stockern) und am Flusse Piela (Bielach) dem Kloster Admont. Marquard ein edler Herr von Url, war Magons von Starchenberg Gewährsmann, als dieser zu Herzog Heinrichs Zeit, vor dem Jahre 1172. dem Kloster Admont ein Grundstück bey Starhenberg zueignete. (Bern. Pez)

Ursendorf. U. W. B. am Steinfelde, ein Gut des Stifts Kirchberg, theils nach Emmerberg, und theils den Paulinern zu Neustadt unterthan, vor Zeiten mit einem landsfürstlichen Schlosse, westwärts von Neustadt, hinter Saubersdorf; gehörte ehemals dem von

Klin-

Klingen; dem es aber wegen seines Ungehorsams gegen Kaiser Friedrichen IV. entzogen, und zur landsfürstlichen Kammer geschlagen ward: worauf gedachter Kaiser A. 1481. den damals schon zerbrochenen Burgstall, nebst denen dazu dienstbaren Leuten, den Paullnern schenkte; welche Schenkung K. Mathias Corvin, als Herr von Oesterreich A. 1490. bestättigte. (Bern. Pez)

Ursulinerinnen. U. W. W. s. Nonnenklöster.

Ursprung. D. W. W. A. 1312. ein kleines Dorf des Klosters Melk, nächst dem Schlosse Bielach. (Hueber)

Urthal. D. M. B. Urthaker Amt, dem Grafen von Hoyos, zur Herrschaft Rohreck unterworfen.

Utendorf. D. W. W. Uttindorf, A. 1592. Vettendorf, jetzt Vettenhof, ein Gut der Montecucculischen Herrschaft Mitterau hinter St. Pölten, an der Bielach oberhalb Prinzersdorf.

Udalram von Uttindorf wird A. 1115. als Zeuge angeführt. (Hueber) Ulrich von Utendorf hatte mit Liltenfeld, wegen der Güter zu Laim, bey Eschenau Streit, welchen Herzog Albert I. A. 1287. zum Vortheile des Klosters entschied. (Hanthaler) Wolfgang Uttendorfer lebte A. 1468. (Hueber)

V.

St. **Valentin**. U. W. W. ein Pfarrdorf an der neunkirchner Poststraße nach Glocknitz, links im Gebirge, hinter Windpassing.

St. Valentin. D. W. W. ein Pfarrdorf der Herrschaft Erlakloster, imgleichen ein Amt der Herrschaft Bärwart, südwärts der Strengbergerstraße, hinter Altenhofen, an der Erla. Die Gegend bey diesem Orte wird der Valentinerboden genannt.

Varngrub. O. W. W. am Laubenbache, ein abeliches Erblehngut, welches Heinrich von Jeßniz Herzog Alberten II. A. 1335. käuflich überließ, und dieser zum Stifte Ganting widmete. (Steyrer)

Vehintal. U. M. B. s. Augenthal.

St. Veit. U. W. W. ein Kirchdorf an der Donau, oberhalb Klosterneuburg, zwischen Ober- und Unterkritzendorf.

St. Veit. U. W. W. ein uraltes, aber schön erneuertes Bergschloß, Pfarrdorf und Gut, ehemals dem wienerischen Erzbisthume, seit A. 1762. aber dem k. k. Hofe gehörig, an der Wien, hinter Hizing, Baumgarten gegen über, unter vicedomischer Administration. Nicht nur die Veste, sondern auch das Kirchenlehn allhier ward A. 1365. von Erzherzog Rudolphen IV. und seinen Brüdern Alberten und Leupolden zur neuen Probstey Allerheiligen bey St. Stephan gestiftet; die Stiftung kam aber nicht zu Stande. (Steyrer)

St. Veit. U. W. W. an der Triesting südwärts von Baaden, im Thale hinter Enzesfeld bey Berndorf, ein Kirchdorf und Filial von Pottenstein, mit zwey Kupferhämmern und einer Mühle, zur Herrschaft Enzesfeld, theils nach Merkenstein, Fesselau, und Kleinmariazell dienstbar.

St. Veit. O. W. W. ein kleiner Markt des Stifts Lilienfeld, zwischen der Trasen und Ramsau, hinter Kaumberg, bey Hainfelden.

St. Veit. O. W. W. an der Gelsen, ein Pfarrdorf und ehemaliges Gut, beym östlichen Ufer der Ips, unterhalb Kemmelbach.

Heinrich von St. Veit ein Lehnsmann von Melk, mußte sich A. 1206. nach Herzog Leopolds VII. Willen

Willen verpflichten, seine von Melk inhabende viele Lehne nicht zu veräußern, damit solche nach seinem Tode dem Kloster anheim fallen möchten. Wichard de S. Vito lebte A. 1216. (Hueber)

St. Veit. †. O. W. W. ein Kirchdorf, südwestwärts hinter Steinenkirchen, zwischen der kleinen Erlauf und Ips.

St. Veit. U. M. B. ein Kirchdorf zwischen Bisenberg und Hagenbrunn.

Veitsau. U. W. W. A. 1414. Voiztau, ein Dorf bey Hirnstein, zur Stift melkerischen Herrschaft Grillenberg gehörig.

Velwen. U. W. W. s. Felling.

Venusberg. O. W. W. ein Dorf bey der Trasen, zwischen Einöd und Trasmauer.

Veßlau. U. W. W. s. Feßelau.

Vestenhof. U. W. W. Schloß, Dorf, Amt und Gut der Herrschaft Stuchsenstein einverleibt, westwärts der neunkirchner Poststraße nach Glocknitz, hinter Pottschach.

Vettenhof. O. W. W. s. Utendorf.

Vezenlo. U. M. B. s. Fezenlah.

Vezinsau. O. W. W. ein ehemaliges landsfürstliches Lehngut in der Pfarre Gaming, welches Herzog Albert II. A. 1341. Otten von Zinzendorf abkaufte, und seiner Stiftung zu Gaming einverleibte (Steyrer)

Viehdorf. O. W. W. vor Zeiten ein Edelsitz und Gut, jetzt ein Pfarrdorf der Vogtherrschaft Säuseneck, und theils der Herrschaft Wolfpassing unterworfen, über der Ips, rechts der Poststraße nach Amstädten, bey Säuseneck.

Albert von Viedorff kömmt A. 1277. in Schriften vor. Otto der ältere lebte A. 1280. Otto der jün-

jüngere A. 1286. Eberhard, Ulrich und Heinrich, Brüder A. 1311. 1312. Eberhard Vichdorfer und sein Sohn Hans A. 1326. (Hueber)

Viehhofen. †. O. W. W. Schloß und Landgut des Grafen von Kuefstein zu Rapoldenkirchen, mit der Herrschaft Jäcking vereinbart, bey der Trasen, unterhalb St. Pölten.

  Ulrich von Vichhofen, wird A. 1254. und 1265. in melkerischen Documenten, und A. 1260. in einer Urkunde von St. Pölten benannt. (Hueber. Duellius)

Viehhofen. O. M. B. ein Dorf der Herrschaft Leiben zum Theil untergeben.

Vierlings. O. M. B. ein Dorf der Herrschaft Weitra.

Villagai. (Villa Gaji) U. W. W. vor Zeiten ein römischer Ort, vermuthlich ein Mayerhof eines gewissen Cajus, welchen die theodosische Reisekarte des Herrn von Scheib an der Donau, oberhalb Carnunt, zwischen Aequinoctio und Vindobona bemerket. Da die Lage von Aequinoctium mit dem heutigen Fischamend übereinkömmt, und Villagai davon 4000. Schritte oder eine Meile entfernt gewesen: so muß es sich in der Gegend des jetzigen Mannswerds befunden haben.

Vindobona. U. W. W. ein römisches Municipium, wo zu des Antoninus Zeit die zehn doppelte Legion mit einem Obersten, und nachmals auch ein Oberster der Schiffsflotte von Istrien, die man von Carnunt hieher verlegt, das Standquartier gehabt. Die erwähnte theodosische Karte setzet diesen Ort, 28000. Schritte oder 7. Meilen von Carnunt entfernt, 10000. Schritte oder drittehalb Meilen oberhalb Villagai, und 6000. Schritte, oder anderthalb Meilen unter Citium. Nach diesem Abstande sind die

Gelehrten der einstimmigen Meinung, daß Vindobona auf dem Platze der jetzigen Stadt Wien gestanden sey. Welche Meinung auch durch verschiedene allhier gefundene Gräber, Särge und Innschriften bestättiget worden ist. (Fuhrmann. Fischer. v. Scheib. Lambacher)

Vischen. U. W. W. s. Fischau.

Vites. O. M. B. s. Fides.

Vogendorf. O. M. B. s. Fähndorf.

Vogelhof. U. W. W. bey Offenbach, ein ehemals ulcedomisches Gut.

Vogelhof. O. M. B. auch der Reuthof genannt, eine herrschaftliche Mayerey, nach Ottenstein gehörig.

Vogthof. U. W. W. ein herrschaftlicher Sitz und Posthof, im Markte Neunkirchen am Steinfelde, nebst dem Markte dem Erzbischof zu Wien eigen.

Vogtsau. O. M. B. ein Dorf und Amt der Herrschaft Brandhof, hinter Kloster Ranna, beym Ursprunge der Krems.

Vogtschlag. O. M. B. hinter Mitterschlag, an der Zwettel, welche unweit davon, in dem reichenauer Forste den Ursprung nimmt.

Vogtschlag. O. M. B. insgemein Volzschlag, vor Zeiten Voitslag, ein Dorf des Stifts Zwettel, über der großen Krems, bey Großnonndorf; ehemals dem Kloster Allienfeld zuständig, dem es Herrabis von Rosenberg A. 1267. geschenket hatte. (Hanthaler)

Volkrahof. O. W. W. sonst Amhof, ein Edelsitz des Herrn von Reichmann, bey Amstädten.

Völlenbrunn. U. M. B. s. Fellabrunn.

Völlerndorf. O. W. W. der Herrschaft Friedau unterworfen.

Vollranz. O. M. B. hinter Sackbergen, am kleinen Kamp, bey der Gränze von Oberösterreich.

Vor-

Vorrach. O. W. W. ein Amt der Herrschaft Bärwart.

Vösendorf. U. W. W. s. Fesendorf.

Vysitz. O. W. W. s. Ipsitz.

W.

Wachau. O. M. B. Thal Wachau, wohin die Märkte Weissenkirchen und Wesendorf gehören, eine Herrschaft des Starhenbergischen Hauses, mit der Herrschaft Dürrenstein verbunden, erstreckt sich zwischen dem Gebirge und der Donau, von Mißlingbofe an, eine Viertelstunde unterhalb Spitz. bis unter dem Wattenstein, eine Viertelstunde oberhalb Dürrenstein. Sie ist eine der ältesten Herrschaften in Niederösterreich, und wird Wachowa schon A. 823. in einer Urkunde Kaiser Ludwigs I. angeführt, und die Schenkung erneuert, welche Karl der Große damit ums Jahr 803. Bischof Walderichen zu Passau gemacht. (Lazius. Hansitz) Unter Kaiser Otten II. ward die Wachau zu dem Gebiete Markgraf Barchards gerechnet, welcher vor Leopolden vom Babenbergischen Stamme in Oesterreich regierte. Und scheint es, daß sich die Deutschen hier am ersten wider die Ungarn vestgesetzet haben. Die bayrischen Grafen von Wolfrathhausen besaßen hier neun Weinberge, welche der letzte des Stammes, Heinrich Graf Ottens Sohn A. 1158. dem Kloster Admont in Steuermark vermachte. (Bern. Petz) Im 14. Jahrhunderte hat ein Rittergeschlecht den Namen von Wachau geführt, und besaß Ulrich von Wachau A. 1380. diejenigen Ritterlehne, welche sonst das Haus Starhenberg vergeben, Rüdiger der ältere von Starhenberg aber Heinrichen von Meissau verkauft hatte. (Hoheneck)

Zweyter Theil. 257

Wachberg. D. M. B. ein Dorf über der Zwettel bey Engelstein.

Wagendorf. O. W. W. an der Tulln, zwischen Siegharbskirchen, und Judenau.

Wagram. †. D. W. W. ein ehemaliger Markt nächst dem Sitze Rudolphsberg, der Herrschaft Holenburg unterthan, über der Trasen, bey Rittersfeld.

Wagram. D. W. W. am östlichen Ufer der Trasen, diesseits St. Pölten. Den Freyhof allhier besitzt Herr Stieler von Roseneck. Das alte adeliche Geschlecht derer von Wagram ist vorlängst abgestorben.

Wagram. D. W. W. über der Erla, gegen die Gränze von Oberösterreich, zwischen St. Pantaleon und Stein.

Wagram. †. U. M. B. den Herrschaften Grafeneck und Neueigen unterworfen, bey Markt Hädersdorf am Kamp.

Wagram. U. M. B. kroatisch Wagram, ein Kirchdorf der k. k. Herrschaft Eßling, über dem Rußbache, gegen Eckardsau.

Wagram. U. M. B. deutsch Wagram, ein Dorf im Marchfelde, bey Süssenbrunn.

Waidhofen. D. W. W. insgemein bayrisch Waidhofen genannt, an der Ips, Schloß, Stadt, Pfarre, und Herrschaft des Fürsten und Bischofs von Freysing, hinter dem Sonntagberge, unterhalb Ipsitz gegen die Gränze von Oberösterreich. Die Stadt, welche Bischof Berthold mit einem Wassergraben umfangen, begreift 348. Häuser, wird gegen Norden und Westen vom Werchbache, gegen Osten aber von der Ips umflossen, und in die obere und untere Stadt getheilet. In jener liegt das von gedachtem Bischof Bertholden nach A. 1381. erneuerte und

R mit

mit einem Thurme versehene Schloß, und die Pfarrkirche; in dieser aber befindet sich das Bürgerspital mit seiner Kirche. Auch ist ein Siech- und Armenhaus, ein Spendamt, und ein Capuzinerkloster allhier, welches A. 1644. von Allmosen erbauet worden ist. Morgenwärts hänget die Stadt durch eine Brücke mit dem Markte Zell zusammen; der aber nicht hieher, sondern zur Herrschaft Gleiß gehört. Einige halten Waidhofen für einerley, mit Niuvanhoven, welches Bischof Göttschalk A. 996. von Kaiser Otten III. erhielt. Allein Niuvanhoven, ist der Markt Neuhofen, welcher der Herrschaft Ulmerfeld einverleibt ist: Waidhofen aber ist vermuthlich nach dem Jahre 1033. von Kaiser Konraden II. dem Stifte gegeben worden. Der Herrschaft sind die Dörfer Hollenstein und Gößling gegen die steurische Gränze, mit 335. Häusern unterthänig; daß also das ganze Gebiet nebst der Stadt, sich über 683. behauste Unterthanen erstrecket. Die Stadtpfarre nebst der Kirche sind besonders begütert; und stehet der ersten die Grundherrlichkeit im Amte Haselhub zu.

Bischof Otto II. der von A. 1180. bis 1220. regiert, hatte wegen dieser Herrschaft schwere Streitigkeiten mit Graf Konraden von Beilstein; indem dieser sich sowohl des Schlosses Waidhoven, als des Schlosses Konradsheim bemächtigte. Kaiser Heinrich VI. entschied zwar den Zwist zum Vortheile des Bischofs. Doch da der Kaiser A. 1197. starb, nahm Graf Friedrich, Konrads Sohn, die Schlösser aufs neue in Besitz: und als das Beilsteinische Haus, mit Friedrichs Brudersohne, ums Jahr 1216. abgieng; folgte Graf Friedrich von Morn, als Erbe der Beilsteinischen Güter, seinen Vorfahren in den Gewaltthätigkeiten gegen den Bischof

schof nach. Dieser nahm hierauf um's Jahr 1218. seine Zuflucht zu Herzog Leopolden VII. von Oesterreich; welcher die streitigen Schlösser zwar dem Bischoffe zusprach; diesen aber verpflichtete, dem Grafen ein andres Schloß abzutreten. Allein bald darauf starb der Graf von Morn ohne Erben, und Bischof Otto gelangte kurz vor seinem Tode zum ruhigen Besitze der beyden Güter. (Meichelbeck Act. Frising.) Die nachmals mit den österreichischen Landsfürsten, wegen diesen Herrschaften entstandenen Irrungen, sind A. 1366. völlig abgethan worden, da die Herzoge Leopold III. und Albert III. Bischof Paulo, ehemaligem Bischof zu Gurk, die Herrschaften Waidhofen, Randeck, und Ulmerfeld auf allezeit abgetreten haben.

Unweit dieser Stadt ist die sogenannte schwarze Wiese, wo A. 1529. eine türkische Parthey, die bis hieher gestreift, von Pfalzgraf Friedrichs Völkern dergestalt geschlagen worden, daß kein Mann davon gekommen.

Waidhofen. O. M. B. an der Theya vom gemeinen Volke böhmisch Waidhofen genannt, eine landsfürstliche Stadt von 169. Häusern, gegen die Gränze von Böhmen, am westlichen Ufer der deutschen Theya unterhalb Schwarzenau gelegen. Sie ist unter der Zahl der mittelbenden Städte von Niederösterreich begriffen, und hat den Rang nach Zwettel. Die Stadtpfarre, welche nebst dem Magdalenenstifte begütert ist, war vor Zeiten landsfürstlich; Herzog Rudolph IV. von Oesterreich aber überließ solche Bischof Alberten von Passau; welcher dagegen A. 1365. die Lehnschaft über St. Stephanspfarre zu Wien dem Herzoge abtrat. (Steyrer) Das Capuzinerkloster ist A. 1652. von Allmosen, vornehmlich aber durch den Beytrag der Gräfinn Maria Margaretha von

Trautsohn, gebohrner von Rappach erbauet worden. Die Stadt hat eine Vorstadt Niederthal genannt, und am östlichen Ufer des Flusses lieget Altwaidhofen. Doch beyde gehören nicht zur Stadt, sondern zum Schlosse, welches eine besondere Herrschaft ausmachet. Diese war vor Zeiten auch landsfürstlich, und ward A. 1341. nebst der Stadt von Herzog Alberten II. an K. Johann in Böhmen für 10000. Mark böhmische Groschen oder 32000. Gulden, die Mark als einen Goldgulden, zu 3. fl. 12. kr. gerechnet, verpfändet, welche der Herzog dem Könige zu zahlen versprach: dagegen dieser eine ewige Verzicht auf Kärnten leistete. (Steyrer)

Es ist hier ein k. k. Mautamt, eine Wegmaut, und eine handgräfliche Obercollection.

Waidhofen. O. M. B. Schloß und Herrschaft des Freyherrn von Gudenus, mit dem Markte und Gute Theya, Altwaidhofen, Niederthal, und 18. Dörfern vereinigt.

Waidhofen. O. M. B. Altwaidhofen ein Dorf, am östlichen Ufer der deutschen Theya, der Stadt gegen über, zur vorbemeldten Herrschaft Walkenstein unterworfen.

Walchers. O. M. B. Woligers, ein Dorf der Herrschaft Gilgenberg.

Wald. † O. W. B. Schloß und Herrschaft des Freyherrn Spindler von Hofeck, mit zwey Märkten, und drey Aemtern, südwärts von Bärschling, oberhalb Böhelmkirchen.

Otto von Wald gab A. 1267. dem Stifte Lilienfeld ein Zeugniß in deutscher Sprache, das Gut de Monte betreffend; welches unter die ersten deutschen Urkunden gehört, und darum merkwürdig ist. (Hanthaler) Leutold und Friedrich kommen A. 1273.

1273. als Zeugen vor. (Hueber) Wulfing, 80. Jahr alt, lebte 1315. (Hanthaler) Biber und seine Gattin Gisela, liegen bey den Minoriten begraben. (Necrol. Min.) Ums Jahr 1477. ward Wald wegen Ulrichs von Grafeneck Untreu, von Kaiser Friedrichen IV. eingezogen; der es an Siegmund Schlicken von Weissenkirchen um schuldige 6000. ungarische Dukaten verpfändete. (Bern. Pez) Im Jahre 1485. ward die Veste Wald vom K. Mathias Corvin erobert. (Chron. Rot.)

Das k. k. Waldamt. U. W. W. dessen Gebiet sich vornemlich über den Wienerwald, und die darinn befindlichen Hütler erstrecket, stehet unter der Aufsicht des k. k. Waldmeisters und Waldschaffers zu Burkersdorf; das Grundbuch aber ist zu Wien. Es gehören dazu: Schloß, Pfarrdorf und Herrschaft Burkersdorf, samt dem Landgerichte; die Dörfer Hüteldorf und Kaltenleutgeben, die halben Dörfer Baumgarten und Aichgraben, und die zerstreuten Waldhüttler in den Oertern des Wienerwaldes: Breitenfurt, St. Corona, Hochbuch, Hochstraß, Höniggraben, Königsgraben, Preßbaum, Rupersberg, Saubühel, Schliefgraben und Wolfsgraben. Die Holzungen des Wienerwaldes aber, unter der Obsicht von 5. Waldbereitern und 18. Waldförstern, sind in die Aemter: Alland, Anzing, Anzbach, Burkersdorf, Dornbach, Hüteldorf, Raumberg, Rogling, Klosterneuburg, Mariazell, Neustadt, Reichliesing, Ried, Tulbing, Tullnerbach, Weidlingau, und Weissenbach getheilet, worunter Klosterneuburg, Reichliesing und Weissenbach doppelte Aemter sind. Endlich gehören auch die Klausmeister oder Aufseher der Rechen und Holzschwemmen hieher.

Waldans. O. M. B. Waldamts, Dorf der Herrschaft Rosenau, an der Zwettel, bey Stralbach.

Waldeck. U. W. W. ein Dorf der Herrschaft Stahrenberg Piesting, westwärts der neustädter Heide, im Gebirge, hinter Stahrenberg.

Waldeck. U. W. W. Neuwaldeck, Schloß und Gut des Feldmarschalls, Grafen von Lasci, westwärts von Wien, bey Oberdornbach, welches zu diesem Gute gehörig ist. Das kleine, aber schöne Schloß hat weiland der Freyherr Bartolotti von Partenfeld erbauet. Es liegt auf einem Hügel, ist zu beyden Seiten mit hohen Bergen umgeben, zwischen denen sich aber, über das unten befindliche Dornbach hin, eine wunderschöne Aussicht nach Wien, und in die umliegende Gegend eröffnet.

Es ist hier ein Steinbruch.

Waldenstein. O. M. B. ein Pfarrdorf der Herrschaften Kirchberg am Wald und Weitra, gegen Gemünd.

Waldhausen. † O. M. B. ein Pfarrdorf der Herrschaft Rastenberg, hinter der großen Krems bey Loschberg.

Waldhütten. O. M. B. bey Dürrenstein, dieser Herrschaft unterworfen.

Waldhütten. O. M. B. ein Ort der Herrschaft Buchberg.

Waldkirchen. O. M. B. ein Pfarrdorf der Herrschaft Gilgenberg, über der deutschen Theya, bey Dobersberg.

Waldreichs. O. M. B. am Kamp, Schloß und Herrschaft des Grafen Engel von Wagrein, zwischen Ottenstein, und Dobra.

Waldreichs. O. M. B. am Wald, Kirchdorf und Gut hinter der Wild, bey Großsiegharbs und Dietmanns.

Wald-

Waldrott. O. W. W. ein Amt der Herrschaft Rabenstein, über der Bielach, im Gebirge.

Walkenstein. O. M. B. auch Wolkenstein, Schloß und frey eigenes Gut, Pfarrdorf und Gesundbaad, dem Stifte Geräß gehörig, hinter Egenburg, zwischen den Herrschaften Kattau, Breitenau und der Hornischen Freyheit; hatte vor Zeiten seine eigene adeliche Besitzer, welche sich von diesem Schlosse nannten. (Laz)

Walkersdorf. U. M. B. Herrenhof, Dorf und Gut des Edlen von Rözer, nächst dem Markte Hädersdorf am Kamp. Etwas gehört nach Grafeneck.

Walkhof. O. M. B. zu Langenlois, ein Freyhof, dem Marktrathe allhier gehörig.

Walkunskirchen. U. M. B. s. Walterskirchen.

Wallerreut, Ober- und Niederwallerreut. O. M. B. zwey Dörfer über der großen Krems, bey Loschberg, das letztere ist nach Rastenberg dienstbar.

Wallsee. †. O. W. W. Niederwallsee, Schloß und Herrschaft, weiland des k. k. Feldmarschalls, Grafen Leopolds von Daun, an der Donau, zwischen Ardagger und Achleiten, ward seinen ehemaligen Besitzern, den Grafen von St. Julien zu Ehren, zur Grafschaft erhoben. Das ansehnliche Schloß liegt auf einen Berge, und ist mit Mauern, Thürmen, und Rondelen wohl verwahrt. Der Name kömmt von seinen Erbauern, den Herren von Wallsee aus Schwaben, welche unter Herzog Alberten I. in Oesterreich anlangten, und diesem Herrn von seinem Vater Kaiser Rudolphen I. als Räthe zugegeben wurden. Niederwallsee aber wird es in Ansehung eines andern in Oberösterreich gelegenen Schlosses genannt, welches eben von gedachten Herren von Wallsee herrühret, und Oberwallsee heißt.

Wallſee. O. W. W. Niederwallſee, Markt, Pfarre, und herrſchaftliches Freyhaus, der vorerwähnten Herrſchaft einverleibt, zu welcher noch die Märkte Oed und Hütting, die Grundherrlichkeit über die Pfarre Sündelburg, und das Gotteshaus zu Oed, und fünf Aemter gehören. Die Pfarre iſt mit Hart verbunden. Es iſt eine k. k. Salzverſilberung allhier. Inngleichen befindet ſich in der Nähe ein Steinbruch von Mühlſteinen, welche weit und breit verführet werden.

Eberhard, Heinrich, und Friedrich, Brüder von Wallſee, werden in dem Lehnbriefe, welchen Kaiſer Albert I. A. 1298. ſeinen Söhnen, Rudolphen, Friedrichen, und Leopolden über Oeſterreich ertheilte, als Zeugen angeführt.

Herzog Albert II. von Oeſterreich gab A. 1357. den Brüdern Ulrich und Friedrich von Wallſee, nebſt ihren Kindern die Freyheit, ihre Lehngüter auf ihre männlichen und weiblichen Anverwandten vererben zu können. (Steyrer) Der erſte war A. 1351. Hauptmann in Steuermark, Friedrich aber A. 1356. Hauptmann zu Ens; und ihr Vetter Reinprecht A. 1359. Burggraf zu Steuer. Friedrich von Wallſee zu Potenſtein, Reinprechts Sohn lebte A. 1385. Ulrich zu Enſesfeld, Hanſens von Droſendorf Sohn A. 1388. Rudolph war A. 1393. Landmarſchall, Ulrich A. 1396. Hofmeiſter, Wolfgang aber A. 1460. Oberſter Marſchall von Oeſterreich. (Hueber)

Walmersdorf. O. M. B. Wolmersdorf, der Herrſchaft Dobersberg zum Theil unterthan.

Walpersbach. U. W. W. auch Wolkersbach, Walpersdorf und Wolketsdorf, ein Dorf des neuſtädter Bisthums, ingleichen ein Amt der Herrſchaft Sebenſtein, hinter Neuſtadt, über der Leitha, bey Froſchdorf.

Wal-

Walpersdorf. D. W. W. Schloß und Herrschaft des Grafen von Colloredo, A. 1120. Walbrechtisdorff (Hueber) an der Straße von Bärschling nach Göttweih, welche Straße der Graf Camillo Colloredo auf seine Kosten anlegen lassen. Es sind mit dieser Herrschaft die Güter, Abtsdorf, Einöd, Hausenbach, imgleichen Blankenmühl, Götzel, Götzersdorf und Käfern vereiniget. Das Schloß ist eines der schönsten, und hat einen vortrefflichen Garten.

Waltenbergerhof. D. M. B. im Markte Friedersbach, ein Freyhof der Herrschaft Rastenberg.

Walters. D. M. B. ein Dorf der Herrschaft Weikardschlag, hinter Tuma.

Walterschlag. D. M. B. unter der Herrschaft Zwettel, Ottenschlag und Weitra getheilt, hinter Zwettel, gegen die deutsche Theya.

Waltersdorf. †. U. W. W. Oberwaltersdorf, Schloß, Pfarrdorf und Herrschaft des Stifts Heiligkreuz, mit dem Gute Trumau und den Dörfern Minkendorf und Pfafstädten vereinbart, an der Triesting, links der Poststraße hinter Draßkirchen, zwischen Trumau und Tattendorf.

Waltersdorf. †. U. W. W. Unterwaltersdorf A. 1120. Hadwartisdorf (Hueber) Schloß, Herrschaft und Landgericht des Grafen von Cavriani, am Reisenbache, hinter Ebergässing, zwischen Reisenberg und Seibersdorf. Die Herrschaft, welche den Titel einer Baronie hat, ist mit den Gütern, Schöngrabern und Seibersdorf verknüpft.

Waltersdorf. †. U. W. W. Unterwaltersdorf, Markt und Pfarre der jetzt genannten Herrschaft, zu welcher auch der Markt Reisenberg gehörig ist. Im Jahre 1252. ward die hiesige Kirche von den Ungarn zerstöhrt. (Chron. Cl. Neob.)

Unterwaltersdorf und Reisenberg fielen als erledigte

digte Lehne der Landgräfinn von Steveningen, die vor A. 1195. ohne Erben starb, und mit diesen Gütern von Herzog Heinrichen zu Medling beliehen worden war, an Herzog Leopolden IV. zurück. (Enenkel)

Waltersdorf. †. U. M. B. A. 1324. Waltrichesdorf. (Hueber) Schloß und Gut des edlen von Reyer, theils den Herrschaften Rabensburg und Staatz untergeben, unweit dem Marchflusse, oberhalb Jedensdoigen.

Walterskirchen. U. M. B. vor Zeiten Walchunschirchen, Schloß, Pfarrdorf und Herrschaft des Grafen Kohary mit Ebenthal verbunden, über der Zaya, hinter Wülfersdorf, oberhalb Böhmischkrutt. Von der hiesigen Pfarre hanget die Pfarre zu Trasenhofen ab. Walchunskirchen vererbte Ulrich von Asparn auf seine Tochter Bertha, Konrads von Valkenberg Gemahlinn; und als diese unbeerbt verstarb, fiel es vor A. 1195. an Herzog Leopolden VI. als ein erledigtes Lehn zurück. (Enenkel) Nach der Zeit ward eine andre edle Familie damit belehnet, aus welcher Otto Kämmerer von Walchunskirchen, A. 1249. in einer Urkunde des Stifts Zwettel, von Markgraf Herrmann von Baaden, Herzog von Oesterreich, als Zeuge angeführt. (Annal. Zwetl.)

Wampersdorf. †. U. W. W. ehemals Weinprechtsdorf genannt, ein Filial von Weigelsdorf, der Herrschaft Pottendorf unterthan, an der Leitha, zwischen Ebenfurth und Deutschbrodersdorf. Es ist hier eine k. k. Gränz- und Wegmaut.

Wampoldenreut. †. O. M. B. ein Dorf der Herrschaft Wildberg.

Wang. O. W. W. Schloß, Mayerey und Herrschaft des Grafen von Auersberg, zu Reinsberg und Sänfteneck, mit 4. Aemtern von zerstreuten Unterthanen.

Wang.

Wang. O.W.W. ein Markt der nur gemeldten Herrschaft, bey der kleinen Erlauf, welche hier den Reinsbach einnimmt, oberhalb Ehreneck, zwischen Feiz und Bärwart.

Wankmühle. U. W. W. an der Leitha, ein herrschaftlicher Mühlhof von Prellenkirchen abhängig, unterhalb deutsch Haslau.

Wantendorf. O. W. W. wo der Herrschaft Friebau einige Gerechtigkeiten zustehen.

Wanzenau. O. M. B. ein Dorf der Herrschaft Rosenberg, hinter Gars, am Gesällerwalde.

Wäring. U. W. W. ein Pfarrdorf und Gut, nächst Wien, nordwestwärts vor dem wäringer Linienthore, ist theils dem hiesigen freyen Berg= oder Renthofe des Stifts Michelbayern, theils dem freyen Michaelerhofe, des Barnabitenklosters zu Wien unterworfen. Etwas besitzt das Nonnenkloster zur Himmelpforte und der Prälat von Montserrat.

Wäringergasse. U. W. W. eine von den wienerischen Vorstädten, vor dem Schottenthore, zwischen der Alsergasse und der Rossau. — Man findet allhier, das von Kaiser Karln VI. A. 1722. erbauete schöne Spanischespital, mit dem das heilige Dreyfaltigkeitsspital vom Rennwege vereiniget ist. Das neue Spital im Strudelhofe. Das Krankenhaus im Beckenhäusel genannt. Das Lazareth bey St. Johann zu Siechenals. Den Contumazhof, wo über 800. Männer, Weiber und Kinder, und das neue Armenhaus am Alserbache, wo über 300. dergleichen von der Armencasse verpfleget werden. Endlich das sogenannte Brennerische Haus, wo sich seit 1754. die Chaosischen Stiftsknaben befanden, welche Johann Konrad Richthausen, Baron von Chaos A. 1663. nächst dem Burgerspitale in der Kärntnerstraße gestiftet, und die man A. 1736. mit andern Stiftsknaben auf der Laimgrube, wo jetzt die
Kriegs=

Kriegsschule ist, vereiniget hatte. Diese sind A. 1767. in das Waisenhaus auf den Renweg versetzet worden; das Brennerische Haus aber hat der Fürst Bathiany zu Errichtung einer Batistfabrick erkauft.

Warnings. O. M. B. Dorf der Herrschaft Kirchberg am Walde, hinter Zwettel, über der deutschen Theya.

Wart. U. W. W. ein Amt der Herrschaft Thomasberg.

Wart. O. W. W. an der Wart, theils unter dem Gebiete der Herrschaft Friedau.

Wartberg. U. W. W. ein Berg hinter dem Markte Mödling, mit den Bruchstücken einer alten Warte.

Wartberg. O. W. W. ein Berg und Forst des Stifts Melk, unweit von diesem Kloster.

Wartberg. U. M. B. ein Kirchdorf und Amt der Herrschaft Groß, theils nach Sitzendorf dienstbar, bey Röschitz, zwischen Straning und Niederschleinitz.

Odalric von Wartperch, ums Jahr 1190. Zeuge in einem Schenkungsbriefe an das Kloster Admont. (Bern. Pez)

Wartberg. O. M. B. ein Dorf und Filial von Egenburg, woran der Herr von Mosern zu Achau, das Stift Altenburg, die Herrschaft Rosenau, und die Pfarren Meigen und Egenburg Theil haben.

Wartenstein. U. W. W. Felsenschloß und Herrschaft des Marquis Caracciolo von St. Erasmo, mit Grimmenstein verknüpft, hinter Glocknitz, links der Poststraße nach Schottwien. Das Gebiet der Herrschaft hat lauter zerstreute Unterthanen im Gebirge, die in 4. Aemter getheilet sind.

Wartmannsstädten. U. W. W. ein Dorf und Amt der Herrschaft Froschdorf.

Wasbach. D. M. B. Waschbach, ein Dorf der Grafschaft Hardeck, bey der mährischen Gränze hinter Frohnsburg.

Wasen. †. O. W. W. Schloß, Dorf und Gut des Freyherrn von Grechtler, am westlichen Ufer der Bielach, zur Herrschaft Friedau gehörig.

Wasen. †. O. W. W. Dorf und Gut über der Bielach, zwischen Kilb und Ranzenbach.

Wasen. †. O. W. W. Schloß und Gut des Starhenbergischen Hauses, der Herrschaft Karlsbach einverleibt, über der Ips, bey Neumarkt.

Wasen. O. W. W. am Wasen ein uralter Burgstall, und ehemaliger Edelsitz in einem längst veröbeten Weyer, bey der Erla, nächst Seckau, im sogenannten Valentinerboden. Die Herren Stenger dessen ehemalige Besitzer, haben das alte Schloß abtragen lassen, und dagegen das Schloß Enseck erbauet. (Hoheneck) Der alten Herren von Wasen, auch von Wesen genannt, wird in Documenten öfters gedacht. Hertwic von Wasen, und sein Bruder Otto von Wesen kommen A. 1287. und 1312. Heinrich A. 1287. Gottfried A. 1287. Hadmar A. 1303. In einem Briefe Otto Heinrich Haymens von Wien, Erchinger A. 1312. und Ulrich Waser zu Sitzenthal A. 1320. vor. (Hueber)

Wasen. U. M. B. der Herrschaft Grafeneck eigen.

Wasen. D. M. B. Veste Wasen, hinter Weitra bey unsrer Frauen; dem Landgrafen von Fürstenberg eigen.

Wasenbrücke. U. W. W. ein Paß über die Leita, mit einer k. k. Filialgränzmaut, unweit Götzendorf.

Wasenhof. U. W. W. zu Biedermannsdorf, ein adelicher Freyhof des Grafen von Kolonitsch.

Wasenmühle. U. M. B. an der Kamp, oberhalb Grafeneck.

Wasserburg. †. O. W. W. Schloß und Gut des Grafen von Zinzendorf und Pottendorf, mit den Herrschaften Karlstätten, und Doppel vereinigt, beym östlichen Ufer der Trasen, unterhalb Pottenbrunn; vor Zeiten Wazzerberg genannt.

Heinrich von Wazzerberg, der A. 1242. starb, ward A. 1230. von Herzog Friedrichen II. mit dem Kämmereramte von Oesterreich belichen, mit welcher Würde damals die Advocatie über den Hof zu Dornbach, und zehn Talent (Gulden) an Münze verbunden waren. (v. Fischersberg Berichtbuch MS.)

Wasserhof. O. M. B. zu Meizendorf ein adelicher Freyhof des Grafen Locatelli, nebst dem freyen Trautingerhofe unweit Krems.

Wätzelsdorf. U. M. B. Wätzkersdorf, s. Wezelsdorf.

Watzendorf. O. W. W. vor Zeiten ein Gut, am Tullnerfelde, hinter Siegharoskirchen, bey Michelhausen.

Otto von Watzendorf A. 1362. Zeuge bey einem Vergleiche Herzog Rudolphs IV. (Steyrer)

Watzendorf. O. W. W. über der Trasen, zwischen St. Pölten, und Friesing.

Watzendorf. O. W. W. nordwärts über der Bärschling, zwischen Hasendorf und Heiligeneich.

Watzendorf. U. M. B. Weitzendorf, ein Pfarrdorf der Herrschaft Deinzendorf, theils dem Stift Altenburg, und theils der Pfarre Hausleuten unterthänig, nordwärts über der Bulka, bey Leutacker.

Watzmanns. O. M. B. ein Dorf der Herrschaft Weltra, über der deutschen Theya, bey Kirchberg am Walde.

Wechselhof. U. W. W. hinter Markt Neunkirchen im Gebirge, westwärts der Poststraße bey St. Valentin.

Weg. D. W. W. am Weg, ein Thal zwischen der Mank und Melk, das sich von Pölaberg nacher Blankenstein hinziehet.

Wegscheid. O. M. B. ein Dorf der Herrschaft Jdolsberg, und der Pfarre Altpölla, an der Kamp, unterhalb Krumau.

Wehe. O. M. B. dießseits der Stadt Zwettel, an der Kamp.

Weichenstephanshof. U. W. W. zu Gumpoldskirchen ein Freyhof des Stifts Weichenstephan.

Weichselbach. O. W. W. Schloß und Herrschaft der jüngern Erben, weiland des k. k. Regierungsraths von Fuhrenberg, mit Weinzierl, Wocking und Wildenstein vereinbart, südwärts von Melk, an der Mank, die unweit von hier mit der Melk zusammen fließt.

Weichselbach. O. W. W. ein dieser Herrschaft unterworfenes Dorf.

Carl und Walchun Brüder von Weichselbach lebten A. 1267. Heinrich und Chunrad A. 1287. ein anderer Heinrich mit seinen Brüdern Ruger und Carl A. 1317. (Hueber)

Weiden. U. M. B. Oberweiden, Markt und Pfarre der Herrschaft Obersiebenbrunn, am Marchfelde oberhalb Marcheck, bey Baumgarten. Die Pfarre ist mit Baumgarten verknüpft, und hanget von Melk ab.

Weiden. U. M. B. Niederweiden, Schloß und Gut, der k. k. Herrschaft Schloßhof einverleibt, gegen Engelhardstädten. Das kleine aber überaus schöne Schloß hat den Grafen Ernst Rüdiger von Starhemberg zum Erbauer, und ist mit einem vortrefflichen

Garten

Garten versehen, der von allen Kennern für ein Meisterstück der Gärtnerkunst gehalten wird. Prinz Eugenius hat ihn durch seinen Baumeister Zinner zu Stande gebracht, der ihn, um die Natur mit der Kunst zu vereinigen, in einem Walde angeleget hat, welcher durch eine schöne Allee mit Schloßhof zusammenhängt.

Währender Vormundschaft Kaiser Friedrichs IV. über den jungen Ladislaus, ward das Schloß Niederweiden ein berüchtigtes Raubnest; indem sein damaliger Besitzer, der Baron Leonhard Arberger, und seine Gattin, Gertraud von Rohr, ein blutdürstiges Weib wider das umliegende Land und Volk schreckliche Grausamkeiten verübten. Arber ward daher von Wilhelm Ebsern allhier belagert; flohe aber zum Pankraz nach Skallz, und ließ das Schloß in den Händen seiner Gemahlinn, und der Räuber, welche solches A. 1448. übergeben mußten: worauf es Siegmunden von Ebersdorf, Hubmeister von Oesterreich anvertrauet ward. Allein wenig Wochen darnach, rückte Pankrazens Bruder unversehens an, eroberte Niederweiden in einer stürmischen Nacht, zog alles Raubgesind an sich, und richtete noch drey Raubnester zu, in denen die Zahl der Edlen und Unedlen auf 900. Köpfe stieg; welche in zwey Jahren unsäglichen Schaden thaten. Endlich brachte der Graf von Cilley 1450. eine hinlängliche Macht zusammen, womit er Niederweiden und die andern Schlösser einnahm, und die Räuber erlegte, oder verjagte. (Haselbach)

Weiden. D. M. B. ein Pfarrdorf, den Herrschaften Greulenstein, St. Marein, und der Pfarre Altpölla unterworfen.

Weidendorf. U. M. B. Wiedendorf, Wädendorf, auch Weidenhof, ein Kirchdorf und Gut der Herrschaft

schaft Dürrenkrut, wo die Herrschaft Niederleiß und die Pfarre Wolkersdorf auch begütert sind, am Ende des Marchfeldes, hinter Ebenthal.

In dieser Gegend hat K. Ottokar A. 1278. Kaiser Rudolphen I. die bekannte, für ihn unglückliche Schlacht geliefert.

Weidendorf. O. M. B. Amt und Dorf der Herrschaft Aristädten, unter dem Eisenthaler Amte.

Weideneck. O. M. B. Weiteneck, eine uralte Bergveste und freyeigene Herrschaft Josephs, Edlen von Führenberg zu Leiben, des ältern Sohnes, weiland des Herrn von Führenberg zu Weinzierl und Weichselbach. Das halb verödete Felsenschloß liegt am nördlichen Ufer der Donau, zwischen Altpechlarn und Schallemmersdorf. Den Namen hat es von dem Weidenflusse, der sich hier an der Ostseite in die Donau ergiesset. Verschiedene Schriftsteller nennen Weideneck eine alte Grafschaft. Wenn dieser Titel einigen Grund hat, so muß er unter Kaiser Otten II. entsprungen seyn; als die Ungarn bis an die Melk vorgedrungen waren, und die Wachau noch das Gebiet des niederösterreichischen Gränzgrafen Burchards einschränkte: da denn Weideneck wegen seiner Lage, einer von den ersten vesten Plätzen gewesen seyn mag, welchen man den Ungarn entgegen gesetzet hat. Nach den ältesten schriftlichen Urkunden war es ein landsfürstliches Kammergut, und von A. 1296. bis 1364. ein Wittum der K. Agnes von Ungarn Kaiser Alberts I. Tochter. Im Jahre 1365. stiftete Erzherzog Rudolph IV. die Veste und Herrschaft Weyteneck zu seiner Probstey Allerheiligen bey St. Stephan. Doch nach seinem Tode gieng mit diesen Stiftsgütern eine große Veränderung vor, und Herzog Albert III. nahm Weideneck wieder zu sich. Vor

A. 1422. bis 1443. ist dasselbe ein Leibgeding der K. Elisabeth Kaiser Alberts II. Gemahlinn gewesen. Hierauf maßte sich Kaiser Friedrich IV. als Vormund des jungen Ladislaus des Ortes an; er ward ihm aber zweymal, nämlich A. 1442. auf Befehl der Stände, durch die Melker, und A. 1447. durch die Truppen des K. Ladislaus entrissen. Im Jahre 1461. nahm des Kaisers Bruder, Herzog Albert VI. Weideneck mit Gewalt ein, und gab es dem wienerischen Bürgermeister Holzer; der nachmals zum Kaiser übertrat, und den Hauptmann Lembeck hieher setzte. Als aber der unglückliche Holzer A. 1463. Freytags nach Ostern, den 15. April zu Wien lebendig geviertheilet worden war, zog der Baron Säussenecker vor Weideneck, und zwang Lembecken den Platz an den Herzog zu übergeben. In eben dem Jahre aber starb Herzog Albert VI. und da kam die Herrschaft wieder an Kaiser Friedrichen IV. und folgends A. 1486. an den ungarischen K. Mathias Corvin. In dem Jahre 1495. hat K. Maximilian I. Weideneck den Freyherren von Prüschenk, nachmaligen Grafen von Hardeck überlassen; von denen es an die von Säuseneck, und so fort an andere Besitzer gelanget ist.

Weideneck. O. M. B. ein dorfmäßiger Markt, zur vorbenannten Herrschaft, nebst den Märkten Loß und St. Görgen gehörig.

Weidenitz. U. W. W. ein Dorf hinter Neunkirchen, bey Steuersberg.

Weidling. U. W. W. ein Dorf des Stifts zu Klosterneuburg, zwischen dem Kahlenberge, und gedachtem Stifte.

Weidling. O. M. B. Weidlinghof, Schloß, Mayerey, Dorf und Gut des Jesuitercollegii zu Krems,

sonst

sonst die Ebersbergische Gild genannt, der Herrschaft Lengenfeld einverleibt, unweit Krems. Etwas gehört nach Grafeneck.

Weidlingau. †. U. W. W. vor Zeiten Weydingau, ein Gut, das den ehemaligen Herren von Bertholdsdorf zustund; jetzt ein Dorf mit einem k. k. Jägerhause, unter der Herrschaft Hüteldorf, hinter Mariabrunn, bey der Poststraße nach Burkersdorf. Hier ward weiland die römische Königinn Josepha, bey ihrer Ankunft aus Bayern, in dem schönen Sommerhause des Fürsten Khevenhüller, den 22. Jänner 1765. von der Kaiserinn Königinn bewirthet, und des Abends hierauf zu Schönbrunn, bey einer prächtigen Beleuchtung empfangen.

Das weidlinganer Forstamt, stehet unter dem k. k. Waldamte zu Burkersdorf.

Weidlingbach. U. W. W. ein Dorf im Walde zwischen dem Kahlenberge und Klosterneuburg, hinter Weidling, theils dem St. Leopoldistifte unterworfen, mit einem k. k. Forsthause, von dem ein Theil des Klosterneuburger Forstamts abhanget.

Weiding. O. W. W. ein Dorf hinter dem Wienerwalde, bey Reinpoldenbach.

Weidmannsfeld. U. W. W. ein Pfarrdorf der Herrschaft Gutenstein.

Weigelsdorf. U. W. W. ein Pfarrdorf der Starhenbergischen Herrschaft Pottendorf, an der großen Fischa, hinter Minkendorf, bey Ebreichsdorf.

Weikardschlag. O. M. B. Schloß und Landgut der Herrschaft Drosendorf einverleibt, hinter Kloster Berneck, am westlichen Ufer der böhmischen Theya, oberhalb Raps.

Weikardschlag. O. M. B. Markt und Pfarre, am östlichen Ufer der Theya, dem besagten Schlosse gegenüber, dem der Ort unterthan ist.

Im Jahre 1404. ward Weikardschlag von den böhmischen Räubern hinterlistig eingenommen; A. 1405. aber durch Herzog Wilhelmen, und Herzog Alberten IV. von Oesterreich belagert, und wieder erobert. (Chron. Zwetl. recent.)

Weikardschlag. O. M. B. ein Dorf des Stifts Göttweih, zum Amte Burg, unter die Herrschaft Braunhof gehörig, nächst Reichenau, zwischen Münzbach, und Großbertholds; ist A. 1765. feil geboten worden.

Weikendorf. U. M. B. vor Zeiten Wykendorf, Schloß, Markt, Pfarre und Gut des Stifts Melk, dem es vor dem Jahre 1075. von Markgraf Ernsten geschenket worden, (Hueber) im Marchfelde, am Weidenbache, unterhalb Schönkirchen. Die Pfarrkirche welche Bischof Ulrich von Passau A. 1115. geweihet, ward in der Minderjährigkeit des K. Ladislaus trefflich bevestiget, und ums Jahr 1452. von dem Herrn von Starhenberg mit 50. Soldaten wider den ungarischen Grafen von St. Görgen tapfer vertheidiget. (Ep. Steph. von Spanberg beym Bern. Pez)

Weikersdorf. †. U. W. W. insgemein der Doppelhof genannt, Schloß, Mühlhof, Bräuhaus, Dorf und Landgut des Herrn von Doppelhofen mit der Herrschaft Rauchenstein verknüpft, südwärts hinter Baaden, nächst dieser Stadt; ist durch die Erbtochter des berühmten kaiserlichen Gesandten in der Türkey, Herrn von Quarient und Raal, an ihren Ehegatten, den Herrn von Piazzoni, und nach dessen A. 1741. erfolgtem Tode, an ihren zweyten Gemahl, den Herrn von Doppelhofer gelanget.

Weikersdorf. U. W. W. am Steinfelde, zwischen Brunn und Säubersdorf, ein Pfarrdorf der Herrschaft Emmerberg zum Theil unterworfen; imgleichen ein Amt der Lambergischen Herrschaft St. Johanns.

Weikersdorf. O. W. W. unweit der Trasen, bey Herzogburg.

Weikersdorf. †. U. M. B. Großweikersdorf, Markt, Pfarre und Gut, mit einem freyen Land- und Feldgerichte, der Herrschaft Grafeneck verbunden, hinter Stockerau, an der Straße nach Horn; ward A. 1494. von Kaiser Maximil. I. den Freyherren von Prüschenk, Grafen von Hardeck überlassen.

Weikersdorf. U. M. B. Kleinweikersdorf, dem Prälaten von Zwettel zur Herrschaft Kammern, theils nach Kadolz dienstbar, ostnordwärts von Oberholabrunn, hinter dem Langenthale, bey Rappersdorf.

Weinberg. †. O. W. W. Schloß, Pfarrdorf und Gut, bey der Bielach, nächst dem Schlosse Wasen. Der Herrschaft Friedau stehen hier einige Gerechtigkeiten zu. Friedrich von Weinberg kömmt A. 1326. in Schriften vor. (Hueber)

Weinern. O. M. B. Schloß und Herrschaft der gräflich Selbischen Erben, hinter der Saß, gegen die deutsche Thaya, bey Drösiedel; ist seit A. 1762. feil geboten worden.

Weinesfelden. U. W. W. ein Dorf, westwärts der neustädter Halde, hinter Emmerberg.

Weinhards. O. M. B. ein Dorf der Herrschaft Weitra, hinter Kirchberg am Walde.

Weinhaus. U. W. W. Dorf und Filial von der Pfarre Währing, mit vielen schönen Häusern und Gärten gezieret, unter der Grundherrlichkeit des Pfarrers zu

Hüteldorf, unweit den wienerischen Linien, nächst hinter Wäring.

Weinling. D. M. B. ein Amt der Herrschaft Martinsberg, imgleichen der Herrschaft Persenburg.

Weinpolds. D. M. B. ein Dorf der Herrschaft Waidhofen, hinter Großpopen, gegen Kirchberg an der Wild.

Weinprechtsdorf. U. W. W. s. Wampersdorf.

Weinsbergerwald. D. M. B. auch der Greinwald genannt, zur Herrschaft Martinsberg gehörig, hinter diesem Markte, nordwestwärts an der oberösterreichischen Gränze; ist ein großer Forst, welcher über 7000. Joche Waldung enthält, in dem die Flüsse groß und kleine Kamp, und viele kleinere Bäche entspringen; und wo man nicht selten Bären findet.

Weinsteig. †. U. M. B. insgemein Schweinsteig, Schloß, Dorf und Gut, des Herrn von Seitern, mit Karnabrunn vereinigt, nordwärts hinter Kornneuburg, zwischen Wirnitz und Kärnabrunn.

Weinwartshof. D. W. W. zu Muckendorf dem Doct. Fritsch, nebst Hintersdorf zuständig.

Weinzierl. D. W. W. ein Dorf der Herrschaft Holenburg, am Wienerwalde, hinter Ried, nordwärts der Straße nacher Siegharbskirchen.

Weinzierl. D. W. W. dem Stifte zu Klosterneuburg, zur Herrschaft Atzenbruck dienstbar, bey der Poststraße hinter Siegharbskirchen, zwischen Michelsdorf und Ebersdorf.

Weinzierl. D. W. W. ein Dorf über der Trasen, nordwestwärts hinter St. Pölten, bey Friesing.

Weinzierl. †. D. W. W. Schloß und Herrschaft der jüngern Erben, weiland des Herrn von Führenberg, zu Weichselbach, Wocking und Wildenstein, an der neugemachten Straße in die Eisenwurzen, bey der kleinen Erlauf, zwischen Wieselburg und Wolfpassing.

Weinzierl. D. W. W. ein der jetzt gedachten Herrschaft unterthäniges Dorf.

Die Brüder Adelprecht und Anigast schenken für die Seelenruhe ihrer Mutter Westirhilda gegen das Jahr 1040. dem Altare zu St. Emmeran in Regensburg, und in die Hände Abt Hartwichs, einen Hof zu Vuinzurilum. (Bern. Petz)

Weinzierl. D. M. B. an der Lehnerzeil, ein Kirchdorf, in der Pfarre Krems, eine Viertelstunde ostwärts von dieser Stadt gelegen, ist theils dem Richter und der Gemeine, oder den 20. sogenannten Lehnern, theils dem gemeinschaftlichen Bürgerspitale von Krems und Stein, theils aber den geistlichen Freyhöfen unterworfen, welche die Stifter, Lilienfeld, St. Jenno, Waldhausen, Altersbach, Zwettel und Rothenbaßlach hier besitzen. Der Futterhof ist ein besonderes adeliches Gut, und gehörte weiland dem Baron von Steinbach.

Die schöne Kapelle St. Johannis des Täufers im Lilienfelderhofe allhier, welche die Bischöffe Emicho von Freysing und Bernard von Passau, A. 1298. mit vielen Abläßen beschenket, ward von den Hussiten zerstöhrt, A. 1437. aber wieder hergestellet und geweihet. (Hanthaler)

Weinzierl. D. M. B. am Wald, auch Weinzettel, ein Dorf der Herrschaft Dürrenstein, hinter Weissenkirchen.

Weißbriach. D. M. B. Weißpirach, vormals ein eigenes Gut, jetzt ein Amt und Hof der Herrschaft Rogendorf im Böckstall.

Hans von Weisbriach, der letzte seines Stammes, starb ums Jahr 1550. (Hoheneck)

Weiſſenalbern. †. O. M. B. ein Dorf der Herrſchaft Kirchberg am Walde, unweit von dieſem Schloſſe, über der deutſchen Theya.

Weiſſenbach. U. W. W. Dorf und Amt der k. k. Herrſchaft Neuhaus, mit einem alten Burgſtalle, an der Trieſting, ſüdwärts von Baaden, bey Pottenſtein. Etwas gehört nach St. Johannsſtein. Adelger von Wiezenbach, ein Lehnsmann der Gräfinn Adelheid von Hochburch übergab ums Jahr 1168. ſich und ſein Gut bey Wiezenbach, dem Kloſter Admont. Wernhard von Wizinbach war A. 1190. Zeuge bey einer Schenkung an das Kloſter Admont. (Bern. Pez) Otto von Weiſſenbeckh lebte A. 1318. (Hueber)

Das weiſſenbacher doppelte Forſtamt, hanget von dem k. k. Waldamte zu Burkersdorf ab.

Weiſſenbach. U. W. W. nächſt Glocknitz, bey der Poſtſtraße, am Fuſſe des Gebirges unter Wartenſtein.

Weiſſenbach. O. W. W. ein Thal mit einem Bache gleiches Namens, hinter der Obernbielach, bey Weiſſenburg.

Weiſſenbach. O. M. B. Großweiſſenbach, Schloß und Gut des Grafen von Palfy, nebſt Schönbachen der Herrſchaft Heldenreichſtein einverleibt, über der deutſchen Theya, hinter Waidhofen.

Weiſſenbach. O. M. B. ein zu dieſer Herrſchaft gehöriges Dorf, wovon das Kloſter Zwettel etwas beſitzet.

Hetel von Wizenbach, wird A. 1142. als Zeuge angeführt. (Hueber)

Weiſſenbach. O. M. B. Böſenweiſſenbach, ein Dorf des Kloſters Zwettel, bey der Kamp dieſſeits der Probſtey Zwettel.

Zweyter Theil. 281

Weiſſenberg. O. W. W. ein Amt der Herrſchaft Jaltendorf.

Weiſſenberg. O. M. B. Schloß und Herrſchaft des Starhenbergiſchen Hauſes, wozu der Kälberhof, und der Loizendorferhof gehörig iſt, hinter Mariataferl, gegen Böckſtall.

Weiſſenberg. O. M. B. ein Dorf an der Donau, unterhalb Gottesdorf.

Weiſſenburg. O. W. W. auch Weiſſenberg, Schloß und Herrſchaft des Freyherrn von Grechtlern, mit der Herrſchaft Kirchberg, und dem Edelſitze Tradigiſt vereinigt, ſüdwärts hinter Friedau, im Gebirge an der Bielach, oberhalb Kirchberg.

Weiſſenburg. O. W. W. ein dazu dienſtbares Pfarrdorf.

Dietrich von Weiſſenberch, und ſeine Brüder Chunrad und Georg, nebſt ihrem Vetter Weichard von Ramſtein, werden A. 1270. als Zeugen angeführt. (Hueber.) Eben dieſer Dietrich bedingt nebſt ſeinem Bruder Georg A. 1279. ihr Erbbegräbniß zu Lilienfeld (Hanthaler) Ein anderer Dietrich von Weizenberch, ein Sohn Heinrichs von Ramſtein giebt A. 1299. dem Stifte Lilienfeld Zeugenſchaft über das Eigenthum von Wilhelmsburg. (Hanthaler) Otto von Weiſſenberg ſtarb A. 1334. und ward in der Katharinenkirche bey den Minoriten beerdiget. (Necrol. Min.)

Weiſſenkirchen. O. W. W. ein Pfarrdorf, der Herrſchaft Gutenbrunn zum Theil dienſtbar, rechts der Poſtſtraße nach Bärſchling, bey Langmännersdorf. Die Pfarre gehört dem Stifte St. Pölten, und iſt mit Kapellen verbunden.

Weiſſenkirchen. O. M. B. ein wohlgebauter Markt, vor Zeiten ein eigenes Gut, an der Donau, zwiſchen

Wesendorf und Dürrenstein, unter der Starhenbergischen Herrschaft des Thals Wachau. Die Pfarre, welche mit der Pfarre St. Michael verknüpft ist, wird durch einen Ordensgeistlichen des oberösterreichischen Klosters St. Florian verwaltet, welchem Stifte die Pfarrherrlichkeit in der Wachau seit den ältesten Zeiten zustehet. Der Bischof von Freysing, die Grafen von Auersberg, die Klöster Aggsbach, Gaming und Ranna, die Starhenbergische Herrschaft Schönbühel, und das Spital zu Ens haben hier eigene Höfe.

Weissenlehn. O. M. B. ein Amt der Herrschaft Rothenhof.

Weissenmühlen. O. W. W. ein Amt der Herrschaft Weichselbach.

Weißgärber. U. W. W. unter den Weißgärbern, eine von den wienerischen Vorstädten, im Burgfrieden der Stadt, vor dem Theresienthore über der Wien, zwischen der Landstraße und der Donau gelegen; gränzet ostwärts mit Erdberg. Sie wird meistens von Fleischhackern und Gärtnern bewohnt. Die Kirche der heiligen Margaretha ist ein Pfarrvicariat von St. Stephan. Die Witwe Prinz Emanuels von Savoyen besitzet hier einen herrlichen Gartenpallast. Bey dem Eingange zu dieser Vorstadt befindet sich ein von Holz erbauetes Amphiteater, oder Hetzhaus.

Weistra. † O. W. W. Weistrach, ein Pfarrdorf über der Ips, bey St. Peter in der Au. Die Pfarre ist mit Söheimkirchen vereint.

Weiten. O. M. B. Markt und Pfarre, nächst dem Schlosse Mollenburg, zu dieser Herrschaft, dem Freyherrn von Lindeck gehörig.

Weitenau. O. W. W. in der Weitenau, ein Thal im Lilienfelder Gebiete, südwärts hinter Dürrnitz.

Weitendorf. D. W. W. über der Trasen, bey der Poststraße hinter St. Pölten.

Weitendorf. D. M. B. an der Donau, oberhalb Schwallenbach.

Weitern. D. W. W. ein Dorf über der Trasen, nordwärts von St. Pölten, bey Viehhofen.

Weiterndorf. D. M. B. oberhalb der Wachau, hinter Mollenburg.

Weitgräben. D. W. W. ein Amt und Gut des Starhenbergischen Hauses, sonst Kammerhof, oder die Kammerhoferische Gild genannt, bey der Poststraße nach Amstädten, hinter Auhof,

Weitra. D. M. B. Weitrach, Schloß, Oberamt, und Herrschaft über 1011. unterthänige Häuser in der Stadt Weitra, und 42. unterschiedene Dorfschaften. Ist schon seit dem Aufange des vorigen Jahrhunderts, ein Eigenthum des landgräflich Fürstenbergischen Hauses.

Weitra. D. M. B. Stadt und Pfarre der vorgedachten Herrschaft einverleibt, hinter Zwettel und Engelstein, gegen die böhmische Gränze, an der Lainsitz, welche hier die Feistritz einnimmt. Die Stadt begreift 164. Häuser, ist zwar der Herrschaft unterworfen, stehet aber unter ihrem eigenen Bürgermeister, Richter und Rathe. Es ist hier eine k. k. Maut.

Die alten Herren von Weitrach sind mit denen von Kuenring einerley Ursprungs gewesen; wie denn diese, nach Abgang der Erstern, Weitra geerbt haben. Heinrich der jüngere von Kuenring zu Weitra, hielt K. Ottokars Parthey, auch nach desselben Tode, wider K. Rudolphen I.; weswegen dieser denselben allhier belagerte, das Schloß eroberte, und ihn A. 1280. nöthigte, mit seiner Gemahlinn nach Böhmen

men zu weichen. Weitra aber ward eine landesfürstliche Stadt. (Hanthaler) Doch mögen seine Nachkommen wieder zum Besitze der Herrschaft gelanget seyn; denn es wird uns Jahr 1325. ein Heinrich von Weitra, in Schriften als Zeuge angeführt. (Hueber) Im Jahre 1323. verpfändete Herzog Heinrich von Oesterreich die Stadt Weitra, nebst Laa um 9000. Mark Silbers an K. Johann in Böhmen, für seine Entlassung aus der Gefangenschaft, worein er bey der Schlacht seines Bruders Kaiser Friedrichs III. mit Kaiser Ludwigen, zu Mühldorf gerathen war. (Chron. Cl. Neob.) Nach der Hand hat Graf Ludwig VIII. von Oettingen, der Prinzessinn Gutta von Oesterreich Gemahl, Weitra als ein Heurathsgut besessen. Er starb A. 1343. und ward im Kloster Zwettel begraben. (Annal. Zwettel) Im Jahre 1352. ward der Patriarch von Aquileja allhier mit Herzog Alberten II. von Oesterreich ausgesöhnt. Kaiser Karl IV. war dabey nebst dem K. von Ungarn, dem Markgrafen von Brandenburg, und vielen Grafen und Herren zugegen, und dauerte die Zusammenkunft sieben Tage. (Chron. Zwetl.) Im Jahre 1497. brachten die Grafen von Hardeck, vormalige Freyherren von Prüschenk, Weitra durch Kauf an sich. Die Böhmen nahmen Weitra A. 1618. ein; der General Bouquoy aber brachte es A. 1619. wieder unter kaiserliche Botmäßigkeit. Den Schweden widerstund der Ort A. 1645. so tapfer, daß sie unverrichteter Dinge abziehen mußten. Den 14. November 1741. ward Weitra durch eine französische Parthey besetzt; diese aber schon den 19. wieder abzuziehen genöthiget.

Weitra. D. M. B. Altweitra, ein Filial von der Stadtpfarre, unterhalb der Stadt, an der Lainsitz, theils

Zweyter Theil.

theils der Herrschaft, und theils dem Stifte Zwettel unterthan.

Weitra. O. M. B. Unterweitra, von der hiesigen Pfarre insgemein bey unsrer Frau auf dem Sand genannt, der vorgemeldten Herrschaft eigen.

Weitrafeld. †. O. M. B. Weitersfeld, Markt und Pfarre der Herrschaft Harbeck, rechts der alten Poststraße nach Langau, zwischen Höflein und Frohnsburg.

Welmersdorf. O. W. W. ein Pfarrdorf hinter Stelnenkirchen bey Haagberg.

Wendelgraben. O. M. B. zur Herrschaft Weitra gehörig.

Wendling. U. M. B. Oedenwendling, ein ödes Dorf bey Bockflüß im Marchfelde. Der Schäferhof allhier ist der Herrschaft Wolkersdorf zuständig.

Weniapons. D. M. B. s. Beulapons.

Wenzersdorf. U. M. B. ein Pfarrdorf, westwärts von Asparn an der Zaya, zwischen Eichelbrunn und Hagenberg, der Herrschaft Asparn dienstbar.

Werd. U. W. W. Wirt, ein Dorf der Probstey Glocknitz, welches Graf Eckbert von Neuburg und Pitten A. 1094. dem Kloster Wormbach geschenkt, an der Poststraße hinter Neunkirchen, zwischen Kettla und Glocknitz.

Werd. O. W. W. Wört, vor Zeiten ein eigenes Gut an der Trasen, oberhalb St. Pölten.

Heinrich von Werde, wird A. 1222. in einem Vergleiche des Schottenklosters als Zeuge angeführt. (Bern. Pez) Hadmar von Werde lebte A. 1254. Leutwein A. 1296. Chunrad A. 1300. Chadold A. 1308. Hadmar, Chunrads Bruder A. 1324. (Hueber)

Werd.

Werd. O. W. W. Werthern, Dorf bey der Donau, zwischen Zeiselmauer und Habersfelden.

Werdenburgerhof. U. W. W. ein Freyhof, Wirths- und Backhaus, zum braunen Hirsch genannt, ausserhalb dem Mariahülfer Linienthore, gegen Schönbrunn, ist A. 1767. feil geboten worden.

Wermuthsthal. O. W. W. über der Trasen zwischen Herzogburg und Walpersdorf.

Wernersdorf. O. W. W. passauisch Lehn, theils der fürstlich Trautsohnischen Herrschaft Friesing unterworfen, über der Trasen, bey St. Pölten.

Wernhards. O. M. B. s. Bernhards.

Wersenschlag. O. M. B. vor Zeiten ein eigenes Gut, jetzt ein Dorf der Herrschaft Rastenberg.

Chunrad und Otto, Brüder von Wersenschlag, die zu Halbbach gewisse Gerechtigkeiten besassen, lebten A. 1273. Weichard von Topel verkaufte A. 1289. dem Kloster Lilienfeld das ganze Dorf Wersenschlag mit aller Zugehör. Eben dieses Stift kaufte A. 1295. von den Brüdern Hadmar und Herrmann von Wersenschlag, ihr Lehn zu Roseldorf. (Hanthaler)

Wesendorf. O. M. B. eine feiner Markt mit einer Pfarre, die mit St. Michael verbunden ist, und vom Stifte St. Florian abhanget, an der Donau, unterhalb Spitz, zwischen St. Michael und Weissenkirchen. Ist der Starhenbergischen Herrschaft des Thals Wachau unterworfen. Ausserdem aber sind die Stifter, Melk, St. Florian, Schlägel, Steuergärsten und St. Michel in Bayern, nebst den Grafen von Thun und Salaburg allhier begütert. Die k. k. Jagdremiseln, unter der Aufsicht eines sogenannten Reisjägers, haben hieselbst ihren Stand. Den Melkerhof, der ehemals aus zween Lehngütern bestund, die

die von Leutolden von Kuenring herkommen, hat Otto von Meissau zu Spitz, oberster Marschall, und oberster Schenk von Oesterreich A. 1412. frey gemacht. Das Stift St. Pölten besaß ehemals einen Theil von Wesendorf, welcher von puzlärn von Wesendorf herrührte; dessen Sohn Heinrich A. 1264. allen Ansprüchen auf die Verlassenschaft seines Vaters allhier, zum Vortheile des Klosters entsagte. (Duellius)

Wetterkreuz. O. W. W. ein Dorf über der Trasen, gegen Göttweih.

Wetzdorf. U. M. B. Kleinwetzdorf, Schloß, Dorf und Herrschaft, des fürstlich Löwenstein-Wertheimischen Hauses, wohin es von dem mütterlichen Großvater, weiland dem Herzog von Holstein-Sonderburg, und dessen Gemahlinn, eine Tochter Fürst Hans Adams von Lichtenstein, durch Erbschaft gelanget ist. Das alte, aber schöne Schloß liegt hinter Städtelsdorf, an der Schmida, bey Diepersdorf.

Wetzdorf. U. M. B. Großwetzdorf ein Pfarrdorf der vorgedachten Herrschaft, zwischen Kleinwetzdorf und Unterteern, theils nach Grafeneck unterthan. Die Pfarre besitzt das Stift Melk.

Wetzelsdorf. U. M. B. Wötzelsdorf, woran die Herrschaften Guntersdorf, Kadolz und St. Bernhard Theil haben, an der Bulka, zwischen Zellerndorf, und Bernersdorf. Die Pfarre hanget von Göttweih ab.

Wetzelsdorf. U. M. B. Wötzelsdorf, den Herrschaften Ernstbrunn, Niederleiß, und den Unternjesuiten dienstbar, hinter Karnabrunn, bey Ebersdorf, und Hipples.

Wetzelsdorf. U. M. B. Wötzelsdorf, unter die Herrschaften Wilfersdorf, Poysbrunn, Asparn an der Zaya,

Zaya, Walterskirchen, und die Pfarre Stransdorf vertheilt, hinter Wulfersdorf, zwischen Erdberg und Ponsdorf.

Wetzelsdorf. D. W. B. über der Trasen, unterhalb St. Pölten, zwischen Friesing und Goldeck.

Wetzelsdorf. D. M. B. über dem Kampflusse, gegen Kirchberg an der Wild, bey Neunzen.

Wetzendorf. U. M. B. s. Wätzendorf.

Wetzleß. D. M. B. Wötzleß, ein Schloß und Gut der Herrschaft Dobra, mit Tiefenbach und dem Klausenhofe verbunden, zwischen der großen Kamp und Zwettel, bey Griesbach.

Wetzleß. D. M. B. ein Dorf der Herrschaft Rapotenstein, bey Markt Gerungs.

Wetzleß. D. M. B. ein Dorf theils nach Weitra, theils nach Gilgenberg dienstbar, zwischen der deutschen und böhmischen Theya, hinter Tuma.

Weyerburg. †. U. M. B. vor Zeiten Weicherwerch, Schloß und Herrschaft des Grafen von Schönborn Puchheim, mit Aspersdorf verknüpft, westwärts von Oberholabrunn, gegen Enzersdorf im Langenthale.

Weyerburg. †. U. M. B. ein dahin gehöriger dorfmäßiger Markt, dessen Kirche von dem Schottenkloster in Wien verwaltet wird.

Johann und Lambert von Turso, aus einem der ältesten österreichischen Geschlechter, verkauften A. 1317. ihren Theil an dem Schlosse Weyerburg an die von Puchheim, von denen Schloß und Markt A. 1419. an die von Rosenhard durch Kauf gelangeten. (Hoheneck) Diese haben beydes nach der Hand wieder an die Puchheimische Familie käuflich überlassen, und nach deren Abgang ist die Herrschaft auf das Schönbornische Haus vererbet worden.

Im

Zweyter Theil.

Im Jahre 1336. da Weyerburg Puchheimisch war, ward es vom K. Johann von Böhmen, und A. 1458. da es dem Ritter von Rosenhard gehörte, durch den böhmischen K. Georg von Podiebrat erobert. (Chron. Zwetl. Haselbach).

Widderfeld. O. M. B. vor Zeiten Weternvelt, ein eigenes Gut, jetzt ein Dorf der Herrschaft Heinreichs, über der deutschen Thaya, gegen Schwarzenau. Gottfried von Weternvelt ein besonderer Wohlthäter des Klosters Admont in Steuermark, erbauete ums Jahr 1160. zur Zeit Erzbischof Eberhards zu Salzburg, die Kirche St. Galli im Walde. (Bern. Pez)

Wieden. U. W. W. eine von den wienerischen Vorstädten, und zwar eine von den Grössern, südwärts vor dem Kärntnerthore, jenseits des Wienflusses, über welchen eine starke steinerne Brücke gebauet ist. Sie liegt im Burgfrieden der Stadt, und ist bey St. Stephan eingepfarret. Der westliche Theil wird die Neuewieden genannt; und rechnet man die auf dieser Seite am Wienflusse gelegenen Häuser noch hieher. Mittagwärts stößt die Wieden an St. Margarethen, Mäzleinsdorf, Nickolsdorf, und an das Favoritenlinienthor. Man findet allhier die schöne Kirche des heiligen Karolus Boromäus, nebst der Residenz und dem Spitale der Kreuzherren mit dem rothen Sterne; die Kirche St. Augustin im Freyhofe, zum Bürgerspitale gehörig; das Theresianische Collegium, mit der Kapelle St. Michaelis; das Paulanerkloster mit der Kirche der H. H. Schutzengel; das Spital im Klagbaum, mit der Kirche Mariäheimsuchung; das Noviziathaus der Piaristen bey St. Thekla; und verschiedene schöne Gärten, worunter der kaiserliche, jetzt Windischgrätzische, der Starhenbergische, und der Althanische die vornehmsten sind. Konradswerd und Mühlfeld sind besondere Freygüter

Wiedenau. D. M. B. ein Dorf oberhalb Windischensteig.

Wiedendorf. U. M. B. Wiedenberg, auch Winndorf, bey Ober- und Unterelsarn, ein Dorf und Gut, der Herrschaft Grafeneck einverleibt.

Wiedhalm. D. M. B. s. Rockenreut.

Wielands. D. M. B. ein Dorf der gräflich Herbersteinischen Herrschaft Grafenschlag.

Wielands. D. M. B. Dorf und Gut mit einem zerstöhrten Schlosse, zur Herrschaft Engelstein, und theils nach Weitra gehörig, an der Lainsitz, zwischen Aichberg und Arnsdorf; hieß vor Zeiten Wiellanzdorf. (Hueber)

Wielands. D. M. B. auch Wielings ein Dorf der Herrschaft Heidenreichstein, und theils der Probstey Eisgarn unterworfen.

Wielandsthal. D. W. W. ein Dorf des Stifts Herzogburg.

Wielesdorf. D. W. W. über der Bielach, oberhalb Gräfendorf, hinter Friedau.

Wien. U. W. W. die kaiserlich und königliche Haupt- und Residenzstadt, an der Südseite des Donaustroms. Von derselben geschieht im folgenden dritten Theile besonders Meldung.

Wien. U. W. W. an der Wien, eine von den wienerischen Vorstädten, im Burgfrieden der Stadt, vor dem Kärntnerthore, an den benderseitigen Ufern des Wienflusses, von welchem ihre Benennung kömmt. Die östliche Seite, wo der Baron de Lopresti eine Lederfabrik angeleget hat, stößt an Reinprechtsdorf, wird auch zur Wieden gerechnet, und gehöret auch in

Zweyter Theil.

Ansehung der Geistlichkeit in St. Stephans Hauptpfarre. Der westliche Theil aber, der mit dem Magdalenengrunde und Guntendorf gränzet, ist zu Mariahülf eingepfarret, und führet eigentlich den Namen an der Wien. Es ist allhier im Hause zum goldenen Kegel, unter Aufsicht des Baron Fischers, eine neue Kapelle erbauet worden, welche der Domprobst, und erzbischöfliche Weihbischof Marxer im Jahre 1768. zum öffentlichen Gottesdienste eingeweihet hat.

Die Wien. U. W. W. der Wienfluß, welcher aus zween Bergbächen, die Dürrewien und Grouewien genannt entstehet, kömmt aus dem Wienerwalde auf Burkersdorf und Auhof; vereinigt sich bey Mariabrunn mit dem Mauerbach; fließt sodann auf Häcking, St. Veit, Hizing, Penzing, Schönbrunn und Meidling; tritt bey Guntendorf und dem Hundsthurme in die wienerischen Linien; läuft hierauf an der Südostseite die Stadt vorbey, und zwischen dem Theresienthore und den Weißgärbern, in die Donau. Die große Ergießung desselben, welche in der Nacht vom 5. zum 6. Juny A. 1741. vielen Schaden that, hat Anlaß gegeben, die Bergbäche, die ihn sonst bey entstandenen Regengüssen unverhoft anschwelleten, hinter Burkersdorf abzuleiten. Seitdem hat die Wien mehr Sand als Wasser, und verdienet forthin nur den Namen eines Baches.

Wienerherberg. U. W. W. ehemals ein Markt, jetzt ein Pfarrdorf der Herrschaft Ebergässing, mit einer herrschaftlichen Mühle, an der Fischa, hinter Schwachat, auf dem Wege nach Götzendorf und Männersdorf. Das Schloß Kettenhof hat hier eine Mayerey, und einige Unterthanen.

Der Wienerwald, welcher dem Namen von dem Wiens flusse hat, ist ein grosser wildreicher Forst, welcher den nördlichen Theil desjenigen Gebirges ausmachet, das zur Römerzeit das Cetische und Comagenische hieß, und Pannonien vom Noriko trennete.

Jetzt bestimmet der Wienerwald die Gränze zwischen den beyden niederösterreichischen Kreisen Unter- und Oberwienerwald. Er erstreckt sich vom Markte St. Andrä am Hagenthal, südwärts bis hinter Kaumberg, und wird in 20. k. k. Wald- oder Forstämter getheilet, die wir oben unter dem Waldamte benennet haben. Die zerstreuten Einwohner dieser Gegend werden Hüttler genannt, und gehören, ob sie gleich weder Acker- noch Weinbau haben, dennoch nicht unter die schlechtern Landleute: indem sie bey der Baum- und Viehzucht, beym Holz- und Brethandel, und vom Kohlen- und Kalkbrennen ihr hinlängliches Auskommen finden.

Wiering. O. W. W. ein Dörfel ausser St. Andrä, hinter dem Wienerwalde, gegen den Tullnerboden.

Wiernitz. †. U. M. B. Wärnitz, Schloß, Pfarrdorf und Landgut des Edlen von Managetta und Lerchenau, mit Mollmannsdorf vereinigt, nordwärts hinter Kornneuburg, bey Weinsteig.

Wiernsdorf. U. M. B. A. 1110. Wirnesdorf, in der Pfarre Ravelsbach gelegen, ist nach dem Jahre 1544. völlig verödet.

Wieselbruck. O. W. W. ein Kufsteinisches Dorf an der Bärschling, rechts der Poststraße hinter Sieghardskirchen, bey Langmännersdorf.

Wieselburg. O. W. W. eigentlich Zwieselburg, beym Zusammenflusse der kleinen und grossen Erlauf, Schloß und Herrschaft des Grafen von Boschetti, vor dem

der

der Gräfinn Amour de Soria zuständig, mit dem Gute Rothenhaus, und den Aemtern Hart und Strengberg verbunden, zwischen Petzenkirchen und Weinzierl.

Wieselburg. O. W. W. Markt und Pfarre der vorbesagten Herrschaft einverleibt. Ein Theil davon, nebst einigen Lehnstücken von Wolfpassing, machet ein besonderes Amt des Grafen von Schönborn zu Mautern aus. Es ist hier eine k. k. Wegmaut.

Wieselburg hies in alten Zeiten Zwisila, von der Vereinigung der zween Flüsse Erlauf, und ward von Bischof Wolfgangen zu Regensburg wider die ungarischen Streifereyen, und zur Bedeckung seiner Colonie zu Steinenkirchen angelegt; wie die Urkunde Kaiser Ottens II. von A. 979. bezeuget. (Gewold. Hund. Hansitz) Die Pfarre St. Wolfgangs allhier hat Bischof Rüdiger von Passau dem oberösterreichischen Kloster Mondsee geschenkt, und ist diesem Stifte schon vor dem Jahre 1182. einverleibt gewesen. (Bern. Petz)

Wieselhof. U. M. B. zu Rastdorf, ein vormals vicedomisches Gut, jetzt dem Prälaten von Berneck zuständig.

Wieselsfeld. U. M. B. ein Dorf der Herrschaften Sonnberg, und Enzersdorf im Langenthale, ostwärts von Oberholabrunn, gegen Weyerburg.

Wiesen. O. W. W. ein Dorf zwischen der Mänk und Melk, oberhalb St. Leonhard, bey Strannersdorf; ehemals ein Gut, wovon sich Graf Georg Ludwig von Zinzendorf und Pottendorf, noch A. 1688. geschrieben hat. (Hoheneck)

Wiesen. †. U. M. B. ein Dorf der Herrschaft Freyseck zu Stockerau, wie auch der Herrschaft Streitdorf, rechts der Poststraße bey Stockerau, hinter Gräfendorf.

Wisent. O. M. B. Wisent, Schloß und Gut, das Stammhaus der Herren Polan von Wisent, aus welchem Geschlechte Valentin noch A. 1576. lebte; jetzt dem Prälaten zu Altenburg gehörig, und mit dem Gute Limberg verknüpft, hinter Meissau, am Mannhardsberge, südwärts von Egenburg. Hug von Wisent, wird schon vor dem Jahre 1149. in einem Vergleiche Abt Bertholds von St. Emmeran, als Zeuge benannt. (Bern. Pez)

Wiesendorf. U. M. B. Großwiesendorf, der Herrschaft Grafeneck und dem Stifte Dürrenstein, wegen der Pfarre Grafenwerd dienstbar, oberhalb Stockerau, bey Weikersdorf.

Wiesendorf. U. M. B. Kleinwiesendorf, der Probstey Unternalb einverleibt.

Wiesenfeld. O. M. B. ein Dorf an der großen Kamp, bey Arbesbach.

Wiesenfelden. O. W. W. ein Dorf hinter Krelsbach, beym Markte St. Veit.

Wiesenrent. O. M. B. Schloß und Landgut des Herrn von Stiebar, mit dem Amte Engelbrechts, und Sitze Mäuslinghof vereint, über der großen Krems, bey Rastenberg; war vor Zeiten ein Ritterlehn, welches die Herren von Starhenberg, und A. 1380. die von Meissau vergaben, und damals von den Elzingern besessen ward.

Wieshof. O. W. W. unter dem Schlosse Schalaburg, ein melkerisches Ritterlehn, zu gedachtem Schlosse gehörig.

Wiesing. O. W. W. auch Bissing, ein Dorf über der Trasen zwischen Herzogburg und Abtsdorf.

Wiesmannsreut. D. M. B. ein Dorf der Herrschaft Spitz, dem Gute Schwallenbach eigen.

Wiesmatt. U. W. W. Pfarrdorf, Amt und Gut der Herrschaft Kirchschlag, hinter Neustadt, zwischen Stückelberg und Schwarzenbach, bey der ungarischen Gränze, gegen Rabnitz. Es ist hier eine k. k. Filialmaut.

Wiesmatten. D. M. B. ein Dorf der Herrschaft Heldenreichstein.

Wiezen. D. M. B. ein Dorf des Stifts Zwettel, zwischen der großen Krems, und dem Kampflusse, hinter Albrechtsberg.

Wiezen. D. M. B. Winzen, ein Dorf am Haggengraben, hinter Dürrenstein.

Die Wild. D. M. B. ein weitläufiger Forst, und großes Gebirge, dessen Fuß zum Theil mit Weingärten bepflanzet ist, über dem Kampflusse, hinter Horn.

Wildberg. † D. M. B. Veste und Herrschaft hinter Horn, an der Wild, nebst dem Hofe zu Messern und dem Hofe zu Sieghardsreut, vormals dem Grafen von Selb, jetzt aber dem Prälaten zu Altenburg gehörig, welcher dieselbe den 23. Juny 1767. erkauft, und den 15. März 1768. die Schermung darüber erhalten hat.

Wildberg. D. M. B. ein Pfarrdorf, dieser Herrschaft unterworfen.

Das alte adeliche Geschlecht, welches von Wildberg den Namen geführt, hat noch im 15. Jahrhunderte geblühet. Heinrich der Wildberger und Leutwein sein Aide kommen A. 1299. als Zeugen, in einem Kaufbriefe des Stifts St. Bernhard vor. (Bern. Petz) Im Jahre 1383. ward K. Wenzel von Böhmen durch die von Rosenberg und Neuhaus, gefangen hieher nach Wildberg gebracht, und so lange bewahrt, bis ihn sein Bruder Markgraf Johann in Mähren loskaufte. (Append. ad Chron. Hugeni)

Wildeck. †. U. W. W. ein Felsenschloß, Pfarrdorf und Gut des Stifts Heiligkreuz, mit Thalern und Witterau verbunden, im Gebirge hinter Lichtenstein, bey St. Johannsstein.

Die alten Herren von Wildeck stammten von den Altenburgern bey Wilhelmsburg ab. Rapot und Wulfing von Wildeck kommen nebst ihrer Schwester Gertrud A. 1261. in einem Docum. des Stifts Heiligkreuz vor. (Bern. Pez) Rapoto und Otto von Wildeck, die A. 1283. lebten, waren Söhne Rapotons von Altenburg. Dietrich lebte A. 1299. Hertneid und seine Brüder A. 1324. Eben dieser Hertneid und sein Bruder Hans verkauften ihre zwey landesfürstlichen Lehngüter im Schlag A. 1356. Herzog Alberten II. der solche dem Stifte Gaming übergab. Peter und Georg von Wildeck überließen A. 1393. die Fischweid auf der Trasen bis nach St. Pölten käuflich an das Kloster Melk. Ein anderer Peter stiftete A. 1431. gewisse Gilden bey der Ramsau, nach Lilienfeld. (Hanthaler)

Wildenstein. D. W. W. ein Landgut weiland des Edlen von Führenberg zu Weinzierl, Weichselbach und Wocking, mit einem verödeten Schlosse, südwärts von Melk, bey Zwerbach und Weichselbach; war vor Zeiten eine ansehnliche Herrschaft, welche dem berühmten Geschlechte der Heusler gehörte.

Otto und Marquard, die Heusler von Wildenstein werden A. 1291. und ihre Vettern Friedrich, Otto, Marchart und Bernhart Heusler, Brüder von Wildenstein A. 1326. in Schriften angeführt. (Hueber)

Zweyter Theil.

Wildenthierenbach. U. M. B. f. Dürrenbach.

Wildings. D. M. B. ein Dorf des Stifts Zwettel, über der Kamp bey Töllersheim.

Wildungsmauer. †. U. W. W. A. 1120. Volichismure, nach der Zeit auch Wolfingsmauer, und Wülfemauer genannt, (Hueber) ein Kirchdorf und Landgut der Herrschaft Petronell, mit einem alten Schlosse, an der Donau, zwischen Rögelsbrunn, und Petronell.

Gottfried von Wildungsmower kommt A. 1289. in einem Docum. des Klosters Heiligkreuz vor. (Bern. Pez) Ein andrer Gottfried von Wildungsmauer, war A. 1362. Zeuge bey einem Vergleiche Herzog Rudolphs IV. (Steyrer) Er und sein Bruder Niklas lebten noch A. 1392. noch ein anderer Gottfried. A. 1412. (Hueber)

Wilhalms. D. M. B. Hof und Dorf zur Herrschaft Jdolsberg, hinter dem Gefällerwalde, an der Kamp.

Wilhelmsburg. D. W. W. Markt und Pfarre im Gebiete des Stifts Lilienfeld, vor Zeiten mit einer landsfürstlichen Burg, am westlichen Ufer der Trasen oberhalb St. Pölten, bey der Mariazellerstraße. Gehörte vor Zeiten den Herren von Hohenstauf, ward aber nachmals landsfürstlich und von Herzog Leopolden VII. sammt dem Kirchenlehn, seiner Stiftung einverleibt; wie dann das Kloster Lilienfeld schon A. 1216. den ersten Pfarrer präsentiret hat. Im Jahre 1330. ward die Pfarre selbst dem Kloster übergeben, und A. 1448. durch den Cardinal Legaten Johannes von St. Angelo dem Stifte die Macht gegeben, solche durch einen Ordensgeistlichen verwalten zu lassen. Das Vogtrecht gehörte sonst den Herren von Bielach; Alber von Bielach aber begab sich desselben A. 1233. Im Jahre 1312. ward

Wilhelmsburg, nach der von Herzog Friedrichen III. A. 1311. ertheilten Erlaubniß, mit einem Graben zu bevestigen angefangen. Johann von Hohenberg, ohngeachtet er des Klosters Freund war, nahm Wilhelmsburg A. 1408. ein, und belagerte die bevestigte Kirche; obwohl vergebens. Ein anderer Johann von Hohenberg unterstützte Ulrichen von Grafeneck, der es mit den Ungarn hielt, daß er sich A. 1477. Wilhelmsburg bemeistern konnte. Er behauptete auch den Ort bis zu seinem Tode A. 1488; seine Wittwe aber mußte, auf K. Mathias Corvins Befehl, sich des Besitzes verzeihen, und solchen dem Kloster wieder einräumen. (Hanthaler) Es ist hier eine k. k. Fillalmaut.

Wilhelmsdorf. U. M. B. dem Stifte zu Klosterneuburg, und der Herrschaft Meissau unterworfen, zwischen Poysdorf und Staats.

Willendorf. O. M. B. der Herrschaft Spitz, zum Gute Schwallenbach, und theils der Probstey zu Dürrenstein gehörig, an der Donau unterhalb Markt Aggsbach.

Willersdorf. O. W. W. unter dem Landgerichte, und der Dorfobrigkeit der Herrschaft Friedau.

Willfeilendorf. O. M. B. der Herrschaft Aristädten, zum Amte Fritzelsdorf unterthan.

Willmersdorf. O. M. B. unter der Herrschaft Stockern.

Wimmersdorf. U. W. W. auch Windsdorf, vor Zeiten Wienndorff, ein Gut des Grafen von Wallseeg, mit einem herrschaftlichen Bräuhause, der Herrschaft Trübeswinkel einverleibt, rechts der Poststraße hinter Draskirchen, wo es eingepfarret ist.

Wimmersdorf. O. W. W. zum Theil nach Mauerbach dienstbar, südwärts von Sieghardskirchen, bey Rapoldenkirchen.

Wimpaß. O. M. B. eine herrschaftliche Mayerey von St. Martinsberg.

Winberg. O. M. B. am Jspertbale, Amt und Gut des Grafen von Hoyos, mit Dorfstädten und dem Forstamte, der Herrschaft Rohreck einverleibt.

Windbergerhof. O. M. B. s. Klausenhof, zur Herrschaft Dobra.

Winden. O. W. W. Oberwinden, ein Dorf, woran das Kloster Vormbach wegen Herzogburg, die Probstey Dürrenstein, und das Stift Mauerbach Theil haben, bey der Trasen, oberhalb dem Kloster St. Andrä.

Winden. O. W. W. Dorf und Gut des Stifts Melk, unweit von dem Kloster, bey Unterbriel.

Wilhelm von Windsberg zu Winden lebte A. 1311. (Hueber) Hainrich der Pehaim zu Winden A. 1360. Wolfgang von Winden A. 1362. Zeuge bey einem Vergleiche Herzog Rudolphs IV. (Steyrer) Er und seine Vettern Hans und Burkhard werden auch A. 1365. angeführt. (Hueber) Wolfhart zog A. 1436. mit Herzog Friedrichen nach Jerusalem. (Hoheneck)

Winddorf. U. M. B. unterhalb Meissau, bey Oberwelsarn.

Windeneck. O. W. W. eines von den Lehnstücken des Freyherrn von Hoheneck, von St. Pantaleon herrührend, ist A. 1756. feil gebothen worden.

Windhaag. † O. W. W. ein Pfarrdorf der Herrschaft Gleiß, zwischen Hauseck und Ipsitz, hinter dem Ursprunge der kleinen Erlauf.

Windhaag. † O. M. B. Oberwindhaag hinter Zwettel, bey Engelstein.

Windhaag. O. M. B. Unterwindhaag hinter Engelstein, bey Weitra. Beyde Dörfer gehören dem Stifte

Zwettel; eines heißt auch Windhof, und ist mit Seilingstadt, das andre aber mit Moitrams verbunden.

Windischbaumgarten. U. M. B. s. Baumgarten.

Windischensteig. O. M. B. Markt und Pfarre der Herrschaft Mayers, zwischen Kirchberg an der Wild, und U. Fr. Raffings.

Windling. O. W. W. unter die Hohenekkischen Lehnstücke von St. Pantaleon gehörig.

Windmühl. U. W. W. in den wienerischen Linien, sonst St. Theobaldsgrund genannt, vor dem Burgthore, nächst der Laimgrube, dem Magistrate der Stadt gehörig; wird aber nicht zu den Vorstädten, sondern unter die Dörfer und Güter der Stadt gerechnet; ist zu Mariahülf eingepfarret.

Windpassing. U. W. W. ein Dorf an der Neunkirchnerstraße nach Glocknitz, rechts hinter Dunkelstein.

Windpassing. O. W. W. Edelhof, Dorf und Gut des Grafen von Montecuculi, an der Bielach, bey Osterburg.

Windpassing. O. W. W. ein Dorf bey der Gränze von Oberösterreich, zwischen Ensdorf und Blburg.

Windpassing. U. M. B. vor Zeiten Windpozzingen, und Windpohhingen (Hueber) Dorf und Gut der Herrschaft Mittergrabern, mit einem alten Schlosse, hinter Oberholabrunn, bey Schöngrabern. Die Herrschaften Guntersdorf, Immendorf, und Kadolz haben Theil daran.

Windsdorf. U. W. W. s. Wimmersdorf.

Windschnur. O. W. W. ein Weiler des Grafen von Montecuculi, unter der Herrschaft Hoheneck.

Winkel. U. M. B. ein Dorf der Herrschaft Grafeneck, mit einem alten Burgstalle; vor Zeiten ein Gut, welches

ches den Titel einer edlen Herrschaft führte, oberhalb Stockerau, westwärts von Neueigen, unweit Neustift.

Popo von Winkele, ein Dienstmann Herzog Heinrichs von Oesterreich ums Jahr 1170. Zeuge in einem Kaufbriefe des Klosters Admont. (Bern. Pez) Ulrich wird A. 1270. und Ortlieb A. 1296. in der wiener Handveste Herzog Alberts I. (Hueber. Hoheneck) Friedrich von Winkel aber A. 1362. in einem Vergleiche Herzog Rudolphs IV. angeführt. (Steyrer) Im Jahre 1494. kam Winkel an die Freyherren von Prüschenk, Grafen von Hardeck, und nach der Hand an andere Besitzer.

Winkel. O. M. B. ein Dorf, theils der Herrschaft Krumau zuständig über der Kamp, hinter Greulenstein.

Winkelberg. †. U. M. B. Schloß, Dorf und Herrschaft des Jesuitencollegii zu Krems, nordwärts hinter Städteldorf, bey der passauischen Herrschaft Oberstockstahl.

Winkelmühl. O. W. W. Edelsitz, Mühlhof und Gut der Riesenfelsischen Herrschaft Säuseneck, auf der Erdzunge zwischen der grossen und kleinen Erlauf, welche sich hier vereinigen, Weinzierl gegen über.

Winkelmühl. U. W. W. bey Lichtenwerd, jetzt Nadelburg.

Winkling. O. W. W. Winklern, Pfarrdorf und Amt der Herrschaft Erlakloster.

Winzen. O. M. B. s. Wizen.

Winzendorf. †. U. W. W. Dorf und Gut der Herrschaft Emmerberg mit einer herrschaftlichen Freymühle, am Steinfelde, zwischen Brunn und Saubersdorf; hat vor Zeiten einem alten adelichen Geschlechte den Namen gegeben.

Win-

Winzing. O. W. W. ein Dorf der Pfarre Obritzberg.

Wischathal. U. M. B. der Herrschaft Schönborn unterworfenes Dorf, bey der Poststraße, zwischen Sierndorf und Göllersdorf.

Wisunwinchil. U. M. B. A. 1115. ein Dorf und Filial von Weikendorf, im Marchfelde, jetzt öd. (Hueber.)

Witschkaberg. O. M. B. ein Dorf der Herrschaft Heldenreichstein.

Wittau. ein Kirchdorf der Herrschaft Großenzersdorf, gegen Probstdorf. Etwas gehört nach Hirschstädten.

Witzelsdorf. U. M. B. Markt und Pfarre des Stifts Lilienfeld, theils nach Schloßhof gehörig, zwischen Eckardsau und Engelhardstädten.

Das Eigenthum des Stifts hat seinen Anfang von den Schenkungen genommen, welche der Ritter Heinrich von Tumbenowe, A. 1211. und Herzog Heinrich II. A. 1230. demselben hier gemacht. K. Ottokar bestritt A. 1261. dem Stifte das Kirchenlehn, und Pernold von Telesbrunn A. 1287. das Landgericht; beyde Processe aber endigten sich zum Vortheile des Klosters. Bischof Johann I. von Regensburg ließ A. 1384. die Lehnstücke von der Lehnsbarkeit frey, welche Chadold der Jüngere von Eckardsau an das Stift vertauscht hatte. Im Jahre 1457. ward Witzelsdorf von den Räubern Urberger und Pankraz, mit einer starken Brandschatzung belegt. (Hanthaler.)

Witzelsdorf. O. W. W. über der Trasen, südwärts von St. Pölten, bey Friedau.

Wocking. †. O. W. W. Schloß und Landgut, weiland des edlen von Führenberg zu Weinzierl und Weichselbach; mit Wildenstein verbunden, diesseits der Erlauf, bey der melker Poststraße nach Kemmelbach.

Wohl-

Wohlram. U. W. W. Wallram, ein Dorf der Herrschaft Emmerberg.

Wohlsbach. O. W. W. f. Wolfsbach.

Wölbling. O. W. W. Oberwölbling, vor Zeiten Wolbminck, Welmnich, auch Wolcin genannt (Bern. Petz) Schloß und Landgut des Fürsten von Salzburg mit der Herrschaft Trasmauer vereinbart, über der Trasen, zwischen Anzenhof und Landersdorf.

Wölbling. O. W. W. Oberwölbling, ein dieser Herrschaft dienstbares Pfarrdorf.

Wölbling. O. W. W. Unterwölbling Schloß, Dorf und Gut des Prälaten von St. Andrä, nächst vorigem gelegen.

Wolfenreut. U. M. B. jetzt Grafeneck.
Das Geschlecht der Herren von Wolfenreut ist A. 1549. ausgestorben, und hatte in der Domkirche zu Neustadt sein Erbbegräbniß (Hoheneck) Georg von Wolfenreut lebte A. 1538. (Hueber)

Wolfenreut. O. M. B. ein Dorf der Herrschaft Himberg, und des Stifts Göttweih. Der letzte Antheil ist A. 1765. feil geboten worden.

Wolfenstein. O. M. B. der Herrschaft Alentsteig unterthänig, an der deutschen Theya, hinter Töllershelm.

Wölfering. O. W. W. Dorf und Amt der tegernseeischen Herrschaft Achleiten, vor Zeiten ein eigenes Gut, über der Erlauf, rechts der Poststraße nach Kemmelbach.
Dietmar von Wolfheringen A. 1171. Zeug in einem Docum. des Klosters Admont (Bern. Petz)

Wolfersdorf. U. M. B. zwischen Loßdorf und Laa.

Wolfesbrunn. O. W. W. A. 1299. Wolfhartsprunne (Hueber) Dorf und Gut des Stifts Melk mit einem

einem alten Schloſſe, im Gerichte Lampelſtädten, bey der Erlauf, Petzenkirchen gegen über.

Seyfried von Wolfharezprunn lebte A. 1299. (Hueber)

Wolfesbrun. U. M. B. A. 1110. Wolvesprunnen. (Hueber) Dorf und Amt der Herrſchaft Groß, weſtwärts von Oberholabrunn, unweit Sonnberg.

St. Wolfgang. U. W. W. Kirchdorf an der ungariſchen Gränze gegen das Günsthal, zwiſchen Schwarzenbach und Kirſchlag.

St. Wolfgang. O. M. B. ſonſt Pfaffenſchlag genannt, ein Dorf der Herrſchaft Engelſtein, hinter Zwettel gegen Weitra.

Wolfgers O. M. B. ein Dorf der Stifter Zwettel und Imbach und der Herrſchaft Rapotenſtein.

Wolfharts. O. M. B der Herrſchaft Mayers unterworfen, bey der deutſchen Theya, oberhalb Waldhofen.

Wolfpaſſing. O. W. W. ein Dorf bey der Gränze von U. W. W. hinter Gugging, zwiſchen Hintersdorf, und Königſtädten.

Wolfpaſſing. O. W. W. Schloß, Mayerey und Herrſchaft des Grafen von Auersberg, am weſtlichen Ufer der kleinen Erlauf, bey Steinenkirchen. Einige davon herrührende Lehnſtücke, machen mit Wieſelburg, ein beſonderes Amt des Grafen von Schönborn zu Mautern aus.

Wolfpaſſing. U. M. B. dorfmäßiger Markt und Pfarre der Herrſchaft Niederkreutzenſtädten, hinter Ulrichskirchen, bey Heiligenberg.

Wolfpaſſing. U. M. B. Schloß, Dorf und Gut der Hardeckiſchen Herrſchaft Städteldorf, weſtwärts von Stockerau, an der Straße nach Horn. Etwas beſitzt die Pfarre zu Tulln.

Wolfs-

Zweyter Theil.

Wolfsbach. D. M. B. ein Dorf der Herrschaft Drosendorf, mit einem alten Schlosse, bey Langau an der alten Poststraße nach Frating.

Wolfsbach, Ober- und Unterwolfsbach. D. W. W. zwey Dörfer über der Tulln südwärts der Poststraße nach Bärschling, hinter Murstädten.

Wolfsbach. D. W. W. Wohlsbach, Pfarrdorf und Gut der Herrschaft Salaberg, wie auch ein Amt der Herrschaft Bärwart, imgleichen der Herrschaft St. Pantaleon, südwärts hinter Strengberg gegen Seltenstädten; scheinet das alte Wolfeswan zu seyn, dessen Kirche schon von Kaiser Ludwigen I. A. 823. angeführet wird. (Calles. Hansiz.)

Wolfsberg. D. W. W. am Anger, Schloß und Landgut des entwichenen von Hartenfels, bey der Donau, oberhalb Holenburg. Die Herrschaft Friedau hat hier einige Gerechtigkeiten.

Seyfried, Schenk von Wolfsberg verkaufte ums Jahr 1316. verschiedene Gilden an den Pfarrer zu Pottenbrunn. (Hanthaler)

Wolfsberg. D. M. B. ein Dorf der Herrschaft Rastenberg.

Wolfseck. D. M. B. ein Dorf der Herrschaft Heidenreichstein.

Wolfsgraben. U. W. W. in der Pfarre Burkersdorf, ein Thal mit Waldhüttlern, eine kleine Meile südwärts von Burkersdorf, im Wienerwalde, mit einem k. k. Forsthause, von dem der zweyte Theil des Großamts Reichliesing abhanget.

Wolfshofen. D. M. B. ein Dorf der Herrschaft Rosenberg, imgleichen ein Waldamt der Herrschaft Gefäll, hinter Gars, am Gefällerwalde.

Wolfstein. O. W. W. in Graben, Schloß und Herrschaft, mit Gurrhof vereint, dem Stifte Göttweih nebst Grabenhof und Meidling gehörig; vor Zeiten mit einem weitläuftigen landsfürstlichen Landgerichte, welches von adelichen Pflegern verwaltet, und auf der Schranne zu Marchartsdorf (Markersdorf) gehalten ward.

Perchthold von Wolfstein lebte A. 1217. (Hueber.) Reicher von Wolfstein A. 1291. Zeuge in einem Docum. der Pfarre Reinsberg. (Bern. Pez.) Egidius von Wolfstein verkaufte A. 1395. Güter zu Hub. (Hoheneck)

Wolfsthal. U. W. W. Schloß, Pfarrdorf und Fideicommißherrschaft des Freyherrn von Walterskirchen, mit Hundsheim und Bergen verknüpft, hinter Hainburg, an der Poststraße nach Preßburg: ward im 12. Jahrhunderte von Bertha, Ulrichs von Asparn Tochter, Konrads von Valkenberg Gemahlinn besessen, und fiel, als sie vor dem Jahre 1195. unbeerbt verstarb, als ein erledigtes Lehn an Herzog Leopolden VI. zurück. (Enenkels Fürstenbuch) Worauf eine andere Familie zum Besitz gelangte, und den Namen davon annahm.

Pilgram von Wolfsthal brachte A. 1368. Jans des Tragauners Helm, Schild und Wapen durch Kauf an sich. Adelheid von Wolfsthal, war A. 1461. mit Ruprechten von Windischgrätz vermählt. (Hoheneck)

Das hiesige Schloß hatte das Glück A. 1741. die große Theresia in ihrer Majestät und Herrlichkeit zu sehen, als dieselbe den 20. Juny nach hier gehaltener Tafel, etlich und vierzig Abgeordneten aus Ungarn Gehör ertheilte, welche dieselbe zur Krönung einluden. Worauf sie sich über die Gränze in ein großes kostbares Zelt verfügte; allwo sie von den Primaten, den Bischöffen, Magnaten, und dem Adel des Reichs empfangen, und mit größter Pracht nach Preßburg begleitet wurde; woselbst Höchst dero Krönung den 25. Juny erfolgte.

Wolfsthal. U. W. W. Wolfssaal, ein Dorf der Herrschaft Sebenstein, zwischen Neunkirchen und St. Oswald.

Woligers. O. M. B. s. Walchers.

Wolkendorf. U. M. B. s. Wultendorf.

Wolkenreut. U. M. B. s. Grafeneck.

Wolkenstein. O. M. B. s. Walkenstein.

Wolkersbach. U. W. W. s. Walpersdorf.

Wolkersdorf. U. M. B. s. Walkersdorf.

Wolkersdorf. U. W. W. s. Hochwolkersdorf.

Wolkersdorf. U. M. B. Schloß und Herrschaft des k. k. Hofspitals, dem es von der Kaiserinn Anna, Kaiser Ferdinands I. Gemahlinn vermacht worden, bey der Hochleithen, am Rußbache zwischen Ulrichskirchen und Pillichsdorf. Im Jahre 1458. ward die Veste Wolkersdorf von K. Georgen in Böhmen vergebens belagert. (Haselbach)

Wolkersdorf. U. M. B. Markt und Pfarre, der vorgemeldten Herrschaft einverleibt, anderthalb Posten, oder 3. Meilen nordwärts von Wien, auf der Nikolsburger Straße, Postwechsel zwischen Wien und Gaunersdorf. Die Pfarrherrlichkeit ist landsfürstlich und macht ein besonderes Gut aus. Es ist hier eine k. k. Filialmaut.

Das k. k. Forstmeisteramt allhier, mit 14. Forstbediensten, stehet unter dem Oberstenhof- und Landjägermeisteramte in Wien.

öllersdorf. U. W. W. ein Filial von der Pfarre zu Grillenberg, der Herrschaft Stahrenberg-Fischau unterworfen, an der Piesting, oberhalb Salenau, zwischen Unterpiesting und Steinabrückel.

Wolmannsberg. U. M. B. ein Dorf des Stifts Mauerbach, nordwärts hinter Kreutzenstädten, bey Leitzesdorf.

Wolmersdorf. O. M. B. s. Walmersdorf.

Wolstenberg. O. W. W. ein Dorf über der Trasen, hinter St. Pölten, bey Friedau.

Wolterschlag. O. M. B. s. Walterschlag.

Wölz. O. M. B. Dorf bey Weitra, gegen Kirchberg am Walde.

Wopfing. U. W. W. ein Dorf der Herrschaft Stahrenberg-Piesting, westwärts der neustädter Haide, an der Piesting, bey Stahrenberg.

Wörnhieß. O. M. B. vor Zeiten Worincz, ehemals ein eigenes Gut, jetzt ein Dorf mit einer herrschaftlichen Schäferey, nach Oberranna gehörig.

 Otto von Worincz wird A. 1217. in Schriften angeführt. (Hueber)

Wösendorf. O. M. B. s. Wesendorf.

Wötzdorf. U. M. B. s. Wetzdorf.

Wötzelsdorf. s. Wetzelsdorf.

Wötzleß. O. M. B. s. Wetzleß.

Wulfemauer. U. W. W. s. Wildungsmauer.

Wulfersdorf. U. W. W. s. Wulfleinsdorf.

Wulfersdorf. † O. W. W. dem Stifte Herzogburg, und theils dem Nonnenkloster zu Tulln unterthan, hinter Mauerbach, bey Chorherren, an der Gränze von U. W. W.

Wul-

Wülfersdorf. †. U. M. B. auch Wolfersdorf, Schloß und Herrschaft an der Zaya, sechs Meilen von Wien das zweyte aber ansehnlichste Majorat des regierenden Fürsten von Lichtenstein, in Niederösterreich, führet den Namen eines Oberamtes, weil das Gebiet desselben aus verschiedenen besondern Gütern bestehet. Das alte edle Geschlecht, welches das Schloß ehemals besessen, und den Namen davon geführet, hat noch im 15. Jahrhunderte geblühet. Herzog Franz von Wülfersdorf lebte A. 1360. und verkaufte hier einige Zehente; Hans von Wülfersdorf war unter Kaiser Friedrichen IV. berühmt, und half A. 1486. die Neustadt wider den K. Mathias Corvin tapfer vertheidigen. (Hoheneck) Die Herrschaft aber befand sich damals nicht mehr bey dem Geschlechte, sondern war schon längst an die Herren von Mistelbach, und von diesen an die Herren von Meissau gelanget. Otto von Meissau oberster Marschall, und oberster Schenk in Oesterreich vermachte A. 1436. die Veste Wülfersdorf durch Testament an Herrn Christoph von Lichtenstein, bey dessen Nachkommen dieselbe beständig verblieben ist. Damals gehörte nur das Gut Kothansbrunn (Köthelsbrunn) dazu; jetzt aber werden die Märkte, Wülfersdorf, Mistelbach, Poysdorf und Obersulz; die Güter: Erdberg, Köthelsbrunn, und Lanzendorf, und die Dörfer: Bullendorf, Eibesthal, Loidesthal, Blumenthal, Kötzelsdorf und Wetzelsdorf zum Gebiete der Herrschaft gerechnet.

Wülfersdorf. †. U. M. B. Markt und Pfarre, der nur benannten Herrschaft einverleibt, an der Zaya, zwischen Höbersdorf und Bullendorf. Das Schloß allhier, welches von A. 1604. bis 1686. die Residenz Fürst Gundackers, und seines Sohnes, Fürst

Hartmanns gewesen, ist jetzt der Sitz des Oberamtmanns.¹ Die hiesige Pfarre zu St. Niklas, wird für eine der einträglichsten im Kreise U. M. B. gehalten.

Wülfersdorf. U. M. B. der Herrschaft Sierndorf, und theils der Pfarre Leobendorf zuständig, nordwärts von Kornneuburg, hinter Kreutzenstein.

Wülfingstein. U. W. W. ein altes verfallenes Schloß, und ehemaliges Gut, das mit Scheuenstein, und Dachenstein verbunden war, und den Herren dieses Namens gehörte, westwärts von Neustadt, hinter Dachenstein.

Wülsteinsdorf. † U. W. W. auch Wülfersdorf, ein Pfarrdorf und Gut der Herrschaft Trautmannsdorf, und theils dem hiesigen freyen Mühlhofe des Stifts Heilligkreutz dienstbar, an der Leitha, zwischen Gaversdorf, und der Stadt Bruck. Es ist hier eine k. k. Filialmaut.

Otto von Wülsteinsdorf, mit den Herren von Wülfersdorf eines Geschlechts, lebte A. 1360. und verkaufte einige Zehente zu Wülfersdorf an der Zaya.

Wüllendorf. U. W. W. ein Filial von St. Lorenz, westwärts von Neustadt, im Gebirge hinter Sauberstorf, bey Gerasdorf.

Wullersdorf. U. M. B. vor Zeiten Wuldeisdorf, (Hueber) Markt, Pfarre, Verwalteramt, und Landgut des Stifts Melk, wo die Herrschaften Guntersdorf und Harras auch begütert sind, nordwärts von Oberhollabrunn, bey Guntersdorf und Immendorf. Die Pfarre ist schon A. 1113. von dem heiligen Leopold, dem Kloster Melk einverleibet worden; der Markt aber hatte besondere Herren, von denen Alolf von

Wul-

Wallersdorf A. 1314. aus Schriften bekannt ist. (Hueber) Nach Abgang dieses Geschlechts kam der Ort A. 1416. von Herzog Alberten als ein Pfandschilling an die von Wallsee (Steyrer) und A. 1460. von Kaiser Friedrichen IV. unter eben diesem Titel, an Ulrichen von Eizing. (Haselbach) Im Jahre 1516. ward Wullersdorf von den Grafen von Hardeck erkauft; und ist nachmals an andere Besitzer gelanget. Das Beneficiatenhaus ist A. 1599. von Heinrich Rickharden an Melk käuflich überlassen worden. (Hueber)

Wultendorf. O. W. W. über der Bielach, unterhalb Gräfendorf.

Wultendorf. U. M. B. auch Wolkendorf, ein Pfarrdorf der Herrschaft Staats, woran die Herrschaft Loßdorf, und die Stadtpfarre zu Laa Theil haben, hinter Asparn an der Zaya, bey Loßdorf.

Wülzendorf. O. M. B. Wützendorf, sonst ein eigenes Gut, jetzt unter die Herrschaften Greulenstein und St. Marein vertheilt, hinter Horn, bey St. Bernhard.

Der Ritter Leopold von Wülzendorf, war A. 1432. Landuntermarschall von Niederösterreich.

Wulzeshofen. U. M. B. ein Pfarrdorf der Herrschaft Asparn, und theils der Herrschaft Loßdorf zuständig, an der mährischen Gränze, oberhalb Laa, beym Einflusse der Bulka in die Theya. Die Pfarre hanget vom Kloster Säusenstein ab, und ist mit Strausdorf vereint. Es befindet sich hier eine k. k. Filialgränzmaut.

Würfelhof. U. W. W. zu Nußdorf, ein Freyhof des Probhauses S. J. bey St. Anna in Wien.

Wurflach. U. W. W. A. 1184. Wirwilach (Bern. Petz) ein Dorf und Filial von St. Lorenz, zur Herrschaft Stabrenberg, Fischau, theils nach Krumbach und Stüchsenstein, und theils den Paulinern zu Neustadt gehörig, westwärts von Neustadt, im Gebirge bey Rothengrub.

Rudolf, ein Dienstmann Herzog Heinrichs von Oesterreich verkaufte ums Jahr 1160. dem Kloster Admont gewisse Grundstücke. Wieland ein Vasall Herzog Ottgars zu Steuer, der von bösen Leuten der Augen beraubet worden war, trat nebst seiner Gattin Jubilt zu Admont in den geistlichen Stand, und schenkte A. 1184. seinen Hof allhier gedachtem Kloster. (Bern. Petz)

Warmbach. O. M. B. ein Dorf und Gut der Herrschaft Großpopen, hinter diesem Schlosse, bey Alentsteig.

Wurmbrand. U. W. W. ein alter Burgstall unweit Krumbach, welchen Leopold von Wurmberg aus Steuermark erbauet, und von dem das von ihm abstammende Geschlecht der Herren und Grafen von Wurmbrand den Namen hat. Gedachter Leopold lebte ums Jahr 1194. und wird in einer Urkunde Erzbischof Alberts von Salzburg als Zeuge angeführt. (Hoheneck. Wurmbrand)

Wurmbrands. O. M. B. ein Dorf des Stifts Zwettel, am Zwettelflusse, unterhalb Germes.

Würmla. O. W. W. Wymbla, Schloß, Pfarrdorf und Landgut des Herrn von Meyenberg, das vor Zeiten den Titel einer Baronie führte, mit Grub, und dem Amte Jaitendorf vereint, über der Tulln, südwärts der Poststraße nach Bärschling, hinter Blaufenberg.

Wain-

Zweyter Theil.

Wainhard und Wolfhard von Pain zu Wirmila, machten A. 1337. für ihren verstorbenen Bruder Johann eine Stiftung zu Lilienfeld. (Hanthaler) Das Gut fiel nach Bernhards des Forstmeisters Tode, als ein landsfürstliches Lehn, an Herzog Rudolphen IV. von Oesterreich, der solches A. 1365. seiner Probstey Allerheiligen bey St. Stephan widmete; die Stiftung kam aber nicht zu Stande. (Steyrer)

Würmsdorf. D. M. B. Würnsdorf, oberhalb Böckstall, ein Markt bey dem Schlosse Sinzeneck, gehört, nebst dem Schaafhofe zur Herrschaft Rogendorf.

Würnitz. U. M. B. s. Wiernitz.

Wurscheneigen. O. M. B. ein Dorf an der Kamp, hinter Rastenberg, Ottenstein gegen über.

Wüß. O. W. W. in der Wüß, ein landsfürstliches Lehngut Ottens von Zinzendorf, in der Gaminger Pfarre, welches derselbe an Herzog Alberten II. käuflich überließ, und dieser A. 1341. der Carthaus zu Gaming übergab. (Steyrer)

Wüstensfeld. O. M. B. ein Dorf der Herrschaft Arbesbach.

Wutscha. O. M. B. der Herrschaft Weitra unterthänig, hinter Großbertholds, gegen die böhmische Gränze.

Württenburg. U. W. W. ein alt verfallenes Bergschloß, hinter Wolfthal, bey Bergern, vor Zeiten das Stammhaus eines nun längst ausgestorbenen Rittergeschlechts. (Laz)

Z.

Zabernreut. O. M. B. ein Dorf der Herrschaft Raps, und theils der Herrschaft Drosendorf unterworfen.

Zäcking. †. O. W. W. A. 1260. Czakking (Duellius) Schloß und Herrschaft des Grafen von Kuefstein zu Rapoldenkirchen, mit Viehhofen verbunden, bey der Trasen, unterhalb St. Pölten. Das schöne Schloß hat Graf Joseph von Jörger zu Tollet, im Anfange dieses Jahrhunderts, neu erbauet, und mit Wällen, und Gräben umfangen.

Zäcking O. W. W. ein der gedachten Herrschaft eigenes Dorf. Etwas davon besitzt die Herrschaft Büchsendorf. Das alte adeliche Geschlecht derer von Zäcking ist ausgestorben.

Zaising. O. M. B. Zässing, Schloß, Dorf und Gut der gräflich Dietrichsteinischen Herrschaft Spitz, am Jauerling, hinter Schwallenbach.

Zana. U. M. B. Zainna, ein Dorf der Herrschaft Städtelodorf bey der Donau, zwischen Reuelgen und Schmida.

Zana. U. M. B. ein Dorf ostwärts hinter Ort, am Loimersbache, bey Haringsee.

Zankendorf. U. M. B. A. 1115. Zanickendorf (Hueber) im Marchfelde, ein fast verödetes Dorf in der melkerischen Pfarre Weikendorf.

Zarensdorf. O. W. W. Zayrensdorf, der Auersbergischen Herrschaft Wolfpassing unterthänig, an der kleinen Erlauf, hinter

Z.ucha. O. W. W. vor Zeiten Zucha, und Zuchaba, ein kleiner Fluß, der sich oberhalb Krellendorf in der Yps verlieret; wird in den Urkunden Kaiser Ottens II. A. 979. und Kaiser Konrads II. A. 1033.

bey

bey Bestimmung der Grundstücke angeführt, welche jener Bischof Wolfgangen zu Regensburg, und dieser Bischof Egilberten zu Freysing in dieser Gegend schenkte. (Hund. Melchelbeck.)

Jaucha. D. W. W. ein Edelsitz des Freyherrn von Gudenus, welcher von vorerwähnten Bache den Namen hat. Der Ritter Ruger von Jaucharn lebte A. 1280. Dietrich A. 1318. (Hueber) der erste kömmt auch A. 1273. in einer Urkunde des Klosters St. Florian als Zeuge vor. (Hoheneck)

Jaukern. D. M. B. Saugern, ein Dorf der Herrschaft Kolmitz, an der großen Theya, unterhalb Raps.

Jausenberg. U. M. B. ein Dorf zum Theil der Herrschaft Dürrenthal unterworfen, nordwärts hinter Städteldorf, bey Winkelberg. Die Furtmühle allhier gehört zum passauischen Kastenamte Stein.

Jebersdorf. U. W. W. auch Sebar genannt, am kleinen Flusse Jeber oder Sabaria, hinter Krumbach und Ziegersberg, gegen die ungarische Gränze.

Jechnick. D. M. B. auch Jehentnick A. 1284. und 1356. ein Dorf in der Pfarre Welden, zum Theil dem Stifte Melk dienstbar. (Hueber)

Jedelmaringen. D. W. W. ein Gut, welches von dem kleinen Flusse Jedlmarinspach den Namen hat, auch insgemein das Gericht Aigen heißt, und verschiedene Unterthanen begreift, die A. 1113. vom heiligen Leopold dem Stifte Melk geschenket worden, und demselben noch jetzt gehören. (Hueber)

Jegersdorf, Ober- und Unterzegersdorf. U. M. B. zwey Dörfer der Herrschaft Städteldorf, an der Donau, oberhalb Stockerau, bey St. Colmann, Greifenstein gegen über.

Zehendorf. O. W. W. dem Grafen Montecuculi, nach Hohenberg unterworfenes Dorf.

Zehenthof. U. W. W. zu Klosterneuburg, s. Berghof.

Zehenthof. U. W. W. zu Hlmberg, ein adelicher Freyhof des Barons von Partenstein.

Zehenthof. O. W. W. zu Mitterfeld, A. 1363. dem Stifte St. Pölten eigen. (Duellius)

Zehenthof. O. M. B. zu Stein, ein freyer Herrenhof des Stifts Melk, der jetzt ganz verödet ist.

Zehenthof. O. M. B. ein Edelsitz des Freyherrn von Lindeck im Gerichte Gasteig, mit der Herrschaft Mollenburg vereinbart. Ist vielleicht mit dem obenangeführten Orte Zechnick einerley.

Zehenthof. O. M. B. ein Dorf der Herrschaft Engelstein, hinter Zwettel.

Zeil. U. W. W. an der Zeil, einige unterthänige Häuser des Schlosses Kettenhof, nächst dem Markte Schwächat.

Zeil. O. W. W. an der Zeil, eine bewohnte Gegend nächst Wieselburg.

Zeilern. O. W. W. Zeidlern, vor Alters Cidelaren, Schloß, Markt, und Gut des fürstlich und gräflichen Hauses Starhenberg, in der Ebene hinter dem Krautberge, an der Poststraße nach Strengberg, zwischen Amstädten und Oed.

Chuno von Cidelaren, war nach dem Jahre 1052. Zeuge bey einer Schenkung Walchuns von Chilcheim an das Kloster St. Emmeran in Regensburg. (Bern. Pez)

Zeingrub. O. M. B. ein Dorf der Herrschaft Horn, bey Breiteneich.

Zeining. O. M. B. ein Amt der Herrschaft Rogendorf im Böckstall.

Zeiniseck. D. M. B. ein Dorf hinter der Wachau, bey Brandhof.

Zeinreut. D. M. B. ein Dorf bey der großen Theya, gegen Primmersdorf, hinter Kloster Geräß.

Zeiselberg. D. M. B. ein Dorf der Herrschaft Gobelsburg, unterhalb diesem Markte an der Kamp, bey Gerersdorf.

Zeiselmauer. D. W. W. Zeisenmurum, Markt, Pfarre und Gut des Fürsten von Passau, an der Donau, unterhalb Tulln, zwischen Muckendorf und Habersfelden. Die Pfarre ist mit St. Andrä am Hagensthal verknüpft. Es soll sich ehemals eine römische Colonie allhier befunden haben. Der Ort, der sich unter den Avaren erhalten, wird A. 823. von Kaiser, Ludwigen I. angeführt, und hat damals bereits eine Kirche gehabt. (Hansiz) Die Geburt des heiligen Florians und der Tod Bischof Altmanns von Passau haben denselben berühmt gemacht. Jener hat A. C. 190. das Licht der Welt allhier erblicket; Altmann aber ist A. 1091. allhier gestorben. (Insprugger)

Zelking. †. D. W. W. Schloß und Herrschaft des gräflich Stuzendorfischen Hauses, mit dem Titel einer Baronie, eine kleine Meile südwärts von Melk, an dem Bache Zelking, von dem der Namen herrühret.

Zelking. †. D. W. W. ein dieser Herrschaft unterthäniges Pfarrdorf.

Zelking das uralte Felsenschloß, war vor Zeiten der Sitz eines edlen mächtigen und berühmten Geschlechts, von welchem viele ritterliche Vasallen abhiengen, und das zu Anfange des 14. Jahrhunderts sein Erbbegräbniß bey den Minoriten zu Wien hatte. Werner von Zelking hat ums Jahr 1100. gelebt. Ulrich von Zelkingen wird zwischen den Jahren 1204. und 1212. in Documenten angeführt. (Hueber) Albero von Zelkingen war nebst Herrmannen von

Wolf-

Wolfgersdorf mit Herzog Friedrichen II. aufgewachsen, und beyde wurden von diesem Herrn ungemein geliebt. Als dieselben A. 1244. in einem Treffen gefährlich verwundet worden waren, ließ der Herzog in allen Klöstern seines Landes öffentliche Gebeter anstellen, und theilte nach ihrer Genesung reichliche Almosen aus. (Hanthaler) Dieser Albero und Conrad kommen A. 1255. in K. Ottokars Judenbriefe, imgleichen Albero und sein Bruder Ludwig A. 1256. Sybotto A. 1265. und Otto, Ludwigs Sohn A. 1276. vor. Dieser trug A. 1286. Herzog Alberten I. das halbe Schloß Zelking zur Lehn auf. Otto von Zelking zu Scholach lebte A. 1316. (Hueber) Jans, Jost, und Ott waren A. 1359. Zeugen bey Herzog Rudolphs IV. Bestätigung des Stifts Gaming. (Steyrer) Carl Ludwig diente A. 1560. als kaiserlicher Oberster zu Rab, und war A. 1572. Obriststallmeister. Christoph Wilhelm Freyherr von Zelking, der letzte seines Geschlechts, beschloß endlich A. 1629. dieses berühmte Haus durch seinen Tod. (Hoheneck)

Zellkingsdorf. O. W. W. an der Mänk, zwischen Goß und Weichselbach.

Zell. O. W. W. ein Kirchdorf hinter Hainfelden, im Gebirge gegen die Ramsau.

Zell. O. W. W. Kleinzell, über der Bielach, hinter Kilb, zwischen Strannersdorf, und Kührenberg.

Zell. O. W. W. ob der Ips, Schloß und Markt, zur gräflich Rosenbergischen Herrschaft Gleiß gehörig, der Stadt Waidhofen gegen über. Der Ort wird meistens von Eisenschmieden bewohnt, welche unter allerhand Eisenwaren, auch Angeln zum Forellenfange verfertigen, die so fein sind, daß ein Paar tausend nur ein Loth wägen.

Zell.

Zweyter Theil.

Jell. U. W. W. s. Mariazell.

Jell. O. M. B. ein Dorf über dem Kampflusse, hinter Kirchberg an der Wild.

Jellenreut. O. M. B. auch Jollenreut, Dorf und Gut zwischen Kloster Berneck und Goggitsch.

Jellerndorf. †. U. M. B. A. 1362. Jelderndorf, ein Pfarrdorf und Gut des academischen Collegii S. J. zu Wien, mit den Bruchstücken eines alten Schlosses. Die Herrschaften Kadolz, Guntersdorf, Stockern und Braunsdorf, das Stift Altenburg, die Pfarren Laa, und Egenburg, die Stadt Rötz, und das Schottenkloster haben Theil daran, welchem letztern die Pfarre nebst dem Kirchenlehn zustehet.

Jembling. U. M. B. ein Dorf der Herrschaft Mühlbach und Herrschaft Sänftenberg, hinter Oberravelsbach, bey der Gränze von O. M. B. Man hält es für das Czumburg und Cynnenberg, dessen von Kaiser Ludwigen I. A. 823. und K. Ludwigen dem Deutschen A. 836. Erwähnung geschiehet. (Calles)

Jennerndorf. O. M. B. der Herrschaft Großau untergeben, über der großen Theya, hinter Primmersdorf.

Jenohof. O. M. B. zu Weinzierl an der Lehnerzell bey Krems, ein freyer Herrenhof, mit Unterthanen daselbst, dem bayrischen Kloster St. Zeno zuständig.

Jedlitz. O. M. B. ein Dorf, welches sonst dem Nonnenkloster bey St. Lorenz zu Wien gehörte, und jetzt der Herrschaft Drosendorf zum Theil eigen ist.

Jiegersberg. U. W. W. Bergschloß, Pfarrdorf und Landgut des Grafen von Wallsegg, mit der Herrschaft Klamm verbunden, südwärts hinter Sebenstein, zwischen Thomasberg und Krumbach.

Tiegersdorf. U. M. B. der Herrschaft Sterndorf unterthan.

Tientring. O. M. B. ein Dorf der Herrschaft Weldeneck.

Tigger. U. W. W. Dörfel hinter Hochneukirchen, an der ungarischen Gränze, gegen Bernstein, zwischen Hattmannsdorf und Maltern.

Tillingdorf. U. W. W.. Markt und Pfarre zum Gebiete des neustädter Bisthums gehörig, oberhalb Ebenfurt, am jenseitigen Ufer der Leitha, unweit Kloster Katzelsdorf.

Tinzendorf. O. W. W., in der Nachbarschaft von St. Leonhard im Forst, ein uralter Burgstall, der sonst den Titel einer Baronie geführet hat, und das Stammhaus des alten und berühmten Geschlechts der Herren und Grafen von Tinzendorf und Pottendorf gewesen ist, das viele große Männer hervorgebracht, und bis auf den heutigen Tag im höchsten Ansehen stehet.

Otto von Tinzendorf und Pried seine Hausfrau verkauften A. 1341. ihre Lehn, das Gut in der Vetzinsau, das Gut in der Wätz in der Pfarre Gemnlich, und das Gut auf der Oed in der Pfarre Grösten, Herzog Alberten II. der solche der Carthaus Gaming übergab. (Steyrer)

Tierning. O. M. B. ein Dorf der Herrschaft Ottenstein, über der Kamp, nächst Ottenstein.

Tierenreut. O. M. B. der Herrschaft Drosendorf dienstbar, an der böhmischen Theya, oberhalb Weikardschlag.

Tersdorf. U. M. B. A. 1110. Cigelstorff (Hueber) ein Kirchdorf der Herrschaft Meissau, woran die Unternjesuiten, die Herrschaften Egendorf, Harmannsdorf,

dorf, und Enzersdorf im Langenthale, imgleichen der deutsche Orden Theil haben. Die Filialpfarre gehört dem Stifte Melk.

Zissersdorf. U. M. B. Zistorf, der Herrschaft Sterndorf einverleibt, hinter Stockerau, bey St. Colmann.
Der Ritter Ortolf Zistorfer zu Oberravelsbach, lebte A. 1377. (Hueber)

Zissersdorf. O. M. B. unter die Herrschaften Primmersdorf, und Drosendorf getheilt, hinter Kloster Geräß.

Zistersdorf. U. M. B. Schloß und Majoratherrschaft des gräflich Althanischen Hauses, wozu das Städtchen dieses Namens, der Markt Drösing, und verschiedene andere Oerter gehören; A. 1160. Cystestorff genannt, ostwärts von Gaunersdorf, hinter Obersulz, bey Windischbaumgarten.

Zistersdorf. U. M. B. eine kleine Stadt und Pfarre, unter dem Gebiete der vorgenannten Herrschaft. Die Stadt begreift 165. Häuser, und das Schloß, welches von ihren Ringmauern umfangen ist. Nebst der Pfarrkirche, und dem Beneficio des heil. Wolfgangs und der heil. Apostel, welche beyde begütert sind, besitzen die Franciskaner ein Kloster allhier, welches die Grafen von Althan A. 1627. gestiftet haben. Im Jahre 1407. schickte der mährische Räuber Söckel, nachdem er Laa erobert hatte, eine Parthey hieher, welche den Ort einnahmen, plünderten, und bis auf den Grund verbrannten. (Haselbach) Bey den letzten ungarischen Empörungen, ward Zistersdorf von den mißvergnügten Ungarn angegriffen, aber von den Einwohnern eine geraume Zeit tapfer vertheidiget; indem sich auch die Weiber als Helden bezeiget. Endlich aber mußten sie der überlegenen

Macht weichen; das Städtchen ward mit Sturme erobert, geplündert und verwüstet, nachdem über 1400. von dem Einwohnern niedergemacht worden. Die Kirche hat Bischof Konrad von Passau A. 1160. zur Pfarre erhoben. (Annal. Zwettel) Damals gehörte, der Ort Albern von Kuenring. Ums Jahr 1281. war Leutold von Kuenring zu Dürrenstein, Herr zu Zistersdorf. Nach den Kuenringen sind die von Pottendorf zum Besitz gelanget; und nach deren Abgang, ist die Herrschaft der landsfürstlichen Kammer heimgefallen; A. 1493. aber an die Brüder Siegmund und Heinrich die Prüschenken, Grafen zu Hardeck verkauft worden. Im Jahre 1580. hat Eustachius Freyherr von Althan, Wolfgangs dritter Sohn, Zistersdorf, nebst Kirchstädten, Karlsbach und Walterskirchen zu seinem Erbtheile erhalten, und die Zisterstorfische Linie des Althanischen Hauses gestiftet. (Hoheneck)

Zitterndorf. O. M. B. auch Zitternberg, ein Dorf der Herrschaft Gars, zwischen dem Kampflusse und der Stadt Horn.

Zlabing. U. M. B. Zlabern, fürstlich Lichtensteinisches Lehn, Dorf und Gut des Herrn von Suttnern zu Kirchstädten, imgleichen zur Fünfkirchischen Herrschaft Steinabrunn gehörig, bey der mährischen Gränze, zwischen Falkenstein und Kirchstädten.

Zöbern. U. W. W. s. Sebar.

Zöbing. † O. M. B. Markt, Pfarre und Gut des Stahrenbergischen Hauses; der Herrschaft Sänftenberg einverleibt, oberhalb Gobelsburg, unweit Langenlois.

Alber von Zebingen wird schon vor A. 1074. von Markgraf Ernsten angeführt. (Hueber) Heinrich von Zebingen A. 1169. Zeuge in einem Document

Zweyter Theil.

des Klosters Admont von Herzog Heinrichen zu Oesterreich. (Bern. Petz)

Jobernreut. D. M. B. ein Dorf der Herrschaft Raps, und des Stifts Geräß, hinter Drosendorf.

Jogelsdorf. D. M. B. dem hiesigen Edelhofe des Baron Heyels, theils der Herrschaft Harmannsdorf dienstbar, am Maunhardsberge, bey Egenburg.

Joleilsdorf. U. M. B. ward A. 1108. nebst andern der Pfarre Wullersdorf zugetheilt, ist aber nun längst verödet. (Hueber)

Jöllitz. D. M. B. ein Dorf hinter Kloster Geräß, gegen die große Theya.

Jöpernig. D. M. B. Dorf und Amt der Herrschaft Rogendorf im Böckstall.

Jornberg. D. M. B. Dorf und Amt der Herrschaft Spitz.

Jözelhof. D. M. B. jetzt der Schwingenschlägelische genannt, ein freyer Mayerhof nebst einer Schäferey, eine Stunde von Weitra.

Jugers. †. D. M. B. auch Jweres, ein Dorf der Herrschaften Weitra und Heldenreichstein, hinter Gemünd, bey Böhmzeil.

Jundorf. D. W. W. s. Dorf.

Junkmühle. D. M. B. der Herrschaft Raps, bey Motsiedel.

Jwentendorf. †. D. W. W. Schloß und Herrschaft des gräflich Althanischen Hauses mit Murstädten verknüpft, bey der Donau zwischen der Bärschling und Trasen.

Jwentendorf. D. W. W. ein dahin gehöriges Pfarrdorf, wovon die Herrschaft Atzenbruck etwas besitzet. Im Jahre 1461. ward Jwentendorf vom Gamaret

Frohnauer, einem Räuber und Rebellen wider Kaiser Friedrichen IV. erobert und verbrannt. (Haselbach)

Zwentendorf. U. M. B. der Pfarrherrschaft zu Oberleiß zum Theil unterworfen, hinter Ernstbrunn, bey Michelstädten.

Zwerbach. O. W. W. Schloß und Gut weiland des Baron Locherer von Lindesheim, mit dem Gute Grabeneck, dem Amte Knocking und dem freyen Sinzenhofe vereint, südwärts von Melk, zwischen Wildenstein und St. Leonhard.

Zwerndorf. U. M. B. A. 1115. Zewerendorff (Hueber) der Herrschaft Marcheck eigen, bey der March, zwischen Oberweiden und Angern.

Zwettel. O. M. B. Zwettla, ein Fluß, welcher oberhalb Vogtschlag im reichenauer Forste entspringet, bey Langschlag durch den Klaffenbach verstärket wird, von Westen gen Osten fließt, und sich unweit der Stadt Zwettel in dem Kampfluß verlieret.

Zwettel. O. M. B. Zwetthal, eine kleine landesfürstliche, mitleidende Stadt von 184. Häusern, am vorbenannten Flusse. Der Name kömmt aus der slavischen Sprache, von dem Worte Svietlo, und bedeutet ein Licht; daher das unweit von hier gelegene Stift, U. L. Fr. im Lichtenthale genannt wird. Ihre ältesten Besitzer sind die von Kuenring gewesen. Im Jahre 1176. ward der Ort von den böhmischen Völkern Herzogs Zebeslai verbrannt. (Chron. Austr.) Die Brüder Hadamar und Heinrich von Kuenring umgaben Zwettel A. 1230. mit Mauern; weil sie sich aber wider Herzog Friedrichen II. A. 1231. empöret hatten, rückte dieser vor die Stadt, eroberte sie, und ließ die Mauern niederreissen; sie wurden aber

nach

nach der Hand wieder hergestellet. Weil man Hansen und Leutolden von Kuenring das Landgericht genommen hatte, rückten diese A. 1325. nach Ostern vor die Stadt, und zwangen solche, nach einer tapfern Gegenwehr zur Uebergabe. (Chron. Zwettl) Im Jahre 1422. ward Zwettel von den Hußiten, unter dem von Platz belagert. Herzog Alberts V. Feldherr, der tapfere Leopold von Kray, entsetzte zwar die Stadt, und schlug die Böhmen in die Flucht. Indem aber die Seinigen allzu hitzig, und ohne Ordnung nachsetzten; wandten sich die Böhmen, und zwangen die Oesterreicher zum Weichen. Sie hatten aber dabey so viel eingebüßt, daß sie die Belagerung nicht fortsetzen konnten, sondern freywillig zurück ziehen mußten. (Haselbach) Den 29. November 1619. hat der böhmische Heerführer, Graf von Schlick die Stadt Zwettel erobert.

Zwettel, O. M. B. Kloster Zwettel, die berühmte Abtey und Prälatur des Cistercienserordens, eigentlich das Stift unsrer Frau im Lichtenthale genannt, schreibt seinen Ursprung Hadmarn I. von Cuopbarn, oder Chüffarn (Küfern) zu. Es ist ein Filial vom Stifte Heiligkreuz, indem Gottschalk, der erste Abt daselbst zwölf Ordensbrüder unter dem Abte Hermann hieher gesendet hat. Die Stiftung ist A. 1138. geschehen; der Bau aber erst A. 1159. vollendet, und Kirche und Kloster in diesem Jahre von Bischof Konraden zu Passau geweihet worden. (Linz Chron. Zwettl.) Hadamar starb, ehe er seine Stiftung endigte; sie ward also von seines Vaters Brudersohne Albero, und dessen Sohne Hadamar II. zu Stande gebracht. (Jongelin. Notit. Abbat. Ord. Cist. L. 4.) Im Jahre 1279. nahm Kaiser Rudolph I. das Kloster wider die Beeinträchtigungen der Stadt Egenburg in Schutz. (Annal. Zwettl.) Herzog Rudolph IV. schenkte A. 1360. dem Kloster einen Hof zu Wien, nächst St. Stephan, mit der Kapelle der heiligen Margaretha, welcher daher den Namen Zwettelhof erhalten. (Steyrer) Das Stift hat zu jeder Zeit berühmte und verdiente Männer gehabt. Es besitzt eine ansehnliche Bibliothek, die einen Schatz von alten MS. enthält. Der Abt ist infulirt, ein niederösterreichischer Prälat, und hat den Rang nach dem Probste von St. Pölten. Der jetzige nennet sich Reinerus, ist k. k. Rath, und nach den Freyheiten seines Ordens, von aller bischöflichen Gerichtsbarkeit exempt. Zur Stiftsherrschaft gehört der bernsdorfer Freyhof in der Stadt Zwettel, der Markt Schweigers, die Güter Moirams und Windhof, und 48. Dörfer, nebst verschiedenen Mühlhöfen und zerstreuten Häusern. Die Stadtpfarre zu Zwettel hanget von dem Stifte ab, über welche das Haus Zinzendorf sonst die Vogtey besaß. (Hoheneck)

Zwettel. O. M. B. Probstey Zwettel, und landsfürstliche Pfarre ist dem Collegio Theresiano zu Wien zugeeignet. Ihr Gebiet erstreckt sich über zwey kleine Dörfer, und einige zerstreute Unterthanen, die in vier Aemter eingetheilet sind.

Zwettelhof. U. W. W. zu Wien, nächst St. Stephan, dem Domstifte gehörig.

Zwettelhof. U. W. W. zu Nußdorf, ein Freyhof des gedachten Stifts.

Zwettelhof. O. M. B. zu Weinzierl an der Lehnerzell, ein Herrenhof dieses Klosters, mit einigen Unterthanen daselbst.

Zwettelhof. O. M. B. zu Langenlois, jetzt der Schönbüchlerische genannt.

Zwet-

Zweitlern. D. M. B. ein Dorf, welches von dem Stifte den Namen hat, und demselben eigen ist.

Zwickelmühl. U. W. W. bey Neunkirchen, vormals ein vicedomisches Gut.

Zwingendorf. U. M. B. Dorf und Gut der Herrschaft Kadolz, oberhalb Laa, bey der Bulka, zwischen Wulzeshofen und Kadolz.

Wilhelm von Zwingendorf lebte ums Jahr 1430. der Ritter Erhardt Zwingendorfer A. 1448. (Hoheneck. Hueber)

Zwischenbrunn, Ober- und Niederzwischenbrunn. D. W. W. zwey Dörfer zwischen der Bärschling und Trasen, südwärts der Poststraße nach St. Pölten.

Zwölfaxing. U. W. W. Schloß, Bräuhaus, Mayerhof, Schäferey, Kirchdorf und Landgut des gräflich Gatterburgischen Hauses, mit Pellendorf vereint, hinter Markt Schwächat, gegen Rauchenwart. Die Grundherrlichkeit hat das St. Johann-Nepomucenispital auf der Landstraße.

Man ist dem geneigten Leser wegen einigen im Anfange des zweyten Theils gesetzten Sternlein eine Erklärung schuldig. Der selige Herr Verfasser hat dadurch alle verödete Oerter, oder diejenigen, welche unter andern namhaftern schon mitbegriffen waren, verstanden: man hat sie aber in der Folge, weil alles ohnehin deutlich war, und dieses Merkmals nicht bedorfte, weggelassen.

www.ingramcontent.com/pod-product-compliance
Lightning Source LLC
Chambersburg PA
CBHW030732230426
43667CB00007B/687